Siegfried Hoppe
Christiane Schmid-Schönbein
Thomas Bernhard Seiler

Entwicklungssequenzen:

Theoretische, empirische und methodische
Untersuchungen,
Implikationen für die Praxis

Verlag Hans Huber Bern Stuttgart Wien

ISBN 3-456-80309-5

© 1977 Verlag Hans Huber Bern
Satz und Druck: Druckerei Heinz Arm Bern
Printed in Switzerland

Inhaltsverzeichnis

Vorwort 11

1. Kapitel:
Entwicklungssequenzen: Metatheoretische Betrachtungen zum Konzept der Entwicklungssequenz und zur genetischen Erklärungsweise 15

1	Die Erstellung von Entwicklungssequenzen als expliziter Anspruch oder implizite Konsequenz entwicklungspsychologischer Forschung	15
2	Klassifikation von Entwicklungssequenzen	20
3	Beschreibung, Erklärung und Theorie: Wissenschaftstheoretische Bemerkungen zur beschreibenden und/oder erklärenden Funktion von Entwicklungssequenzen	26
4	Die genetische Erklärungsweise	39
5	Entwicklungspsychologische Forschung, Allgemeine Psychologie und Praxis	52

2. Kapitel:
Die Ontogenese der Klassifikationsfähigkeit in der Theorie Piagets: Beispiel einer Entwicklungssequenz – theoretische und empirische Kritik am Konzept der invariablen Sequenz 57

1	Piagets genetische Erklärungstheorie der kognitiven Entwicklung	58
1.1	Die Grundzüge der Theorie	58
1.2	Die Rolle von Entwicklungssequenzen in der Theorie Piagets	69
2	Die invariable Entwicklungssequenz der Klassifikationsfähigkeit	70
2.1	Die Darstellung Inhelder und Piagets (1964)	71
2.1.1	Differenzierung und Koordination von Intension und Extension einer Klasse	73
2.1.2	Sukzessive vs. simultane Verarbeitung – Abbau des «Sukzessionsprinzips»	75
2.1.3	Entstehung von Antizipation und Retrospektion ..	76
2.1.4	Koordination von aufsteigender und absteigender Methode	77

2.1.5	Entwicklung der Klassifikationsfähigkeit auf dem Hintergrund des allgemeinen Entwicklungsmodells Piagets	78
2.2	Die Darstellung und Operationalisierung durch Kofsky (1963)	79
2.2.1	Die einzelnen Klassifikationsregeln	80
2.2.2	Die Operationalisierung der Regeln	84
2.2.3	Von Kofsky abweichende Interpretation der Piagetschen Entwicklungssequenz des Klassifizierens	85
3	Kritik an der theoretischen und empirischen Begründung der invariablen Entwicklungssequenz durch Piaget	86
3.1	Kritik an der theoretischen Begründung	86
3.1.1	Entwicklung als Konstruktionsprozeß – die Eindeutigkeit der Festlegung des Konstruktionsprozesses	87
3.1.2	Überprüfung des theoretischen Beitrags einzelner von Piaget angenommener Prinzipien und steuernder Mechanismen der Entwicklung zur Stützung der Invariabilitätshypothese	89
3.1.3	Die Art der Piagetschen Begründungen und Schlußfolgerungen – wissenschaftstheoretische Betrachtungen	99
3.1.3.1	Die Art der Piagetschen Erklärungen	99
3.1.3.2	Piagets «logische Analyse»	103
3.2	Kritik an der empirischen Begründung der Klassifikationssequenz durch Piaget	110
3.2.1	Die Unzulänglichkeiten der «méthode clinique»	110
3.2.2	Weitere Fehler und Unzulänglichkeiten in den empirischen Untersuchungen Piagets	112
3.2.3	Die Vernachlässigung der Dimensionalität des Klassifikationsverhaltens	113
3.2.3.1	«Dimensionsanalyse» der Klassifikationsfähigkeit	114
4	Zusammenfassung: Das Konzept einer in Grenzen variablen Entwicklungssequenz	120

3. Kapitel:
Methodische Beiträge zur empirischen Prüfung von Entwicklungssequenzen: Prinzipien der Versuchsplanung und der statistischen Datenanalyse 124

0	Vorbemerkung	124
1	Prinzipien der Versuchsplanung in der entwicklungspsychologischen Forschung	125
1.1	Die Fragestellung der Entwicklungspsychologie in methodischer Sicht	125
1.2	Beschreibung und Kritik der konventionellen Versuchspläne	129
1.2.1	Die Querschnittmethode (Q-Methode)	130
1.2.2	Die Längsschnittmethode (L-Methode)	135
1.3	Das allgemeine Entwicklungsmodell von Schaie (1965) als theoretischer Bezugsrahmen für die entwicklungspsychologische Versuchsplanung	140
1.4	Sequentielle Versuchspläne für die entwicklungspsychologische Forschung	146
1.5	Einige übergeordnete Anmerkungen zur entwicklungspsychologischen Versuchsplanung	153
2	Entwicklungspsychologische Versuchsplanung und die Prüfung von Entwicklungssequenzen	158
3	Verfahren der Datenanalyse zur Prüfung der Invariabilität von Entwicklungssequenzen	161
3.1	Übersicht über die Fragestellungen und methodischen Ansätze	161
3.2	Deterministische Modelle zur Prüfung eindimensionaler Invariabilitätspostulate. Die Skalogrammanalyse (SA) und verwandte Verfahren	165
3.3	Probabilistische Modelle qualitativer Entwicklungsprozesse	175
3.4	Mehrdimensionale Ansätze	177

4. Kapitel:
Empirische Prüfung der Invariabilität der Klassifikationsfähigkeit. Möglichkeiten ihrer pädagogischen Beeinflussung 189

1	Fragestellung und Hypothesen der Untersuchung	190
1.1	Kurze Kennzeichnung des Problembereiches: Die Entwicklungssequenz der Klassifikationsfähigkeit	190
1.2	Die Fragestellung der Untersuchung	194
1.3	Die Hypothesen	197

2	Planung, Durchführung und Auswertung der Untersuchung	199
2.1	Der Versuchsplan	199
2.2	Das Versuchsmaterial	200
2.3	Die Aufgaben zur Erfassung der einzelnen Klassifikationsfähigkeiten	202
2.4	Die Erfassung der Schichtzugehörigkeit	212
2.5	Die Randbedingungen und der Ablauf der Untersuchung	214
2.6	Übersicht über die Auswertungsverfahren	217
3	Ergebnisse und Interpretation	218
3.1	Die Ergebnisse	218
3.1.1	Die Ergebnisse der Skalogrammanalyse (SA)	218
3.1.2	Die Ergebnisse der «Mehrdimensionalen Skalogrammanalyse für Entwicklungssequenzen» (MSA-E)	221
3.1.3	Die Ergebnisse der mehrfaktoriellen Varianzanalyse	222
3.1.4	Weitere Ergebnisse	224
3.2	Die Interpretation der Ergebnisse	225
3.2.1	Einschränkungen der Interpretierbarkeit der Untersuchungsresultate	225
3.2.2	Überblick über die empirische Bewährung der Hypothesen	227
3.2.3	Zusammenfassende Bewertung und Interpretation der Ergebnisse zur Invariabilitätshypothese	230
4	Möglichkeiten der Veränderung der Entwicklungssequenz der Klassifikationsfähigkeit durch gezielte Trainingsmaßnahmen und ihre pädagogischen Implikationen	234
4.1	Zweck und Notwendigkeit der Trainingsmaßnahmen	234
4.2	Hypothesen zu den Trainingsmaßnahmen und ihre Begründung	236
4.2.1	Allgemeine Hypothesen	236
4.2.1.1	Ableitung der Hypothese der multidimensionalen Invariabilität	236
4.2.1.2	Hypothesen, die sich auf die Annahme der Mehrdimensionalität stützen	237
4.2.2	Dimensionsspezifische Hypothesen	238

4.2.2.1 Spezifizierung der Trainingsmaßnahmen 238
4.2.2.2 Hypothesen über die Wirkung gezielten Trainings der Dimension des flexiblen Klassifizierens 242
4.3 Die Trainingsmaßnahmen 246
4.4 Pädagogische Bedeutsamkeit wirksamer Trainingsmaßnahmen 255

Literaturverzeichnis 258

Namenregister 264

Sachregister 266

Vorwort

Die vorliegende Arbeit hat das für die Entwicklungspsychologie zentrale Konzept der Entwicklungssequenz zum Gegenstand. Dabei thematisiert sie vor allem folgende vier Problemkreise.

Auf der allgemeinsten Ebene soll eine theoretische Analyse des expliziten oder impliziten Anspruchs fast aller entwicklungspsychologischen Theorien, Entwicklungssequenzen nachzuweisen und sie als wissenschaftliche Erklärungsansätze zu verstehen, vorgenommen werden. Zu diesem Zweck werden variable und invariable, anlage- oder gesellschaftsbedingte, sachlogisch oder regulativ begründete Entwicklungssequenzen unterschieden. Vor dem Hintergrund einer knappen wissenschaftstheoretischen Erörterung verschiedener Erklärungsformen, ihrer Beziehungen und ihrer Berechtigung sollen sodann die Möglichkeiten und Grenzen genetischer Erklärungsweisen und speziell die Bedingungen für die Erstellung erklärender Entwicklungsabfolgen diskutiert werden. Schließlich werden diese Versuche in den Rahmen der Entwicklungspsychologie und der Psychologie generell (insbesondere der Allgemeinen Psychologie) eingeordnet und ihre möglichen oder erwarteten Konsequenzen für die Erreichung der Ziele entwicklungspsychologischer Forschung aufgezeigt.

Auf der nächsten Ebene analysieren wir theoretisch und empirisch ein klassisches Beispiel einer strengen und invariablen Entwicklungssequenz: Die Piagetsche Sequenz der Klassifikationsfertigkeiten. Wir ordnen sie zuerst ein in den theoretischen Hintergrund der von Piaget postulierten und untersuchten kognitiven Ontogenese des menschlichen Individuums. Implikationen und Voraussetzungen des so verstandenen Klassifikationsverhaltens werden hervorgehoben, seine Bedingungen und Gesetzmäßigkeiten auf ihren Gehalt untersucht. Dabei kommen die gegenseitige, aktive Koordination menschlicher Tätigkeiten, die Annahme eines kontinuierlichen Konstruktionsprozesses dynamischer Strukturen in aufeinanderfolgenden, stets komplexeren Gleichgewichtsstufen, das Prinzip der sequentiellen Wahrscheinlichkeit und der sich in der Logik der Operationen fortsetzenden Logik des Handelns als die wesentlichen Piagetschen Erklärungshypothesen dieses ontogenetischen Aufbauprozesses zur Sprache. Diese theoretischen Ausführungen werden ergänzt durch die Darstellung von empirischen Untersuchungen zur Entwicklungssequenz der Klassifikationsleistungen. Insbesondere berichten wir über eine im Anschluß an Kofsky (1963) geplante und durchgeführte eigene Überprüfung der von Piaget postulierten Invariabilität. Die Ergebnisse dieser Replikationsstudie stützen Piagets Hypothese nicht.

Der dritte Aspekt, unter dem wir Entwicklungssequenzen betrachten, ist die Diskussion von Methoden der Versuchsplanung und statistischen Analyse für die empirische Überprüfung von Sequenzmodellen. Angesichts des Mangels an methodischen Abhandlungen zur Entwicklungspsychologie in der deutschsprachigen Literatur werden zunächst allgemeine Strategien des Designs und der statistischen Auswertung für entwicklungspsychologische Fragestellungen beschrieben. Dann werden Konsequenzen für die Planung von Untersuchungen speziell zu Entwicklungssequenzen gezogen. Im Mittelpunkt steht die Darstellung von statistischen Verfahren, die die Prüfung der Hypothese der Invariabilität ein- oder mehrdimensionaler Entwicklungssequenzen gestatten.

Der vierte Problemkreis betrifft die Bedeutung von Entwicklungssequenzen für die pädagogische Praxis. Im Vordergrund steht dabei die Veränderungsmöglichkeit von Entwicklungssequenzen, sei es in der Form einer grundlegenden Umstrukturierung des Verlaufs oder sei es auch nur in der Form seiner Beschleunigung. Diese Diskussion erfolgt im Hinblick auf das Ziel einer theoretisch und normativ begründeten Förderung der kognitiven Entwicklung, die dem Individuum die Möglichkeiten zur Auseinandersetzung mit Normen, Wissen und Problemen unserer Kultur und Gesellschaft bereitstellen und ihm ein innovatives Potential im Raum des individuellen und sozialen Verhaltens vermitteln soll. Diesem Anliegen wird vor allem durch die Planung möglicher Trainingsmaßnahmen zur Veränderung der Entwicklungssequenz der Klassifikationsfertigkeiten und ihrer Implikationen Rechnung getragen.

Der Aufbau des vorliegenden Buches entspricht im wesentlichen diesen vier Aspekten oder Problemkreisen. Eine Abweichung ist lediglich zu vermerken: Die Darstellung und Diskussion der empirischen Untersuchungen, insbesondere der eigenen

Replikationsstudie, schließt sich – sachlogisch sinnvoll – an die methodischen Erörterungen an.

Für die Ausführungen zum ersten Problemkreis zeichnet Thomas Bernhard Seiler verantwortlich (Kapitel 1). Die Darstellungen und Argumentationen des zweiten Komplexes stammen von Christiane Schmid-Schönbein (Kapitel 2), der methodische Teil von Siegfried Hoppe (Kapitel 3). Geplant und durchgeführt wurden die empirischen Untersuchungen von Siegfried Hoppe, Christiane Schmid-Schönbein und Christa Shar-Yazdi (Kapitel 4). Um die Lektüre zu erleichtern und ein zumindest teilweise isoliertes Verständnis der einzelnen Kapitel zu ermöglichen, wurden bewußt einige Wiederholungen in Kauf genommen.

Ohne die freundliche und tatkräftige Hilfe der Sekretärinnen des Instituts für Psychologie der FUB, Liesel Bartels, Christel Drechsler und Ruth Scholz, hätte die Arbeit sicher nicht so schnell abgeschlossen werden können. Wir möchten ihnen auch an dieser Stelle herzlich danken.

Berlin, im Oktober 1976
S. H.
C. S.-S.
Th. B. S.

1. Kapitel

Entwicklungssequenzen: Metatheoretische Betrachtungen zum Konzept der Entwicklungssequenz und zur genetischen Erklärungsweise

1 Die Erstellung von Entwicklungssequenzen als expliziter Anspruch oder implizite Konsequenz entwicklungspsychologischer Forschung

Wie auch immer das wissenschaftliche Selbstverständnis der Entwicklungspsychologie definiert wird, das was Entwicklungspsychologen explizit zu tun beabsichtigen oder auch nur faktisch tun, indem sie ihre Ziele verfolgen, ist die Untersuchung von Entwicklungsverläufen. Sie versuchen entweder Entwicklungssequenzen zu erstellen oder setzen sie voraus, wenn sie einzelne Phasen oder Stadien oder die Übergangsphänomene von einem Stadium zum andern analysieren. Den Begriff der Entwicklungssequenz verwenden wir hier im weitesten Sinn. Darunter fallen Phasentheorien, die den Verlauf der menschlichen Ontogenese gesamthaft zu erfassen und zu erklären vorgeben, und kürzere oder längere Zeiträume umfassende, qualitative oder auch nur quantitative Veränderungsreihen innerer und/oder äußerer[1] menschlicher Tätigkeiten. Zur Begründung dieser These ist es notwendig, etwas weiter auszuholen.

Gegenstand der Entwicklungspsychologie sind die Entstehungsgeschichte und der stetige Veränderungsprozeß der menschlichen Persönlichkeit mit all ihren komplexen Fähigkeiten[1] zur adaptiven und kreativen Auseinandersetzung mit einer sich stets verändernden und neue Anforderungen stellenden dinglichen und

---

[1] Die Problematik des Begriffs Persönlichkeit, der Unterscheidung ihrer Dispositionen und Fähigkeiten, des «Innen» und «Außen», des Begriffs der Handlung versus dem des Verhaltens, der Annahme «innerer» Problemlösungs- und Informationsverarbeitungsprozesse oder mit einem andern Terminus kognitiver Strukturen und Prozesse muß hier ausgeklammert bleiben. Ich verweise auf Schmidt 1970, Saltz 1971, Seiler 1973 u. a.

sozialen Umwelt, die selber das Produkt einer Geschichte ist. Das Ziel der Entwicklungspsychologie ist also die Beschreibung und Erklärung des menschlichen Werdens und Sich-Veränderns in seiner Interdependenz mit der selber gewordenen und als Produkt menschlicher Eingriffe oder Handlungen entstandenen Natur und Gesellschaft.

Mit Nagel (1957) sind wir der Meinung, daß zwei wesentliche Komponenten die Bedeutung des Begriffs Entwicklung ausmachen: Erstens impliziert er ein in sich geschlossenes System, das eine klar umrissene Struktur und eine bestimmte Menge von schon existierenden Fähigkeiten besitzt, zweitens postuliert er eine sequentielle Abfolge von Veränderungszuständen des Systems, die zu einer relativ dauerhaften, aber auch neuartigen Umgestaltung sowohl der Struktur als auch der Tätigkeitsweisen des Systems führen. Entwicklungspsychologische Forschung nimmt also stets Bezug auf einen bestimmten Ausgangszustand eines Systems und einen Endzustand, dem die Veränderungsabfolge des Systems zusteuert. Ausgangspunkt und Endzustand sind theoretische Setzungen, die relativ zu einem ins Auge gefaßten Abschnitt der Ontogenese vorgenommen werden. Die Gründe dieser Setzungen sind stets als vorläufig zu betrachten, sie beruhen auf begrifflichen und forschungstechnischen Notwendigkeiten und haben eine heuristische Funktion. Wahrscheinlich sind sie auch meist, vor allem, was die Ausprägung und Definition des Endzustandes betrifft, von Werteinstellungen bestimmt. Auch die psychologische Grundlagenforschung und die Notwendigkeiten der Praxis liefern theoretische Konstrukte möglicher Endzustände (z. B. eine bestimmte Grammatik, eine bestimmte Technik des Problemlösens), deren Genese die Entwicklungspsychologie untersuchen möchte.

Gleichzeitig wird immer angenommen, daß die Veränderungsabfolge eine irgendwie geartete Ordnung und einen inneren Zusammenhang aufweist. Diese Ordnung und dieser Zusammenhang sind zu untersuchen und näher zu bestimmen. Der wissenschaftliche Entwicklungsbegriff bezieht sich aber nicht nur auf die Umbildung eines Seienden als eines Individuums, er zielt also nicht nur auf eine rein individualgeschichtliche Beschreibung oder ideographische Darstellung einzelner Entwicklungsverläufe, sondern versucht eine nomothetische Rekonstruktion des Umwandlungsprozesses. Er sieht das einzelne Individuum als Element einer Spezies oder Gruppe und versucht auszumachen, worin sein Veränderungsprozeß dem der anderen Individuen seiner Art oder einer bestimmten Gruppe innerhalb seiner Art ähnlich verläuft und durch welche allgemeine Gesetzmäßigkeiten dieser Verlauf in seiner Dependenz von äußeren und inneren Faktoren bestimmt wird. Ohne diese generische Dimension wäre Entwicklungspsychologie als Wissenschaft nicht möglich. Wobei allerdings zu bemerken wäre, daß selbst eine rein ideographische und individualgeschichtliche Erklärung den Vergleich einzelner Individualgeschichten und allgemeine Erklärungsprinzipien voraussetzt.

Für das Verständnis von Entwicklung als der (gesetzmäßigen) Veränderungsabfolge eines vorgegebenen Systems ist kein Anlagefaktor oder präformatives Moment notwendig. Alle möglichen Interpretationen der Entwicklungskausalität, sei es die präformationistische, sei es die epigenetische oder eine systemtheoretische, bleiben möglich und offen, wie noch zu zeigen sein wird.

Der Begriff von Entwicklung hebt sich von dem des Lernens ab, er ist weiter als dieser. Ohne uns hier auf eine Definition von Lernen festlegen zu wollen und ohne die mit verschiedenen Theorien des Lernens verbundenen Probleme zu diskutieren, scheint es uns doch angebracht, Entwicklung und Lernen zu unterscheiden. Mag man auch in neueren, kognitiven Lerntheorien dem Begriff der Eigentätigkeit, der für Entwicklung wesentlich erscheint, Rechnung tragen, der Entwicklungsprozeß mit all seinen möglichen inneren und äußeren Bedingungen läßt sich u. E. nicht auf ein, auch als kumulativer Prozeß verstandenes (Gagné 1968), Lernen reduzieren. Eine Theorie des Lernens, die als wesentliche Bestimmungsfaktoren die Eigentätigkeit des lernenden Individuums und die Eigengesetzlichkeit der in die jeweilige Lernsituation mitgebrachten Strukturen enthält, verhält sich zum Begriff der Entwicklung wie ein notwendiges, aber nicht hinreichendes Erklärungsprinzip oder wie eine Teiltheorie des zu erklärenden Phänomens. Verstärkersequenzen à la Skinner dagegen können weder als notwendige, noch als hinreichende Erklärung der menschlichen Veränderungsgeschichte gelten. Aus ähnlichen Gründen – vor allem wegen der in diesem Begriff enthaltenen Überbetonung der sozialen Bedingtheit – halten wir auch die Ersetzung des Begriffs Entwicklung durch den der Sozialisation, die von vielen verfochten wird, für unangebracht und gefährlich.

Der Veränderungsgedanke ist nicht allein für die Entwicklungspsychologie spezifisch. Der Mensch ist ja, auch mit dem «Abschluß» seiner Entwicklung, was immer das aus der Sicht der Gesellschaft sei, keine fertige und unveränderliche Persönlichkeit, die ausgerüstet mit statischen Eigenschaften in einer für immer festgeschriebenen Natur und Umwelt agiert. Plastisch und veränderbar, muß er unaufhörlich mit veränderten Bedingungen der Umwelt fertig werden, unterliegt er ständig sich wandelnden Einflüssen kultureller und sozialer Art, denen er, gerade weil er sich selber verändern kann, nicht restlos ausgeliefert ist. Während aber viele Persönlichkeits- und Intelligenztheorien alter Prägung statische Eigenschaften oder eine unveränderbare Kapazität zu erfassen vorgaben, zielen Wahrnehmungs- und Denktheorien, Lern- und Informationsverarbeitungstheorien, sozialpsychologische und gruppendynamische Theorien auf irgendeine Art menschlicher Veränderung, deren komplexe Bedingtheit sie zu beschreiben und erklären versuchen. Es ist allerdings kennzeichnend für Theorien dieser Art, daß sie relativ kurzfristige Veränderungen menschlichen Handelns, Denkens und Verhaltens auf den Begriff zu bringen versuchen. Von dieser Regel gibt es nur wenig Ausnahmen, z. B. die Harlowschen learning sets. Auch die Skinnerschen Verstärkersequenzen oder Verstärkungsprogramme (reinforcement histories oder schedules) gehören hierher. Diese sind aber, abgesehen von einigen Shapingversuchen, die immer noch relativ kurze Zeiträume umfassen und sich auf einfache Verhaltensweisen beziehen, uneingelöstes und wahrscheinlich uneinlösbares Programm geblieben.

Eine bloß kurze Zeiträume umfassende Analyse komplexer menschlicher Lern- und Problemlösungsprozesse greift aber notwendigerweise immer zu kurz, weil punktuelle Einflüsse und rein aktuelle Bedingungen und Gesetzmäßigkeiten zu ihrer Erklärung nicht ausreichen. Nur die Erforschung der langfristigen Gewordenheit menschlicher Tätigkeiten, die umfassende Untersuchung des Entstehungs-[2] und Veränderungsverlaufs übergreifender Lern- und Problemlösungsprozesse und -strategien vermag ihre Bedingungen und Gesetzmäßigkeiten theoretisch und praktisch hinreichend einzufangen, d. h., die aktualtheoretischen Erklärungen müssen durch einen entwicklungspsychologischen Ansatz erweitert und durch eine genetische Betrachtungsweise fundiert werden, wie noch zu zeigen sein wird (s. 4).

Wenn es aber eine Wissenschaft unternimmt, die Entstehungs- und Veränderungsgeschichte menschlichen Handelns, Empfindens und Denkens zu erforschen, wird sie als erstes versuchen, die einzelnen Schritte, Etappen oder Phasen dieses Prozesses oder dieser Geschichte zu beschreiben. Sie wird den Verlauf dieses Werdens und Veränderns in eine Abfolge von Ereignissen oder Zuständen aufteilen. Auf die Entwicklungspsychologie zugeschnitten kann dieses Ziel folgende Verfahrensschritte nach sich ziehen: Erstens die Festsetzung und definitorische Umschreibung der Funktionen, Fähigkeiten oder Merkmale, deren Entwicklung untersucht werden soll. Zweitens die Erstellung und empirische Prüfung psychophysischer Veränderungsreihen oder, mit einem anderen Wort, von Entwicklungssequenzen. In einem dritten Schritt werden sodann oft einzelne ontogenetische Veränderungsabfolgen miteinander verglichen und genetische Entwicklungsregeln oder Entwicklungsprinzipien genereller Art (wie z. B. das orthogenetische Prinzip von Werner) herausgearbeitet. Viertens wäre schließlich eine genaue Bedingungs- und Zielanalyse dieser Entwicklungssequenzen vorzunehmen.

Das heißt aber nicht, daß jede entwicklungspsychologische Forschung alle diese Etappen durchläuft. Der einzelne Forscher setzt oft den einen oder andern der genannten Schritte voraus. Er befaßt sich möglicherweise nur mit dem Übergang von einem Zustand zum nächsten oder versucht, die wichtigsten Eigenschaften eines bestimmten mehr oder weniger global definierten Zustandes innerhalb einer Sequenz zu ermitteln. Auch die Aus-

---

[2] Mit Entstehung ist das Auftreten neuer, bisher nicht gezeigter Verhaltensweisen oder Fähigkeiten zu einem bestimmten Zeitpunkt der Ontogenese gemeint. Ein Entstehungsprozeß dieser Art ist nie als absolut zu deuten, als ob er keine Vorläufer hätte. Es könnte eine Aufgabe der Entwicklungspsychologie sein, das Auftreten neuer Fähigkeiten und Verhaltensweisen (z. B. rationaler Begriffe oder bewußter Zielsetzungen) durch ihre Vorformen und Bedingungen zu erklären.

dehnung der zu erstellenden oder zu analysierenden Entwicklungssequenz kann erheblich differieren, sie kann kurze oder längere Zeiträume, z. B. die Entwicklung bis zum «Erwachsenenalter» oder das ganze Leben umfassen, wie im folgenden noch genauer zu zeigen sein wird.

Inhaltlich gesehen sind es vor allem folgende Systeme, die immer wieder zum Gegenstand entwicklungspsychologischer Forschung gemacht wurden: (1) Das System der kognitiven und motivationalen Fähigkeiten und Prozesse und ihrer inneren und äußeren Bedingungsfaktoren. (2) Das System der sozialen Verhaltensweisen und Interaktionsprozesse, durch die Denken und Lernen angeregt, Werteinstellungen vermittelt und Verhaltensangleichungen bewirkt werden. (3) Das System der Normen, ihre Bedingungen und Voraussetzungen, ihre Übernahme und die Möglichkeiten ihrer Reflexion und Veränderung.

2 Klassifikation von Entwicklungssequenzen

Um den Begriff der Entwicklungssequenz und das theoretische Anliegen, das damit verfolgt werden kann, noch näher zu bestimmen, ist eine unterscheidende Klassifikation von möglichen psychophysischen Veränderungsreihen, wie sie von verschiedenen Autoren konzipiert und beschrieben wurden, von Nutzen.

Als erstes soll die Unterscheidung, deren Notwendigkeit schon begründet wurde, noch einmal erwähnt werden. Entwicklungssequenzen können kürzere oder längere Zeiträume erfassen. Ein Veränderungsprozeß, z. B. das wahrnehmende Erkennen einer näherkommenden Person, oder der Verlauf eines Problemlösungsprozesses, kann im Extremfall während einer aktuellen Beobachtungs- oder Experimentalsituation ablaufen. Schmidt (1970) nennt sie aktualgenetische Veränderungsreihen. Am andern Extrem liegen Entwicklungssequenzen, welche die gesamte menschliche Ontogenese einzufangen und in Abschnitte aufzuteilen versuchen. Dazwischen siedeln sich alle möglichen Abstufungen von Rekonstruktionsversuchen kurz- oder längerfristiger Veränderungsprozesse an. In jedem Fall gehört die Zeitdimension wesentlich zum Begriff der Entwicklungssequenz. Diese Zeitdimension deckt sich in der Ontogenese mit dem Altern. Weder Zeit noch Alter aber sind als solche Erklärungsgründe des Entwicklungsverlaufs, wie wir noch sehen werden.

Als zweites Klassifikationskriterium für Entwicklungssequenzen soll die Dimension Beschreibung versus Erklärung herangezogen werden. Beschreibend oder *klassifikatorisch* sollen Entwicklungssequenzen genannt werden, die sich mit einer bloßen Aufstellung und Beschreibung von einzelnen aufeinanderfolgenden Zuständen oder Stadien begnügen und auf jede Art der Erklärung verzichten. Es lassen sich mindestens vier Arten von klassifikatorischen Entwicklungssequenzen unterscheiden.

(1) Erstens Einteilungen des menschlichen Entwicklungsverlaufs in grobe, entweder rein altersbestimmte oder durch gesellschaftliche Anforderungen und Umstände begründete Etappen oder Stufen, die nur zum Zweck der Verständigung und didaktischen Übersichtlichkeit vorgenommen werden. Klassifikationen dieser Art sind z. B. Säugling, Kleinkind, Schulkind usw. oder Kindheit, Adoleszenz (Pubertät), Erwachsenenalter, Greisenalter. Sie kommen nicht nur dem Bedürfnis sozialer Verständigung entgegen, sondern sind auch notwendig für die Charakterisierung pädagogischer Anforderungen und Maßnahmen.

(2) Zweitens spekulativ-ästhetische Konstruktionen. Darunter fallen die meisten klassischen Phasentheorien der Entwicklung. Sie beurteilen die menschliche Entwicklungsgeschichte im allgemeinen von einer hohen Abstraktionsebene aus, fassen die unterschiedlichsten Erlebnis- und Verhaltensbereiche zusammen, ordnen sie, ästhetischen Tendenzen folgend, nach relativ willkürlichen und künstlichen Kriterien und Prinzipien, die zudem noch oft von Phase zu Phase gewechselt werden. Ein klassisches Beispiel ist die harmonische Drei-mal-drei-Stufen-Theorie von Kroh (1944) mit den die Hauptstufen in schöner Regelmäßigkeit verbindenden zwei Trotzperioden. Von aphoristischen Beispielen abgesehen fehlt meistens jeder Versuch, diese künstlichen Gebilde empirisch methodisch zu belegen. Zu dieser Kategorie sind auch feinmaschigere Sequenzregeln zu zählen, z. B. über Abfolgen des Rollenlernens, wenn die aufgestellten Sequenzen weder durch empirisch statistische Methoden noch – als Minimalforderung – durch für sich allein nicht hinreichende, stringente rationale Argumente abgesichert werden.

(3) Drittens Klassifikationen des Entwicklungsverlaufs, die auf empirischen Untersuchungen und statistischen Maßzahlen

beruhen. Es handelt sich dabei meistens um Einstellungen, motorische oder geistige Leistungsmöglichkeiten, die als mehr oder weniger charakteristisch für eine bestimmte Altersstufe erhoben werden. Naturgemäß sind sie nur für die Population gültig, aus der die (repräsentativen) Stichproben ausgewählt wurden. Beispielhaft könnte die Untersuchung von Laurendeau et Pinard (1962) über die Entwicklungsabschnitte des kausalen Denkens angeführt werden, die sie ausgehend von Piagets (1926) Theorie der frühkindlichen magisch-kausalen Weltvorstellungen unternommen hatten.

(4) Viertens normative Klassifikationen. Damit meine ich mehr oder weniger grobmaschige Stadiensequenzen, die von einem durch die Gesellschaft vorgegebenen oder durch den Theoretiker angenommenen Entwicklungsziel ausgehen und qualitativ unterschiedliche Annäherungsphasen an dieses Ziel unterscheiden. In diese Kategorie gehört z. B. die Piagetsche (1932) Phasentheorie der Entwicklung des moralischen Urteils, bei der allerdings wenigstens teilweise Auswirkungen kognitiver Entwicklungsgesetze und gesellschaftlicher Einflüsse postuliert und mit einigen (unzureichenden) empirischen Belegen gestützt werden.

Von *erklärenden* Entwicklungssequenzen soll gesprochen werden, wenn die einzelnen Ereignisse, Zustände oder Stufen aufgrund stringenter rationaler Argumentationen und/oder empirisch gesetzmäßiger Verknüpfungen in eine bestimmte variable oder invariable Abfolge eingeordnet werden. Es muß also eine theoretische Begründung der Reihenfolge und der Merkmale der einzelnen Zustände oder Stadien beigebracht werden. Über wissenschaftstheoretisch adäquate und akzeptable Arten der theoretischen und empirischen Begründung und Erklärung soll der folgende Punkt (3) handeln. Hier soll darum nur auf einige in vielen entwicklungspsychologischen Theorien bevorzugte inhaltliche Bedingungsfaktoren von ontogenetischen Veränderungsabfolgen hingewiesen werden. Man könnte ganz grob zwischen «innen»- und «außen»-bestimmten Veränderungsreihen unterscheiden. Mit Innenbestimmtheit meinen wir die Erklärung des Veränderungsverlaufs durch Gründe, Ursachen oder Ziele, die im Organismus oder in den Gesetzmäßigkeiten seines Handelns vorgebildet sind oder daraus entstehen. Innenbestimmtheit ist nicht notwendigerweise präformationistisch zu begreifen. Neben der oft fragwürdigen Erklärung von Entwicklungsstadien durch das Konzept der Anlage oder durch ihre Interpretation als Reifungsprozeß gibt es die Möglichkeit, entweder sachlogische bzw. implikative Beziehungen zwischen aufeinanderfolgenden Entwicklungsleistungen oder regulative Interaktionswirkungen zwischen den einzelnen Handlungen und Operationen als Erklärung für die Veränderungsabfolge im Erleben, Denken und Verhalten zu postulieren. Diese Erklärungsweisen werden im 3. und 4. Punkt ausführlich diskutiert.

Von Außenbestimmtheit möchten wir reden, wenn die zu erklärende Abfolge von Ereignissen oder Zuständen ausschließlich oder überwiegend auf Umweltfaktoren zurückgeführt wird. Solche äußere Faktoren sind z. B. Verstärkerreihen, pädagogisch-didaktische Maßnahmen, Sozialisierungsprozesse, normative Zwänge, Berufsauswirkungen usw.

Als drittes Kriterium zur Klassifikation von Entwicklungssequenzen kann die *Variabilität* oder Invariabilität der Reihenfolge herangezogen werden. Unter der Annahme invariabler Sequenzen wird postuliert, daß bei jedem einzelnen, eine Veränderungsreihe durchlaufenden Individuum Zustand für Zustand streng gesetzmäßig geordnet aufeinanderfolgt. Damit ist nicht impliziert, daß ein bestimmtes Individuum notwendigerweise alle Zustände oder Ereignisse der Veränderungsreihe durchläuft, es kann auf einem früheren Stadium stehenbleiben, einen Prozeß abbrechen. Es ist auch nicht erforderlich, daß es für alle Zustände oder Stadien dieselbe Zeitspanne benötigt, es kann einzelne oder alle Phasen schneller durchlaufen; in einzelnen Zuständen verharrt es vielleicht auch nur extrem kurze Zeit, um dann schon zum folgenden Zustand hinüberzuwechseln. Auf keinen Fall aber kann die Reihenfolge der Zustände oder Stadien einer invariablen Sequenz vertauscht werden, die Ordnung von auch nur zwei aufeinanderfolgenden Zuständen umgekehrt werden. Das Postulat der Invariabilität einer Entwicklungssequenz wird sich im allgemeinen auf einen zu bestimmenden Personenbereich beziehen: Nur für diese Personen gilt, daß sie in der gleichen Reihenfolge dieselben diskreten (oder als diskret angenommenen) Zustände durchlaufen. Unabhängig davon und zusätzlich kann die Invariabilität für alle oder auch nur einzelne

Situationen und für alle oder nur einzelne Teilfähigkeiten angenommen oder verworfen werden.

Es ist klar, daß die als variabel gekennzeichnete Entwicklungssequenz nicht als das Muster aller Kombinationen der Ereignisse oder Zustände, aus denen die Veränderungsreihe besteht, begriffen werden darf. Wenn es keine bevorzugte oder häufigste oder wahrscheinlichste Kombination der zu durchlaufenden Zustände gibt, ist die Verwendung des Ausdrucks Entwicklungssequenz sprachlich nicht sinnvoll und vernünftig. Eine gewisse interindividuelle Generalität scheint in diesem Begriff impliziert. Nicht so beim Terminus Veränderungsreihe, seine Bedeutung läßt durchaus die Möglichkeit zu, daß jedes Individuum oder ein und dasselbe Individuum zu verschiedenen Zeiten die Ereignisse oder Zustände in anderer Abfolge durchläuft. Wir möchten allerdings bezweifeln, daß diese weite Bedeutung wissenschaftlich sinnvoll ist und theoretisch weiterführt. Die variable Entwicklungssequenz verhält sich daher unseres Erachtens zur invariablen wie ein statistisches Gesetz mit einer mehr oder weniger wahrscheinlichen Abfolge der Ereignisse zu einem deterministischen Gesetz, das eine notwendige Abfolge impliziert (s. 3.). Weder für die Feststellung variabler, mehr oder weniger wahrscheinlicher Sequenzen noch für das Postulat invariabler, gesetzmäßig notwendiger Veränderungsabfolgen sind empirische Belege ausreichend, immer sind auch theoretische Erklärungen der inneren Bedingtheit und des Zusammenhangs der Ereignisse erforderlich, wie bei der Diskussion der genetischen Erklärungsweise zu zeigen sein wird. Streng genommen wären invariable Sequenzen durch den Nachweis einer einzigen abweichenden Sequenz widerlegt (falsifiziert), wenn nicht das Problem der experimentellen Meßgenauigkeit wäre. Dabei ist zu berücksichtigen, daß im Humanbereich die Fehlerwahrscheinlichkeit bei der diagnostischen Klassifikation von Verhaltensweisen, Dispositionen und erst recht inneren Zuständen und Operationen so erheblich groß ist (und sich noch steigert, wenn Kinder zu untersuchen sind), daß die Festlegung eines methodologischen Kriteriums für die Beibehaltung oder Verwerfung der Annahme einer gesetzmäßigen Abfolge ein äußerst schwieriges Problem darstellt. In Kapitel drei wird davon die Rede sein. In Kapitel zwei wird eine theoretische und empirische Auseinandersetzung mit der von Piaget postulierten invariablen Sequenz von Klassifikationsfertigkeiten vorgelegt, so daß sich weitere Beispiele hier erübrigen.

Variable Entwicklungssequenzen werden meistens auf mehr oder weniger konsistente, mehr oder weniger wirksame Sozialisationsmaßnahmen oder auf gegeneinander agierende, innere oder äußere Faktoren, von denen die einen als dominant angenommen werden, zurückgeführt. Invariable ontogenetische Veränderungsreihen wurden meist durch die präformativ festgelegte Entfaltung einer Anlage erklärt. Sie können aber auch, so Piaget, als logisch implikative Ketten und/oder als kybernetisch regulative Interaktion zwischen Handlungssystemen und ihre nach spieltheoretischen Gesetzen erfolgende Weiterentwicklung gedeutet werden.

Eine vierte Möglichkeit der Klassifikation von Entwicklungssequenzen beruht auf der «inhaltlichen» Analyse der aufeinanderfolgenden Zustände oder Stadien. Diese Analyse ist nur möglich, wenn relativ umfangreiche, zahlreiche Aspekte, Zustände und Ereignisse umfassende Entwicklungsstadien angenommen werden. Man könnte dann sich ausweitende und sich einengende Entwicklungsabfolgen unterscheiden. Von einer sich ausweitenden Sequenz möchten wir sprechen, wenn jedes folgende Stadium zusätzlich zu den auf dem vorhergehenden Stadium vorhandenen Handlungsmöglichkeiten neue, durch Differenzierung, Aufspaltung, Veränderung entstandene Möglichkeiten aufweist. Wenn zu diesem Prozeß der Differenzierung, Aufspaltung und Ausweitung noch eine integrierende und zentralisierende Umstrukturierung hinzukommt, spricht man mit Werner (1953, 1957) vom orthogenetischen Entwicklungsprinzip. Sich einengende Entwicklungsabfolgen werden unter folgenden Bedingungen und Annahmen postuliert: Im Ausgangsstadium sind zahlreiche Verhaltenspotenzen, die jede in eine alternative Fortentwicklung eingehen könnte, gegeben. Im Fortgang der Entwicklung werden vor allem durch äußere Einflüsse, Erwartungen, Sozialisationsmaßnahmen nur einzelne dieser Potenzen gefördert. Die Verhaltensmöglichkeiten werden eingeschränkt und in eine bestimmte Richtung gelenkt. Mit anderen Worten, im handelnden Auseinandersetzungsprozeß mit der Umwelt erfolgt zwangsläufig eine Kanalisierung in für eine

Kultur und Gesellschaft charakteristische Handlungsstränge. Man spricht auch von trichterförmiger Entwicklung (vgl. Thomae 1961, Schmidt 1970). Die mit dieser Art von Entwicklungsmodellen oder *Sequenzregeln* verbundenen Probleme werden in diesem Buch nicht diskutiert.

3 Beschreibung, Erklärung und Theorie: Wissenschaftstheoretische Bemerkungen zur beschreibenden und/oder erklärenden Funktion von Entwicklungssequenzen

Die Entwicklungspsychologie wird heute von vielen methodenbewußten Forschern als ein nicht ganz ernst zu nehmendes Fach betrachtet. Ihre Kritik gilt vor allem dem Konzept der Entwicklungssequenz und generell der genetischen Erklärungsweise. Das zeigt sich schon daran, daß wissenschaftstheoretische Diskussionen dieser Begriffe und Methoden in der heutigen wissenschaftlichen Psychologie äußerst selten sind, wenn man von Piaget und der östlichen, marxistisch orientierten Psychologie absieht (s. Leontjew 1973, speziell die Einführung von Holzkamp und Schurig, die allerdings und leider von ideologisch bedingten Behauptungen und Vorurteilen strotzt). Nach einer allgemein vorherrschenden Meinung kann man Entwicklungssequenzen, wie auch immer sie beschaffen sein mögen, bestenfalls den Rang und Wert einer bloß beschreibenden oder grob klassifizierenden Darstellung zuordnen. Man verweist sie prinzipiell ins Vorfeld der eigentlich wissenschaftlichen Erklärung und Interpretation. Demgegenüber möchten wir den Standpunkt vertreten, daß ontogenetische Veränderungsreihen eine Erklärungsfunktion haben können und daß sie notwendiger Bestandteil der genetischen Erklärungsweise sind, der vor allem in sozialwissenschaftlichen Bereichen eine eminente Bedeutung zukommt.

Wenn man sich mit dem Vorwurf der bloßen Beschreibungsfunktion auseinandersetzen will, muß man sich zuerst mit dem wissenschaftstheoretischen Status von Beschreibung und Erklärung, mit ihren Formen und Funktionen und ihrem Ort in der Theorienbildung befassen. Wir möchten das mit folgenden Thesen versuchen, die als ein Diskussionsbeitrag gedacht sind. Wir werden uns dabei in mehreren Punkten an die Auffassungen von Wrights (1974) anlehnen, bei dem wir für viele unserer Meinungen eine präzise und differenzierte Darstellung gefunden haben.

Wir verstehen Beschreibung und Erklärung nicht als Gegensätze, die Unterschiede zwischen ihnen sind überwiegend relativer Art. Beiden ist eine gleichartige Grundintention gemeinsam, das Bestreben nämlich, relativ Unbekanntes in relativ Bekanntes einzuordnen oder noch ungeordnete Ereignisse in ein ordnendes Raster einzubringen. Beide sind auch Formen des Erkennens und Verstehens, wobei Erklären dem Verstehen näher stehen mag als Beschreiben, ohne daß sich der Bedeutungsinhalt der beiden Termini Erklären und Verstehen vollständig deckt (vgl. von Wright, 1974, S. 19 f.). Verstehen hat zusätzlich eine psychologische Komponente, die immer etwas zu tun hat mit dem erfolgreichen Einordnen eines neuen Sachverhaltes o. ä. in eine subjektive Erlebens- und Erkenntnisorganisation.

Wissenschaftstheoretisch gesehen sind Beschreibungen meistens dadurch charakterisiert, daß sie versuchen, einen Wirklichkeitsausschnitt mit Begriffen und Aussagen zu rekonstruieren, deren Präzisierung und systematische Koordination zu einem kohärenten Netz noch nicht gelungen ist. Die verwendeten Begriffe und die Bedeutung der Aussagen überlappen sich zum Teil, zum andern enthalten sie auch alternative und sogar widersprüchliche Bedeutungselemente, so daß eine streng logische Integration nicht möglich ist. Wesentlich scheint auch, daß die in den Begriffen implizierten Annahmen nicht expliziert, analysiert und geklärt werden. Wenn man unter Theorie ein logisch durchstrukturiertes Begriffs- und Aussagensystem versteht, dessen Teilsysteme durch Bedingungs- und Erklärungsrelationen verknüpft sind, so können Beschreibungen dieser Art offensichtlich nur als Vorstufe von Theorien gesehen werden. Das schließt selbstverständlich die Möglichkeit nicht aus, relativ geschlossene Beschreibungs- oder besser Klassifikationssysteme herzustellen, wie z. B. die systematischen Klassifikationssysteme in der Botanik. Derartige Klassifikationssysteme enthalten aber meist auch implizite Erklärungshypothesen. Die bloße Beschreibung ist keineswegs wirklichkeitsnäher oder beobachtungsnäher als die Theorie. Das ist eine Frage der verwendeten Begriffe und ihrer Bedeutungen und kann nur für einen bestimmten theoretischen und wissenschaftshistorischen Kontext beantwortet werden. Das Verhältnis von Beobachtung und Beschreibung, Erklärung und Theorie wird uns noch einmal beschäftigen. Vorher aber möchten wir noch unsere Auffassung über den wissenschaftstheoretischen Status der verschiedenen Erklärungsformen darlegen.

Während also die Beschreibung primär der begrifflichen und sprachlichen Erfassung und Ordnung von Ereignissen oder Sachverhalten dient, strebt die Erklärung nicht nach einer rein ordnenden Klassifikation, sondern nach einer begründenden In-Beziehung-Setzung. Wie aber wahrscheinlich in jedem Beschreibungsbegriff und in jedem Beschreibungssystem implizit erklärende oder interpretierende Hypothesen enthalten sind, so setzt umgekehrt jede Erklärung eine heraushebende Bezeichnung und ordnende Beschreibung der Ereignisse voraus.

Unter Erklärung im weitesten Sinn versteht man am besten eine rationale, kausale oder teleologische Begründung von Ereignissen oder Sätzen über Ereignisse durch andere. Was erklärt werden soll, ist also entweder ein einzelnes Ereignis oder eine zusammenfassende Aussage über Ereignisse gleicher Art, d. h. ein Gesetz. Die erklärende Begründung selber ist immer in logisch entwickelten Satzsystemen vorzulegen und hat also logischen Gesetzen und wissenschaftstheoretischen Kriterien zu genügen. Abgesehen von der logischen Korrektheit ist die Wahrheit oder Gültigkeit einer Erklärung relativ zu einem wissenschaftshistorischen Zeitpunkt zu bewerten. Sie kann dann als adäquat gelten, wenn die in den Prämissen angeführten Sätze über Ereignisse «nach wissenschaftlichen Kriterien als zum Zeitpunkt der Begründung akzeptiert und zum jeweiligen Kontext als unproblematisch angesehen werden können» (v. Kutschera 1972, S. 365). Es gibt offensichtlich keine wissenschaftstheoretisch allseitig befriedigende und alle Probleme ausräumende Klassifikation und Rechtfertigung von Erklärungen. Einhellig scheint man dagegen heute der Meinung zu sein, daß der Versuch, alle Erklärungsarten auf ein Erklärungsschema, etwa auf das von Hempel-Oppenheim, zurückzuführen und dieses gar als allein berechtigt hinzustellen, gescheitert ist. Man darf sich eben nicht darüber hinwegtäuschen, daß dieses vordergründig so klare und einleuchtende Schema, das für viele Zwecke und Bereiche durchaus geeignet und klärend sein mag, wesentliche, wissenschaftstheoretische Probleme nicht löst, sondern unter dem Mantel der Stringenz nur verdeckt. Für die Begründung dieser Behauptung verweise ich z. B. auf v. Kutschera 1972 und von Wright 1974. Demgegenüber möchten wir in dieser Frage einen Standpunkt vertreten, den man als wissenschaftstheoretisch liberal oder pragmatisch kennzeichnen mag. Er plädiert für die Vielfalt möglicher Erklärungsweisen und gesteht jeder von ihnen einen eigenständigen, in der Regel nicht auf andere Formen rückführbaren Erklärungswert zu. Diese Auffassung schließt nicht aus, daß es idealtypisch sinnvoll sein kann, in allen Bereichen, wo es möglich ist, nach kausalen Erklärungsweisen zu suchen.

Einige wichtige Formen wissenschaftlicher Erklärungsweisen sollen im folgenden ohne eingehende Diskussion ihrer wissenschaftstheoretischen Problematik aufgeführt werden.

(1) Die rationale Erklärung bietet rationale Gründe, keine Seinsursachen an. Man kann vielleicht zwei Arten von rationalen Erklärungen unterscheiden. Die erste Art liefert Erkenntnisgründe, die besagen, warum etwas möglich ist, ohne daß man aus diesen Gründen auf die Existenz des zu Begründenden schließen kann. Der Zusammenhang zwischen den begründenden und den zu begründenden Aussagen beruht auf einer begrifflichen Analyse oder bedeutungsmäßigen Implikation. Mit rationalem Argument wird daher nicht die Existenz des erklärten Ereignisses bewiesen, sondern allenfalls seine begriffliche Verträglichkeit (oder logische Möglichkeit) oder seine Nicht-Widersprüchlichkeit zu andern theoretischen Annahmen oder Konstrukten. Der Schluß auf die Existenz von Ereignissen oder Zuständen aufgrund ihrer begrifflichen Implikation in übergeordneten Annahmen wird zwar immer wieder vollzogen, ist aber meistens ohne zusätzliche empirische Belege nicht haltbar. Aus der Tatsache z. B., daß ein Individuum logische Operationen einer bestimmten Art (in einer bestimmten Situation mit bestimmten Inhalten) korrekt vollziehen kann, folgt nicht, daß es Operationen, die in einer rein begrifflichen Analyse derselben Art zugerechnet werden müssen, notwendigerweise beherrscht (auch nicht bezüglich desselben Objektbereiches und in vergleichbaren Situationen) (vgl. Seiler 1973). Rationale Erklärungen dieser Art erlauben also keine Prognosen, sondern höchstens retrodiktive (rückwärtsschreitende) theoretische Einordnungen von Ereig-

nissen. Ihre wesentliche Funktion aber ist es, empirisch zu prüfende Hypothesen über den Zusammenhang von Ereignissen zu liefern.

Eine zweite Art rationaler Erklärungen wird oft in der Angabe von Gründen gesehen, die zu einer Erkenntnis oder Feststellung führen, sie begründen die Berechtigung einer Annahme. Diese Art deckt sich wahrscheinlich mit den von v. Kutschera diskutierten «epistemischen Erklärungen», die «Erkenntnisgründe (causae cognoscendi) für die Existenz eines Tatbestandes anbieten» (v. Kutschera, 1972, S. 366). Ein von ihm angeführtes Beispiel lautet: «Das Barometer ist gefallen, daher wird sich das Wetter verschlechtern». Streng genommen ist diese Art der rationalen Begründung eine verkürzte und zur Prognose verwendete Darstellung eines früher empirisch bestätigten statistischen oder deterministischen Zusammenhangs zwischen Ereignissen ohne kausale Bedeutung. Sie gehört darum auch eher zu den Realerklärungen, wobei sie allerdings nicht das Warum eines Ereignisses erklärt, sondern nur, wie ich dazu komme, es anzunehmen, an seine Existenz zu glauben.

(2) Die Kausalerklärung im weitesten Sinn besteht in der Angabe von Real- oder Seinsursachen (Ereignisse, Zustände), aus denen das zu erklärende Ereignis folgt. Je nach ihrem Charakter vermag sie die Existenz und/oder das Warum zu erklären. Wir möchten folgende Unterarten von Kausalerklärungen unterscheiden: streng notwendige (universelle), induktiv-probabilistische, quasi-kausale und kausal-teleologische Erklärungen.

Die universelle oder streng notwendige Kausalerklärung setzt eine gesetzmäßige Verknüpfung von Ereignissen oder Zuständen voraus. Ausgehend von diesem Gesetz (als einem angenommenen Zusammenhang zwischen Ereignissen oder logisch gesprochen einer implikativen Allaussage: immer wenn p, dann auch q) und zusätzlichen Bedingungen, die es erlauben, das Gesetz auf die betreffende Situation anzuwenden, wird nach logischen Schlußformen der zu erklärende Sachverhalt, mag es sich um ein einzelnes Ereignis oder um ein (weniger allgemeines) Gesetz handeln, abgeleitet. Das ist die subsumptionstheoretische oder deduktiv-nomologische Form der Erklärung, die oft nach dem Hempel-Oppenheim-Schema der Erklärung dargestellt wird: Aus dem Explanans, das ein oder mehrere Gesetze und zusätzliche Antecedensbedingungen umfaßt, wird das Explanandum logisch abgeleitet. Je nach dem wissenschaftstheoretischen Standpunkt werden vier oder sechs Adäquatheitsbedingungen für diese deduktiv-nomologische Erklärung aufgestellt, die hier nicht diskutiert werden sollen. Viele Wissenschaftstheoretiker glaubten mit diesem Erklärungsschema der Problematik der Kausalerklärung im engeren Sinne aus dem Wege zu gehen. Der Begriff der Ursache und der Kausalerklärung sollte überflüssig werden. Das Problem der kausalen Erklärung wurde durch dieses Schema aber nur verschoben oder verdeckt. Es steckt in der Theorie des Gesetzes. Der Begriff des Gesetzes hat im Grunde genommen das ganze Gewicht der Erklärung zu tragen, ohne daß er geklärt würde. V. Wright versucht, dem Verständnis des Kausalzusammenhangs durch eine Analyse nach hinreichenden und/oder notwendigen Bedingungen näherzukommen. Die gesetzmäßige Verknüpfung zwischen aufeinanderfolgenden Zuständen oder Ereignissen kann erstens vom Typ der hinreichenden Bedingtheit sein, dann sagt die Erklärung, warum etwas notwendig war oder wurde. Sie kann zweitens vom Typ der notwendigen Bedingtheit sein, dann liegt eine Erklärung vor, die zeigt, wie etwas möglich war oder wurde. Sie kann drittens hinreichende *und* notwendige Bedingungen enthalten, dann erklärt sie sowohl das Warum-notwendig? wie auch das Wie-möglich?

Diese Kausalanalyse (im Sinne von v. Wright) nach hinreichenden und/oder notwendigen Bedingungen soll bei der Behandlung der genetischen Erklärungsweise weiter erörtert und präzisiert werden. Dabei wird auch erst richtig deutlich werden, wie falsch es ist zu glauben, daß deduktiv-nomologische Erklärungen immer zur Voraussage neuer Vorkommnisse des Explanandums verwendet werden können. Der erste und der dritte Typ erlauben eine Voraussage, der zweite kann höchstens in einem indirekten Sinn zur Voraussage verwendet werden. Wenn wir nämlich «die notwendigen Bedingungen eines Phänomens kennen, können wir, wenn wir sie unterdrücken, bzw. wenn wir einfach beobachten, daß sie nicht realisiert sind, voraussagen, daß das fragliche Phänomen *nicht* vorkommen wird» (v. Wright 1974, S. 63). Wenn wir diese Bedingungen dagegen herstellen oder ihre Realisierung beobachten, kann das betreffende (durch sie notwendig bedingte) Ereignis immer noch eintreten oder nicht eintreten, weil diese Bedingungen nicht hinreichend sind. Streng genommen erlaubt der zweite Typ nur Retrodiktionen, d. h., aus der Existenz eines bestimmten Phänomens, dessen notwendige Bedingungen wir kennen, kann man schließen, «daß dessen notwendige Antecedensbedingungen in der Vergangenheit ebenfalls vorgekommen sein müssen» (a. a. O., S. 62).

Gesetze der Art, wie sie hier vorausgesetzt sind, sind nicht das Resultat einer induktiven Generalisierung, zu der man durch Beobachtung und Experiment kommt, sondern das von bestimmten Erfahrungen und Annahmen ausgehende theoretische Zusammenbringen von Ereignissen, das dann experimentell geprüft wird. Sie haben also nicht nur einen extensionalen Universalitätscharakter, sondern drücken auch einen intensionalen Bedeutungszusammenhang oder eine Sachnotwendigkeit aus. Die Gültigkeit der Erklärung hängt auch in all diesen Fällen von der Gültigkeit der angenommenen gesetzmäßigen Beziehung zwischen Ursache und Wirkung oder zwischen bedingendem und bedingtem Ereignis ab.

Im Unterschied zu dieser vorgenannten Kausalanalyse spricht man meist von Bedingungsanalyse, wenn der notwendige oder hinreichende Charakter der Bedingungen (noch) nicht spezifiziert werden kann, was in der Psychologie und speziell der Entwicklungspsychologie sehr oft der Fall ist. Eine solche Bedingungsanalyse im weiteren Sinn ist zwischen Beschreibung und Erklärung anzusiedeln und stellt wahrscheinlich eine notwendige Durchgangsphase in der Entwicklung von Erklärungstheorien dar, erlaubt aber selber weder präzise Voraussagen noch Retrodiktionen.

Die induktiv-probabilistische Erklärung wird oft nach dem gleichen Hempel-Oppenheim-Schema strukturiert wie die universell notwendige. In diesem Fall ist aber die Erklärungsproblematik, die durch das Schema verdeckt wird, noch verwirrender, denn die induktiv-probabilistische Erklärung beruht auf Gesetzen, die nur einen statistisch-probabilistischen, keinen Notwendigkeits-Charakter haben, entsprechend müssen auch andere logische Schlußregeln beachtet werden als bei deterministischen Gesetzen (oder Allaussagen), d. h. es sind, wenn überhaupt, nur sehr eingeschränkte Schlußfolgerungen möglich. Für die Diskussion dieser Probleme verweisen wir auf v. Kutschera (1972).

Wir möchten hier nur noch darauf hinweisen, daß es sich bei probabilistischen Gesetzen um Wahrscheinlichkeits-Hypothesen handelt, nach denen es sehr wahrscheinlich ist, daß ein bestimmtes Ereignis stattfindet, wenn andere vorgekommen sind. In der Psychologie spricht man von korrelativen Zusammenhängen. Wenn eine solche Wahrscheinlichkeitshypothese nur auf einer (induktiv) wiederholt festgestellten relativen Häufigkeit des Zusammenauftretens von Ereignissen beruht und sich nicht wenigstens noch auf vage und unbestimmte Bedingungshypothesen stützt, kann nur von einer quasi-kausalen Erklärung oder besser von einer Quasi-Erklärung gesprochen werden. Denn es ist auch nicht sinnvoll, eine solche Wahrscheinlichkeits-Hypothese noch als Gesetz zu bezeichnen, wenn man nicht einem rein extensionalen Wissenschaftsverständnis verpflichtet ist (mit allen Aporien, die eine solche Auffassung nach sich zieht).

Kausal-teleologisch möchten wir ursprünglich teleologische Erklärungen nennen, die aber durch eine Systemanalyse in kausale Erklärungen überführt werden konnten. Wir werden sie deshalb im Zusammenhang mit den teleologischen Erklärungen analysieren.

(3) Teleologische Erklärungen oder Begründungen geben nicht Antwort auf die Frage, warum, sondern auf Fragen folgender Art: wozu, zu welchem Zweck, in welcher Funktion, aus welcher Absicht (wenn es um eine Handlung geht). Während grob gesprochen die Kausalerklärung auf die Vergangenheit hinweist, zielt die teleologische oder Final-Erklärung in die Zukunft. Diese Zukunftsausrichtung kann sich auf die Zielgerichtetheit von Ereignisabfolgen oder die Zielintention von Handlungen beziehen. In beiden Fällen ist die Annahme einer gesetzmäßigen Verknüpfung für eine «echt» teleologische Erklärung, die diesen Namen verdient, notwendig. Typischerweise handelt es sich um die Relation der notwendigen Bedingtheit. Die in einer echt teleologischen Erklärung involvierte, angenommene gesetzmäßige Beziehung braucht nicht notwendigerweise gültig zu sein: «Wenn ich zum Beispiel sage, daß er rannte, um den Zug noch zu erreichen, so gebe ich damit zu verstehen, daß er es (unter diesen Umständen) für notwendig und möglicherweise auch für hinreichend hielt, zu rennen, wenn er den Bahnhof noch vor Abfahrt des Zuges erreichen wollte. Seine Annahme kann sich je-

doch als irrig herausstellen – vielleicht hätte er ohnehin den Zug versäumt, ganz gleich, wie schnell er auch rennen mochte. Meine Erklärung für sein Rennen wäre aber dennoch richtig» (von Wright 1974, S. 83). Die «echt» teleologische Erklärung von Handlungen nimmt Bezug auf eine «Determination» dieser Handlungen durch Intentionen und kognitive Einstellungen, mit denen zukünftige (Ziel-)Zustände antizipiert werden, über dieses Verbindungssystem wirken «Zielanalysen» auf aktuelle Handlungen ein.

Ein entscheidender Fortschritt in der wissenschaftstheoretischen Erklärungstheorie wurde durch die kybernetische Analyse der Zielgerichtetheit von Ereignisabfolgen bewirkt. Durch kybernetische Systemanalysen z. B. mittels des negativen Feedback wurde es möglich, teleologische Erklärungen auf komplexe Kausalerklärungen zurückzuführen. Was ursprünglich wie eine finale Bestimmtheit aussah, wird jetzt kausal durch eine Rückwirkung des zweiten (vom ersten abhängigen) Systems auf das erste oder durch eine komplexe Wechselwirkung verschiedener Systeme erklärt. Das Ziel, dem diese Systeme zustreben, ist ein Gleichgewichtszustand (Homoeostase, Thermostat) oder ein Fließgleichgewicht (z. B. das Zustreben von Ereignissen oder vorübergehenden Gleichgewichtszuständen zu einem Endzustand: Wachstums- oder Entwicklungsziele und die ihnen entsprechenden Prozesse) (vgl. v. Bertalanffy 1968, S. 77 ff.). Von Wright (1974, S. 141 ff.) zeigt, das es möglich ist, die Zielintendiertheit von Handlungen im Sozialbereich systemanalytisch verständlich zu machen, wenn auch nicht in einem strengen Sinn kausal zu interpretieren.

Solche kausal-teleologischen Erklärungen spielen in der Biologie und wahrscheinlich auch in der Entwicklungspsychologie eine große Rolle. Funktionale und intentionale (motivationale) Betrachtungsweisen, die zur Beschreibung und Erklärung entwicklungspsychologischer Vorgänge wesentlich sind, behalten solange einen illegitim vitalistischen Zug, als ihre systemanalytische (oder strukturanalytische: Im Sinne von Piaget) Erklärung durch mindestens quasi-kausale Beziehungen nicht gelungen ist.

Nach diesem Exkurs über verschiedene Formen der Erklärung möchten wir noch das komplexe und diffizile Verhältnis von Beobachtung, Erklärung und Theorie zur Sprache bringen, wenn auch die Probleme und Argumente hier nur angedeutet werden können. Dabei möchten wir explizit Stellung nehmen gegen ein theorie-immanentes Verständnis von Beschreibung und Erklärung, wie es z. B. implizit und teilweise explizit bei Westmeyer (1973) anklingt. Nach Ansicht vieler analytischer Wissenschaftstheoretiker können die Begriffe, aus denen beschreibende und erklärende Aussagen zusammengesetzt sind, in Beobachtungs- und theoretische Begriffe eingeteilt werden. Zusätzlich wird zwischen Beobachtungssprache (L_B), die nur Beobachtungsbegriffe enthält, und Theoriesprache (L_T), die auch theoretische Terme einschließt, unterschieden. Mit Beobachtungstermen meint man offensichtlich Begriffe, die als Zeichen unmittelbar beobachtbare, konkrete und singuläre Tatbestände benennen. Theoretische Terme haben eine darüber hinausgehende, generalisierende (über Zeit, Ort, Situation, Gegenstand, Person, Aspekt usw., die in der Beobachtung gegeben sind) und interpretierende Bedeutung. Oft wird dabei der Anspruch erhoben, daß alle in einem Erklärungssystem verwendeten theoretischen Terme vollständig auf im Rahmen dieser Theorie als Beobachtungsterme geltende Begriffe reduzierbar sein müssen.

Diese Unterscheidung und die damit verbundene Forderung scheint mir ein Überbleibsel eines noch immer nicht ganz überwundenen Empirismus zu sein. Es gilt heute als erwiesen, daß alle sogenannten Beobachtungsbegriffe nur relativ zu einem bestimmten wissenschaftshistorischen und theoretischen Kontext als solche gelten können. Ganz abgesehen von seiner historisch-psychologischen Gewordenheit kann auch der scheinbar direkteste und unmittelbarste Beobachtungsbegriff durch komplexe wissenschaftliche Theorien aufgelöst werden. Denken wir nur an das Beispiel der Farbbegriffe. Was daher in einem bestimmten Kontext als unmittelbar beobachtbar oder empirisch gelten darf, hängt von der Fragestellung, den Grundannahmen und den expliziten oder stillschweigenden Übereinkünften wissenschaftlicher und vorwissenschaftlicher Art ab.

Aber auch eine abgeschwächte Form dieser These, d. h. die Reduzierbarkeit der theoretischen Terme auf die im Rahmen eines theoretischen und historischen Kontextes unproblematischen Beobachtungsbegriffe erscheint unrealistisch und unakzeptabel. Denn nur unter Voraussetzung der Grundannahmen, die zur betreffenden Problemstellung und Theorienbildung geführt haben, lassen sich die theoretischen Begriffe auf die empirischen zurückführen. Diese Grundannahmen verleihen aber sowohl den theoretischen wie den empirischen Begriffen einen bestimmten Bedeutungshof und eine spezifische Interpretation. Es ist unmöglich und irreführend von dieser den Rahmen der Theorie sprengenden Bedeutung zu abstrahieren. Noch gefährlicher erscheint uns der simplifizierende Glauben, die Bedeutung theoretischer Begriffe vollständig und ausschöpfend durch experimentelle Maßnahmen des Forschers (die sogenannte operationale Definition) definieren zu können. (vgl. Averill, 1968).

Ein weiteres Argument liefert uns die Forderung, die wir später noch begründen werden, jede Theorie sei selber wieder in einen weiteren Kontext einzuordnen, und mit andern in Beziehung zu bringen. Das kann unseres Erachtens nur geschehen, wenn die Begriffe einen (die Theorie überschreitenden) Bedeutungsüberhang besitzen. Damit deutet sich auch an, was später noch explizit ausgeführt werden soll, daß die empirische Prüfung nur eine (notwendige, aber nicht hinreichende) Form der Kontrolle von Theorien darstellt.

Im Grunde verändert schon der Übergang von singulären Beobachtungssätzen zu Allgemeinaussagen, d. h. die Verwendung von Beobachtungsbegriffen (relativ zu einem theoretischen und historischen Kontext verstanden) zu Erklärungszwecken den Status dieser Begriffe. Die entsprechende Aussage wird zu einer theoretischen, damit erhalten auch ihre Prädikate diesen Charakter. Die Notwendigkeit theoretischer Begriffe und ihrer die empirische Basis der Theorie überschreitenden Bedeutung ergibt sich daher auch aus dem immanenten Anspruch jeder Theorie, nicht nur beobachtete Ereignisse zusammenzufassen, sondern Allaussagen oder Gesetzesaussagen zu formulieren, die allgemeingültige Erklärungen und Voraussagen erst ermöglichen. Ohne einen, auch noch so beschränkten Generalitätsanspruch – warum er immer beschränkt sein muß und wird, wenn er noch wissenschaftlich sein soll, kann hier nicht ausgeführt werden – kann man überhaupt nicht von Theorie und Erklärung sprechen.

Ein anderes Argument gegen eine theorie-immanente Bedeutungsdefinition der verwendeten Begriffe entnehmen wir dem intersubjektiven Anspruch allen wissenschaftlichen Theoretisierens. Theorie-immanente Bedeutungsdefinitionen führen nämlich zu der absurden Situation, daß nur die Vertreter einer bestimmten Theorie und auch diese nur, solange sie im Begriffsnetz ihrer Theorie argumentieren, diese verstehen können. Der Begriff des Verhaltens z. B. meint nach Ansicht Westmeyers (1973) in jedem theoretischen Ansatz etwas vollständig anderes. Die absurden Konsequenzen eines solchen Verständnisses von Theorie und Erklärung liegen auf der Hand. Der intersubjektive Anspruch wissenschaftlicher Rede geht verloren. Vertreter unterschiedlicher wissenschaftlicher Auffassungen können nur noch außerwissenschaftlich miteinander kommunizieren, ohne dabei ihre zentralen Anliegen und Erklärungsansätze verständlich machen zu können. Theorien isolieren sich und kapseln sich ein. Alternative und konträre Theorien zum Gegenstandsbereich können nebeneinander bestehen, ohne daß sie in Konkurrenz zueinander treten. Wissenschaft wird zum Glasperlenspiel im fensterlosen Raum.

Damit soll selbstverständlich die Tatsache nicht in Zweifel gezogen werden, daß die Bedeutung der Begriffe durch eine Theorie in eine bestimmte Richtung gedrängt, eingeschränkt oder verändert wird. Ein wesentliches Stück theoretischer Arbeit besteht geradezu in der Präzisierung der verwendeten Termini. Das kann aber nicht ohne Rückgriff auf ihre allgemeine Bedeutung geschehen. Daher muß zwar die intertheoretische Kommunikation der theoriespezifischen Bedeutung der Termini Rechnung tragen. Dazu aber müssen sie erst einmal vermittelt werden. Das dürfte jedoch nur möglich sein, wenn der Theoretiker sich des Bedeutungskontextes seiner Theorie bewußt ist und die von ihm intendierten Bedeutungsbeziehungen in einem Annäherungsprozeß durch andere Termini verständlich machen kann. Die verbalen Zeichen als solche spielen dabei u. E. eine untergeordnete Rolle. Zusammenfassend möchten wir sagen, Begriffe sind zwar theoriespezifisch zu definieren, ihre Bedeutung ist aber nicht rein theorie-immanent, sie sprengt den Rahmen des theoretischen Kontextes, in den sie eingespannt ist.

Diese Überlegungen wenden sich implizit auch gegen das Verständnis von Wissenschaft als einem reinen Rechtfertigungsprozeß. Wenn der Forscher den Entstehungsprozeß oder Findungskontext nicht in seine theoretische Analyse einbezieht, sondern sich in logisch-stringenten Aussagesystemen einkapselt, dann wird der theorie-übergreifende Bedeutungsanteil der Begriffe in den Bereich der Nichtwissenschaftlichkeit verwiesen. Darum muß meines Erachtens der Wissenschaftler auch seine Grundannahmen und den Gegenstand betreffenden Werteinstellungen, soweit er sie sich bewußt machen kann, und ebenso seine Kriterien und Maßstäbe reflektieren, d. h. den gesamten Entstehungs- und Hintergrundkontext seines Forschens und Erklärens mit anderen Auffassungen konfrontieren (vgl. Averill 1968). System-immanente logische Rechtfertigungen von Theorien sind wichtig und notwendig, aber nicht ausreichend, sie nehmen auch faktisch im Gesamt der wissenschaftlichen Diskussion einen geringen Platz ein.

Es war hier nur von einer sich als empirisch verstehenden Wissenschaft die Rede, die den Anspruch erhebt, empirisch (beschränkt) prüfbare Theorien zu entwickeln. Ohne ein empirisches Korrektiv scheint uns jede Form der Theorienbildung der Gefahr ausgesetzt, sich in einseitigen und willkürlichen Spekulationen zu verfahren, ungerechtfertigte oder nur beschränkt gültige Interpretationen absolut zu setzen. Davor kann auch eine noch so stringente, intratheoretische, logische Koordination und eine noch so umfassende intertheoretische Diskussion und rationale Argumentation allein nicht bewahren, wenn sie von der Erfahrung immunisiert und von der experimentellen Rückkoppelung im weitesten Sinn abgeschnitten werden. Allerdings hat die Diskussion der in beschreibenden und / oder erklärenden Aussagen verwendeten Begriffe auch die Problematik des empirischen Anspruchs aufgezeigt. Was Empirie, Beobachtung und Experiment ist, was ihr Gegenstand sein kann, ist selber eine Frage der Wissenschaftsentwicklung und der ständigen kritischen Diskussion innerhalb der wissenschaftlichen Gemeinschaft. Nach einer gewissen Zeit der Stagnation scheint diese Diskussion auch in der Psychologie endlich wieder in Gang gekommen zu sein, und die Behauptung z. B., daß nur äußeres Verhalten, was immer das auch sei, Gegenstand und Ausgangspunkt psychologie-wissenschaftlicher Erklärungssysteme bilden könne, wird nicht mehr unhinterfragt hingenommen. Wir möchten an anderer Stelle auf dieses Problem eingehen (Seiler, in Vorbereitung).

Ganz allgemein sind wir der Meinung, daß die fundamentale

Forderung nach der Kontrolle wissenschaftlicher Theorien nicht durch eine Art der Prüfung allein erfüllt werden kann. Wir sehen vier wesentliche und sich gegenseitig ergänzende Kontrollmöglichkeiten und Kontrollnotwendigkeiten. Von der Notwendigkeit der (1) logischen Analyse und Rechtfertigung einer Theorie und des dauernden Rückbezugs auf (2) die Empirie war die Rede. Beide Kontrollen aber müssen fortwährend in eine (3) intertheoretische Diskussion und rationale Argumentation innerhalb der wissenschaftlichen Gemeinschaft einbezogen werden. Diese intertheoretische Argumentation zwingt einerseits zu stringenterer logischer Analyse und weist andererseits die Beschränktheit, die Mängel und Lücken eines theoretischen Ansatzes auf. Sie vermag im Verein mit Empirie und Bewährung bestimmte, die Beobachtung und ihre Interpretation bestimmende Konzeptualisierungen, Perspektiven und Wertstandpunkte sichtbar zu machen. Von diesem Kontrollprozeß ist schließlich die (4) praktische Bewährung nicht auszuschließen, auch wenn wissenschaftliche Theorieansätze oft nicht unmittelbar angewendet und in der Anwendung geprüft werden können. Die notwendige praktische Bewährung kann aber wahrscheinlich keinen Ersatz für empirische Kontrolle darstellen. Die Feststellung der Bewährung selbst bedarf einer kritischen wissenschaftlichen Diskussion und theoretisch und empirisch zu rechtfertigender Kriterien.

4   Die genetische Erklärungsweise

Wir haben rationale, kausale und teleologische Erklärungen unterschieden. Es stellt sich die Frage, ob daneben nicht eine weitere Art, nämlich genetische Erklärungen angenommen werden müssen. Zu diesem Problem nimmt v. Kutschera (1972, S. 381) mit der Behauptung Stellung, daß die genetische Erklärung «keine korrekte Form einer Begründung darstellt... Bei einer genetischen Erklärung soll ein Ereignis (z. B. eine historische Entwicklung) dadurch erklärt werden, daß angegeben wird, was ihm vorausging. Eine solche Erklärung begründet das Ereignis aber nur dann, wenn sie die vorausgehenden Ereignisse und Zustände als Ursachen des Ereignisses im Sinn einer kausalen Erklärung ausweist, oder wenn das Ereignis eine Handlung ist und die Erklärung die vorausgehenden Ereignisse im Sinn einer teleologischen Erklärung als Umstände begreift, unter denen die Handlung als zweckmäßig, rational oder normgerecht erscheint. Andernfalls stellt ein solches Argument keine Begründung, sondern lediglich eine Beschreibung der Entstehungsgeschichte als eines bloß zeitlichen Ablaufs dar.»

Diese Auffassung scheint uns nur teilweise gerechtfertigt. Wir gehen mit v. Kutschera darin einig, daß die bloße Aufreihung von Ereignisabfolgen, wenn ihnen kein genetischer Charakter nachgewiesen wird, und wenn nicht irgendwelche Bedingungsrelationen zwischen den Ereignissen festgestellt werden, keine wissenschaftliche Erklärung, sondern höchstens eine Beschreibung im oben erörterten Sinn bildet. Es scheint uns auch richtig zu sein, daß die genetische Erklärung nicht als ein Erklärungsargument sui generis wie rationale, kausale oder teleologische Erklärungen gelten kann. Nichtsdestoweniger sehen wir in der genetischen Erklärungsweise eine eigenständige und komplexe Bedingungs- und Kausalanalyse von Ereignissen, die das Ziel verfolgt, mittels rationaler, kausaler und teleologischer Erklärungsargumente die Entstehungs- und Veränderungsgeschichten irgendwelcher Zustände, Handlungen und ihrer Potentialitäten zu rekonstruieren. Diesen Standpunkt möchten wir hier im Hinblick auf die menschliche Ontogenese argumentativ vertreten.

In grober Annäherung kann man die genetische Erklärungsweise als wissenschaftliches Bemühen charakterisieren, ein gewordenes Verhalten oder Handeln und ihre inneren Bedingungen aus ihrer Geschichte zu begreifen. Ein erstes Problem, das in der metatheoretischen Diskussion dieser Methode zu klären ist, bezieht sich auf das Verhältnis einer «vorgefundenen Geschichte» oder beschreibenden ontogenetischen Reihenfolge zu ihrer interpretativen Umgestaltung in den Rang einer Erklärung. Genausowenig wie eine (wiederholt) beobachtete relative Häufigkeit von Ereignisabfolgen für sich allein ein Gesetz konstituiert, wird aus einer (wiederholt) beobachteten psycho-physischen Veränderungsreihe eine gesetzmäßige Abfolge, wenn nicht der erklärende und interpretierende Forscher sie durch sachlogische Argumente und durch die Annahme und den Nachweis von Bedingungsrelationen in diesen Status erhebt.

Welcher Art sind diese Bedingungsrelationen und wie lassen

sie sich feststellen? Aus allem was wir bisher gesagt haben, resultiert, daß bloß zeitliche Relationen nicht hinreichend sind. Ebensowenig kann das Alter als individualgeschichtliche Zeitdimension, so notwendig sie jedem ontogenetischen Veränderungsprozeß zugrundeliegt, die Funktion einer hinreichenden Erklärungsbedingung übernehmen. Die genetische *Bedingungsanalyse* (s. S. 32), von der zuerst die Rede sein soll, beginnt erst dort, wo man beschreibend und erklärend über eine bloße Alterszuordnung von Verhaltensweisen, Leistungsmöglichkeiten, Einstellungen, Erlebnisweisen und Denkoperationen hinausgeht. Die bloß ordnende Klassifikation, auch wenn sie auf empirischen Untersuchungen und statistischen Maßzahlen beruht (s. S. 21), mag notwendig und nützlich sein für das Zustandekommen relativ allgemeiner Hypothesen; die so gewonnenen Bedingungshypothesen erreichen aber im allgemeinen keinen hohen Grad der Präzision, solange sie nicht aus ontogenetischen Veränderungsabfolgen zusammenhängender Funktionsbereiche gewonnen sind. Es ist weiter wichtig zu sehen, daß ontogenetische Veränderungsabfolgen sich nicht durch Querschnittuntersuchungen und statistische Mittelwerte rekonstruieren lassen, wie noch gezeigt werden soll. Ebenso hat u. E. auch die Feststellung eines stetigen, quantitativen und qualitativen Leistungszuwachses kaum Erklärungswert, wenn er undifferenziert und rein kumulativ über viele Erlebnis- und Verhaltensbereiche statistisch interpoliert wird.

Daß man auch mit einer Bedingungsanalyse, die sich auf so globale Kategorien wie Anlage und Umwelt, Reifung oder soziales Lernen stützt, nicht sehr viel zum Verständnis der Ontogenese einzelner Fähigkeiten oder auch der Gesamtpersönlichkeit beiträgt, zeigt die Geschichte der Entwicklungspsychologie zur Genüge, wie wir noch sehen werden (vgl. Schmidt 1970). Vielleicht haben generelle ontogenetische Entwicklungsprinzipien (s. S. 19), wie z. B. die orthogenetische Regel, die Prinzipien der Differenzierung, Integration und Kanalisierung, schon etwas mehr Erklärungswert. Wir möchten sie nicht diskutieren, sondern nur darauf hinweisen (s. Seiler 1973), daß sie als Leitlinie für eine Feinanalyse einzelner Prozesse und als Ausgangspunkt zur Gewinnung spezifischer Hypothesen dienen können. Während aber einzelne Ereignisabfolgen in der «Naturgeschichte» der Welt relativ leicht auszumachen sind, stellt es eine schwerwiegende und zum größten Teil noch ungelöste Aufgabe dar, in der menschlichen Ontogenese zusammenhängende und relativ geschlossene Veränderungsreihen zu hypostasieren und sicher nachzuweisen (vgl. dazu das 3. Kapitel). Das Ziel dieser Analyse ist es, bei vielen Individuen sich in gleicher oder ähnlicher Weise vollziehende Veränderungen einzelner oder zusammenhängender Funktionsbereiche menschlicher Handlungen, Empfindungen und Operationen festzustellen und zu untersuchen. Sie hat Schritt für Schritt, Zustand für Zustand zu zeigen, welche neuen Merkmale, Beziehungen und Leistungen in der ontogenetischen Weiterveränderung einer Handlung oder Fähigkeit dazukommen, welche verlorengehen oder durch andere abgelöst werden. Die methodischen und diagnostischen Probleme, die sich bei einer solchen Aufgabe stellen, sind besonders groß, wenn invariable eindimensionale Sequenzen aufgestellt, untersucht und nachgewiesen werden sollen.

Bei der Konzipierung solcher Sequenzen spielen naturgemäß begriffsanalytische oder *sachlogische* Argumente eine wichtige Rolle. Solche Argumente stützen sich zumeist auf die begriffliche Analyse der Zustände, Handlungen oder Operationen, die in eine zusammenhängende ontogenetische Veränderungskette eingeordnet werden sollen. Jede Handlung oder Operation wird begrifflich oder sachlogisch in ihre Teilkomponenten zerlegt. Zwischen die einzelnen Elemente, Merkmale und Teilleistungen wird sodann ein hypothetisches Beziehungsnetz gelegt. Die Art dieses Beziehungsnetzes, vor allem aber die größere Komplexität einer Leistung wird als Argument für die Reihenbildung verwendet. Setzt z. B. die Operation des Addierens oder Subtrahierens die Fähigkeit zu zählen voraus oder enthält sie als Teilkomponente, so schließt man daraus, daß sie schwieriger sei und ontogenetisch nach der Operation des Zählens auftreten werde, diese folglich als notwendige Bedingung voraussetze. Aufgrund solcher Analysen werden oft hierarchisch gegliederte Reihen konstruiert. Ebenso spielt dabei die Annahme einer stetigen, gegenstandsbezogenen Ausdifferenzierung oder Aufsplitterung der einzelnen Leistungen und ihre fortschreitende Integration eine wesentliche Rolle. Solche Analysen mögen begriffsanalytisch oder sachlogisch als zwingend erscheinen, sie stellen aber keine formallogischen oder tautologischen Schlüsse dar (obwohl ihre argumentative

Anordnung auf aussagenlogischen Schlußformen wie bei jeder Begründung und Erklärung beruhen muß), noch weniger darf aufgrund einer solchen Analyse allein die aufgestellte Entwicklungsabfolge als sicher gelten, wie wir schon bei der Diskussion der rationalen Erklärungsform (s. S. 29 f.) gesehen haben. Sie kann aber als eine empirisch noch zu verifizierende Hypothese dienen. Gleichzeitig oder zusätzlich liefert sie jedoch die intensionalen Bedeutungszusammenhänge oder Sachzwänge, durch die allein universelle oder probabilistische Verkettungen zwischen Ereignissen Gesetzescharakter annehmen.

Einzelne Beziehungen zwischen bestimmten Leistungen oder einzelne Ausschnitte aus hypothetischen Entwicklungsreihen dürfen aber nicht isoliert betrachtet werden. Sie müssen in den Kontext des gesamten individual-geschichtlichen Entwicklungsverlaufs der betreffenden Handlung oder Fähigkeit und diese wiederum in den Gesamtverlauf des individual- und sozialgeschichtlichen Werdens der Persönlichkeit hineingestellt werden. Dann erst kann die genetische Bedingungsanalyse in eine genetische *Kausalanalyse* übergehen.

Eine exakte Methodologie der genetischen Kausalanalyse ist heute noch nicht zu leisten. Sicher werden aber die Prinzipien, die von Wright (1974, S. 49 ff.) für die Kausalanalyse herausgearbeitet hat, wesentlicher Bestandteil dieser Methode sein.

(1) Es ist erstens zu beachten, daß zur Feststellung und Beurteilung eines möglichen Bedingungszusammenhangs zwischen zwei aufeinanderfolgenden Zuständen nicht bloß diese beiden Zustände und ihre Alternativen miteinander verglichen werden dürfen, wie folgende schematisierten Fälle beispielhaft zeigen:

Betrachten wir zuerst das in Abbildung 1.1 dargestellte einfache System (im Sinne v. Wright's 1974, S. 54) einer Veränderungsreihe:

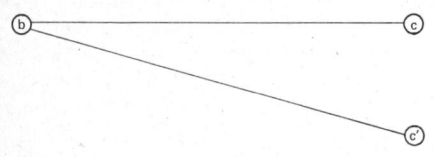

Abbildung 1.1: —— entspricht der Zeitachse; a, b, c bzw. b, c oder b, c' etc. sind unmittelbar aufeinanderfolgende Zustände; b und b' bzw. c, c' und c'' sind nicht identische alternative Zustände derselben Ordnung.

Ist b eine hinreichende und/oder notwendige Bedingung für c? Wenn c' ein von c verschiedener Zustand ist, weil er teilweise oder gänzlich andere Komponenten enthält, ist b auf alle Fälle keine hinreichende Bedingung für c. Dennoch könnte b eine notwendige Bedingung für c sein. Diese Frage können wir nur dann beantworten, wenn wir diese Teilsequenz in das sie umfassende System hineinstellen (Abb. 1.2).

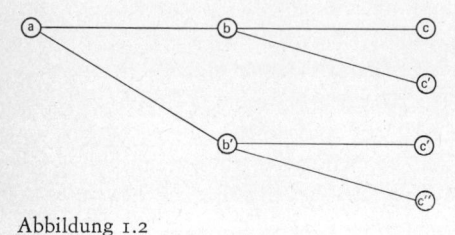

Abbildung 1.2

Wenn ein mit c identisches Stadium (gleiche Komponenten, Teilzustände oder Teilereignisse in gleicher Anordnung) nur nach mit b identischen Stadien auftritt, dann ist b eine notwendige Bedingung dafür, daß das System, wenn es das Stadium b durchlaufen hat, das Stadium c erreicht, zum Stadium c gelangt. Das ist in unserem Beispiel tatsächlich der Fall, in Beispiel 3 (Abbildung 1.3) dagegen ist b weder notwendige noch hinreichende Bedingung für c.

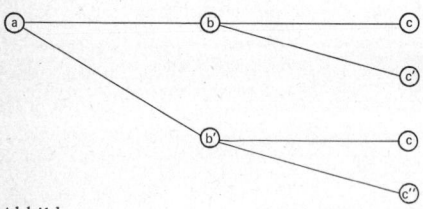

Abbildung 1.3

Wir haben hier nur ganz einfache Beispiele ohne Berücksichtigung der inneren Komposition der Zustände betrachtet. Eine solche (genetische) Kausalanalyse mit graphischen oder sie abbildenden modallogischen Aussagesystemen läßt sich entsprechend ausbauen (vgl. v. Wright 1974, S. 49 ff.). Sie könnte sich als mächtiges Analyseinstrument für die entwicklungspsychologische Forschung erweisen.

(2) Eine Kausalanalyse dieser Art über geschichtlich zusammenhängende Ereignis- oder Zustandsreihen läßt sich sowohl vorwärts wie rückwärts vornehmen. Zum Beispiel ist im zweiten oben dargestellten Paradigma b eine notwendige, aber keine hinreichende Bedingung für c. c wäre ohne b nicht zustandegekommen. Vorwärtsbetrachtet könnte man sagen, es bedurfte des Stadiums b, damit das Stadium c möglich wurde. Es war gleichsam der Zweck, die Funktion von b, c hervorzubringen; b existiert um c willen. Hier zeigt sich eine der möglichen Verbindungslinien zwischen der Kausalanalyse und der Finalanalyse, auf die wir noch zu sprechen kommen.

(3) Vorwärtsbetrachtung ist aber nicht identisch mit Voraussage. Eine Voraussage ist nur möglich, wenn b eine hinreichende Bedingung für c ist. Dann kann ich immer, wenn das Stadium b auftritt oder von mir herbeigeführt wird, voraussagen, daß auch das Stadium c auftreten wird. b wäre nur dann eine hinreichende Bedingung für c, wenn keine mit c nicht identischen, alternativen Zustände auf b folgen würden, d. h. es müßte eine in einem ganz strengen Sinn invariable Entwicklungssequenz vorliegen. In dieser streng invariablen Sequenz ist jeder Zustand für den nächstfolgenden sowohl notwendig wie hinreichend. Wenn er bloß notwendig wäre, könnten verschiedene, alternative Zustände auf ihn folgen, wenn er bloß hinreichend ist, können auch andere Zustände oder Ereignisse dasselbe Resultat hervorbringen. Solche Sequenzen dürften aber in der Ontogenese recht selten sein, so daß Voraussagen in der Entwicklungspsychologie nie häufig zu finden sein werden. Das könnte sich nur ändern, wenn es gelingt, zusätzliche Bedingungen auszumachen, welche die Produktion der alternativen Zustände erklären, mit anderen Worten, wenn man die «interne» Komposition der einzelnen Zustände mit in die Betrachtung einbezieht. «Intern» ist hier relativ zum Abbildungssystem gemeint, es kann sich selbstverständlich auch um äußere, z. B. soziale Bedingungen handeln. Ungeachtet dieser Möglichkeit machen wir damit noch einmal deutlich, daß Erklärung in einem wissenschaftlich authentischen Sinn nicht mit Voraussage identisch ist.

(4) Eine kausale Bedingungsanalyse dieser Art setzt aber empirisch umfassende Untersuchungen voraus. Für jeden einzelnen beobachteten und als Konjunktion oder Disjunktion einer mehr

oder weniger großen Zahl von Merkmalen, Einzelereignissen usw. beschriebenen Zustand innerhalb einer Entwicklungssequenz ist empirisch zu untersuchen, ob für ihn andere mögliche, alternativ zusammengesetzte Zustände vorliegen oder nicht vorliegen, welche der einzelnen Komponenten eines Zustandes in den vorausgehenden, nächstfolgenden oder auch nur alternativ möglichen Zuständen auch enthalten sind. Darüber hinaus ist durch die Manipulation eines Zustandes, dadurch, daß er oder eines seiner Elemente hervorgebracht oder verhindert wird, bzw. durch die Beobachtung seines Auftretens oder Nicht-Auftretens, festzustellen, ob all das, wovon er eine hinreichende bzw. notwendige Bedingung sein soll, entsprechend auch vorkommt oder nicht vorkommt: Ist ein Zustand (oder eines seiner Elemente) hinreichende Bedingung, so muß mit ihm oder nach ihm notwendigerweise all das auftreten, wovon er hinreichende Bedingung ist. Ist er dagegen notwendige Bedingung, so darf bei seinem Ausbleiben nichts vorkommen, wovon er notwendige Bedingung ist. Dabei ist zudem zu beachten, daß ein Ereignis oder Zustand mehrere hinreichende oder mehrere notwendige Bedingungen haben kann und daß eine Bedingung eine komplexe Verknüpfung verschiedenster Ereignisse oder Merkmale sein kann.

In Kapitel 4 wird gezeigt, daß diese diffizile Aufgabe durch reine Querschnittsuntersuchungen nicht zu leisten ist. Es müssen wenigstens sich überlappende Teilsequenzen (vergleiche die sequentiellen Versuchsplanmodelle in Kapitel 3) einer ontogenetischen Veränderungsreihe erhoben werden, damit die postulierte Gesetzmäßigkeit der Abfolge mittels Skalierungsmethoden gesichert werden kann. Ausreichende Gewißheit über die Bedingungsrelationen, z. B. die Invariabilität einer Sequenz, verschafft uns aber nur der manipulierende Trainingsversuch, mit dem z. B. eine veränderte Abfolge erzeugt wird.

In der Beschreibung von genetischen Tatbeständen sind teleologische Aussagen sehr häufig zu finden. Die genetische Erklärungsweise muß darum auch eine *Finalanalyse* miteinschließen. Menschliche Entwicklungsverläufe werden auf ein Ziel hintendierend interpretiert, und menschliches Handeln ist wesentlich intentional, es verfolgt Absichten, es übernimmt und steckt sich Ziele.

Die teleologische Interpretation von Entwicklungsverläufen

dürfte u. E. aber nur als erster Erklärungsschritt akzeptiert werden. Im Sinne unserer Ausführungen zur teleologischen Erklärung (s. S. 34) sollte immer der Versuch unternommen werden, die (scheinbare) Zielbestimmtheit von Entwicklungsstadien und ontogenetischen Veränderungsreihen durch kybernetische Analysen in kausale Abhängigkeiten umzuwandeln. Man kann sagen, daß Piaget relativ konsequent derartige Strukturanalysen, die man heute als kybernetisch bezeichnen würde, unternommen hat. Der Gang der von ihm postulierten Entstehungsgeschichte menschlicher kognitiver Operationen wird mit regulativen Interaktionen zwischen den auf einem Stadium jeweils möglichen Handlungen und Operationen begründet. Die aufeinanderfolgenden Zustände werden dabei als relative Gleichgewichtsstufen in einem offenen System betrachtet. Durch die allmähliche und stetige Mobilisierung, als Konsequenz einer unaufhörlichen gegenseitigen Assimilation und Akkommodation, werden neue äußere Assimilationen möglich, die selber wieder eine Akkommodation, d. h. Veränderung des Systems erfordern. Das Gleichgewicht verschiebt sich. Die Verschiebung des Gleichgewichts erfolgt in Richtung auf die vorher nur teleologisch interpretierten Ziele, indem diese Richtung retrodiktiv durch die auf jeder Stufe neugegebenen Handlungsmöglichkeiten oder wahrscheinlichen (neuen) Systembildungen («sequentielle Wahrscheinlichkeit») bestimmt wird. Im zweiten Kapitel soll diese Theorie ausführlich dargestellt und kritisiert werden.

Die regulative Erklärung von Entwicklungssequenzen impliziert gleichzeitig eine gewichtige Funktion des Widerspruchs und des Konflikts. Der Mobilisierungsprozeß in jedem Gleichgewichtszustand ermöglicht die Aneignung neuer Gegenstände oder neuer Aspekte von Gegenständen. Zu Beginn ist dieser Prozeß aber mühsam, er gelingt nur unter Widerständen und Konflikten und setzt eine optimale Diskrepanz zwischen den geläufigen und den neuen Aneignungen voraus, oder zwischen den «Erwartungen» des Systems und den von außen gestellten Erwartungen und sachbedingten Forderungen. Der Widerspruch als optimale Diskrepanz kann darum als eine der Bedingungen des Fortschritts und der Konflikt als ein Anzeichen des sich anbahnenden Fortschritts bezeichnet werden (vgl. Seiler 1968 und 1973).

In der menschlichen Entwicklung spielen jedoch Ziele, die der Handelnde sich selber steckt, oder die ihm von außen gestellt werden, eine enorme Rolle. Auch diese bewußte Zielstrebigkeit menschlichen Handelns als wesentlicher Faktor von Entwicklungssequenzen kann in eine Systemanalyse einbezogen werden. Diese Systemanalyse darf aber nicht im Sinne einer strengen, kausalen Gesetzmäßigkeit verstanden werden, sondern sie beruht, wie von Wright (1974, S. 143) sagt, auf «eine(r) motivationale(n) durch praktische Schlüsse herbeigeführten Zwangsläufigkeit». Annäherungsweise könnte man diesen Prozeß vielleicht folgendermaßen charakterisieren:

Zwei Quellen der «intentionalen Motiviertheit» müssen zu diesem Zweck unterschieden werden: In erster Linie setzt sich der Handelnde Ziele in Funktion seiner Handlungsmöglichkeiten. Diese entsprechen den historisch gewordenen Handlungsschemata und den im oben angedeuteten Verinnerlichungs- und Systembildungsprozeß entstandenen inneren Operationen. Zum andern übernimmt der Handelnde die Ziele von den Sozialisationsagenten in Form von Anregungen, Anleitungen, Forderungen, Normen und Rollen. Diese Normsetzung von außen und ihre allmähliche Assimilation in das innere System oder ihre Verwerfung in einer oppositionellen Haltung ist ein konstituierendes Element in allen menschlichen Entwicklungsverläufen. Dieser Prozeß kann aber nur teilweise kausal (wie in den vorhergehenden Abschnitten beschrieben) durch eine genetische Systemanalyse erklärt werden, er erfolgt zumindest in späteren Lebensabschnitten über eine bewußte Übernahme oder Aneignung der von außen gesetzten Ziele. Je mehr sich der Übernehmende die zur Begründung vorgebrachten Argumente und gesellschaftlichen Notwendigkeiten kognitiv zu eigen macht und nicht bloß unter dem Druck von Sanktionen handelt, desto mehr erhält diese Zielsetzung eine gewisse nicht kausale Zwangsläufigkeit. Der Handelnde erhält dabei von der Gesellschaft Rückmeldungen über die Wirkungen und das Ankommen seiner Handlungen. Aufgrund dieser Rückmeldungen verändert er allmählich sein Handeln, paßt sich Normen und Erwartungen an. «Das hier beschriebene Muster sozialer Handlungen ist bekannt. Seine Analogie zu dem Prozeß des sogenannten negativen Feedback liegt auf der Hand ... Der Informationsausfluß aus dem primären System beeinflußt die kognitiven Einstellungen der dem sekundären System angehörenden Handelnden...» (von Wright 1974, S. 143).

Zusammenfassend dürfen wir festhalten: Die genetische Erklärungsweise versucht, die Gesetzmäßigkeit des Veränderungsprozesses eines Systems zu rekonstruieren. Sie besteht nicht bloß in einer beschreibenden, mehr oder weniger willkürlichen Klassifikation psycho-physischer Veränderungen. Sie strebt auch nicht primär die Rekonstruktion von Individualgeschichten mittels als allgemeingültig postulierter Gesetzmäßigkeiten, kausaler oder teleologischer Art, an, sondern die Erstellung ontogenetischer Sequenzen, die unter bestimmten, äußeren und inneren Bedingungen allgemeingültig sind. Die genetische Erklärungsweise begnügt sich auch nicht mit der Erstellung allgemeiner, den Entwicklungsverlauf in grober und unspezifischer Weise charakterisierender Sequenzregeln. Sie besitzt einen authentischen wissenschaftlichen Erklärungswert, der auf einer spezifischen Integration der wichtigsten wissenschaftlichen Erklärungsformen beruht und sich insbesondere auf eine komplexe Analyse nach bedingten Relationen und interagierenden Systemen stützt. Mit diesem Instrumentarium versucht sie, die Ursachen des Entwicklungsgeschehens, die inneren und äußeren Bedingungen und ihre systemtheoretische Interaktion, die den Prozeß ständig vorantreiben und seine Richtung bestimmen, zu präzisieren. Charakteristisch ist dabei für die genetische Erklärungsweise, wie wir gesehen haben, daß es ihr nur durch die umfassende Betrachtung einer Entwicklungsabfolge, ihre konsequente zeitliche und räumliche Ausweitung, gelingen kann, den Charakter der Bedingungsrelationen zwischen den einzelnen Zuständen und Stadien zu bestimmen. Diese Notwendigkeit ist nicht nur für die Untersuchung einzelner herausgegriffener Stadien irgendeiner psycho-physischen Veränderungsreihe gegeben, letztlich zwingt sie zur ständigen Ausweitung des ontogenetischen Erklärungsansatzes.

So kann die Natur des Denkens und seine Entstehungsgeschichte nicht ohne eine Rückverfolgung in die Sensomotorik und diese nicht ohne eine Einordnung in biologische und phylogenetische Prozesse der Anpassung und der Veränderung oder des Lernens erklärt werden. In dieser Sicht verliert der Titel des neuesten bedeutenderen Werks von Piaget, Biologie und Erkenntnis (1974), die Absurdität, die er für den haben mag, der ihn zum ersten Mal hört.

Die genetische Untersuchung menschlichen Denkens und Handelns bedarf aber ebensosehr der Ausweitung in den Raum kultureller und gesellschaftlicher Gewordenheit. Die Entwicklung menschlichen Handelns (und auf seiner höheren Stufe, des Denkens) wird in einem stetigen Austausch, der nicht als einseitiger Aneignungsprozeß mißverstanden werden darf, durch die vieldimensionalen, selber historisch gewordenen, begrifflichen und sprachlichen Anregungen und normativen Anforderungen der sozialen Umwelt mitbestimmt. Das Ungenügen, sich mit der Untersuchung relativ abgeschlossener Systeme zu begnügen, und die Notwendigkeit, diese in den Kontext der sie umfassenden Systeme hineinzustellen, scheinen hervorragende Quellen und Eigenarten der genetischen Methode zu sein.

Es ist allerdings nicht zu übersehen, daß diese Forderung nicht in einem Schritt erfüllt werden kann. Die genetische Analyse kann wie jede wissenschaftliche Forschung und Theorienbildung ihr Ziel nur etappenweise verfolgen. Sie wird Teilsysteme herauslösen und diese unter angenäherten Bedingungen untersuchen. Sinnvolle Approximationen sind aber nur möglich, wenn man den Beziehungen dieses Teilsystems zum übergreifenden System angemessen Rechnung trägt. Die Frage einer angemessenen Approximation ist theoretisch zu klären. Nur vor dem Hintergrund einer solchen wissenschaftlichen Diskussion werden entwicklungspsychologische Untersuchungen von beschränkten Teilsystemen sinnvoll. Umgekehrt wird durch eine solche approximative Einschränkung die Komplexität der Bedingungen auch erst empirisch faßbar. Auch hier wird wieder deutlich, was uns oben schon in einem andern Kontext beschäftigt hat: Wissenschaftliche Theorienbildung und Erklärung bedarf einerseits der dauernden Präzisierung und Einschränkung, andererseits muß diese Präzisierung, wenn sie theoretisch sinnvoll sein soll, unter kritischer Anleitung durch eine umfassende Theorie geschehen. Die letztere Forderung läßt sich auch auf der Ebene der experimentellen Forschung demonstrieren. Es ließe sich nämlich leicht zeigen, daß die Güte eines Experimentes, seine interne Validität sowohl, als auch seine externe, nicht nur von den Versuchshypothesen im engeren Sinn, die geprüft werden sollen, abhängt, sondern ebensosehr von alternativen Erklärungsmöglichkeiten und mehr oder weniger plausiblen Annahmen, die man für das Auftreten bestimmter Veränderungen der abhängigen Variablen in ihrer Dependenz von den erzwungenen Veränderungen der unabhängigen Variablen anführen kann. Das heißt die Stringenz oder Validität eines Versuchsplans steht und fällt mit der ausreichenden Weite seiner theoretischen Basis. Ob sie ausreichend ist, läßt sich nur vor dem Hintergrund des theoretischen und wissenschaftshistorischen Kontextes bestimmen.

Wenn man die entwicklungspsychologische Forschung überblickt, wird man nicht umhinkommen festzustellen, daß sie, von bedeutenden Ansätzen bei Piaget und einigen von ihm oder Wygotski inspirierten Forschern abgesehen, die Möglichkeiten der genetischen Methode nur unzureichend genützt hat. Auch wenn man die Schwierigkeiten der Materie nicht unterschätzt, liegt es sicher nicht bloß an einem Übermaß deskriptiver Methodik, der Vernachlässigung experimenteller Vorgehensweisen, einer voreiligen und ausschließlichen Anwendungsbezogenheit und ideologischen Voreingenommenheit, wie Schmidt (1970) mit Recht meint, sondern mehr noch am Mangel theoretischer Erklärungsversuche, basierend auf einer kritischen Anwendung der genetischen Methode, daß die klassische Entwicklungspsychologie oft nicht über eine grobe Klassifikation der aufeinanderfolgenden Verhaltensweisen in altersspezifische und reifungsbedingte Phasen oder Stadien hinausgekommen ist. Die Tatsache, daß in unterschiedlichen kulturellen und sozialen Milieus variierende Entwicklungsverläufe oder andere «altersgemäße» Verhaltensweisen vorliegen, wurde in solchen Interpretationsversuchen übersehen oder nicht problematisiert. Wenn man auf entsprechende Untersuchungsergebnisse stieß, wurden sie allenfalls als abweichende oder abnorme Verhaltensweisen interpretiert, womit gleichzeitig, oft in explizitem Widerspruch zu den postulierten Annahmen, den normalen Reifungsprozeß störende äußere oder innere Ursachen angenommen, aber nicht erklärend integriert wurden.

Wenn die sogenannte moderne Entwicklungspsychologie die Ontogenese menschlicher Verhaltensdispositionen allein auf äußere soziale Faktoren zurückführt und den Begriff der Entwicklung durch den der Sozialisation ersetzen möchte, macht sie sich einer anderen Einseitigkeit schuldig. Wenn Entwicklung nur als ein einfaches kumulatives Lernen verstanden wird und dieses Lernen noch auf das Skinnersche Paradigma des operanten Konditionierens reduziert wird, dann bleibt nur noch eine für jedes einzelne Individuum spezifische Verstärkungssequenz (vgl. Westmeyer 1973, Suppes 1968). Die Eigendynamik menschlichen Handelns und ihre zum Teil in einem Entstehungsprozeß bewußt gewordene Auseinandersetzung mit äußeren Anforderungen und inneren Bedingungen wird dabei vollständig aus dem Blickwinkel verloren und kann daher auch niemals erklärt werden.

5 Entwicklungspsychologische Forschung, Allgemeine Psychologie und Praxis

Die Bedeutung der genetischen Erklärungsweise und der Erstellung und Analyse von Veränderungsreihen reicht über den entwicklungspsychologischen Forschungsbereich hinaus. Veränderungsreihen gehören ja auch zu den wesentlichen Gegenständen der psychologischen Grundlagenforschung. Insbesondere die sogenannte Allgemeine Psychologie hat sich von jeher auf die Erforschung der Veränderung des Verhaltens (in allen Bereichen) konzentriert. Im Unterschied zur Entwicklungspsychologie beschränkte sie aber im allgemeinen diese Untersuchungen auf relativ kurze, überschaubare Zeiträume und auf ganz einfache Verhaltensweisen, wie wir schon zu Beginn dargelegt haben. Ein Grund für diese Beschränkung ist sicher die Schwierigkeit, komplexe oder sich nur in großen Zeiträumen abspielende Veränderungen experimentell anzugehen. Aus dem gleichen Grund hat man oft auch nur mit Tieren experimentiert und sich gleichzeitig mit der Erforschung experimentell leicht anzugehender Fragestellungen mit eingefahrenen Methoden und leicht quantifizierbaren Variablen begnügt. Es ist daher nicht verwunderlich, daß man die Erklärung komplexer durch innere Variablen (mit-)bedingter menschlicher Veränderungsprozesse verfehlte und Theorien entwickelte, die zwar manche einzelnen Ereignisse höchst präzise abbildeten, aber breitere Bereiche und vor allem menschliches Handeln und Denken nicht abzudecken vermochten. Demgegenüber haben sich die bedeutendsten Vertreter der Entwicklungspsychologie gerade um die Entstehungsgeschichte und die Veränderungsgesetze der komplexesten menschlichen Tätigkeiten bemüht. Von ihren Forschungen und Theorien ist daher auch ein starker Impuls ausgegangen. Viele ihrer Ideen haben die Grundlagenforschung dazu angeregt, ihre Theorien in Frage zu stellen und weiterzuentwickeln. So sind die meisten neueren Lerntheorien, die man oft mit dem Epithet kognitiv bezeichnet, ohne Zweifel unter dem direkten oder indirekten Einfluß entwicklungspsychologischer Befunde und Theorien entstanden. Beispielhaft seien hier die Theorien von Berlyne (1965, 1970) und Saltz (1972) erwähnt: Berlyne hat offensichtlich in direkter Berührung mit Piaget dessen genetische und strukturtheoretische Erklärungsansätze sowie auch Theorien und Ergebnisse russischer Forscher in seine neo-assoziationistische Lern- und Denktheorie eingebaut. Eli Saltz ist noch einen Schritt weitergegangen. In einer systematischen Aufarbeitung der gesamten lern-theoretischen Forschung macht er deutlich, daß auch allereinfachste Lern- und Behaltensprozesse ohne die Berücksichtigung kognitiver Strukturen (cognitive spaces) oder Begriffe nicht erklärt werden können. Obwohl er aus den Diskrepanzen und Tendenzen der lerntheoretischen Forschung heraus, gleichsam lerntheoretisch immanent, argumentiert, ist es doch offensichtlich, daß er die Hypothesen, die ihm eine klärende Integration der Befunde erlauben, von außen, aus der schon immer stark entwicklungspsychologisch ausgerichteten kognitiven Tradition übernommen hat. In ähnlicher Weise ließe sich dieser Einfluß in neueren Motivationstheorien, in der Wahrnehmungsforschung und in den sozialpsychologischen Dissonanztheorien nachweisen. Dieselbe Wirkung scheint sich auch in der Sprachforschung abzuzeichnen, wo man die Notwendigkeit sprachgenetischer und bedeutungsanalytischer Studien zunehmend mehr erkennt.

In der Persönlichkeitsforschung mehren sich seit einigen Jahren kognitive genetische Ansätze (s. Seiler 1973), die auf bekannte entwicklungspsychologische Theorien zurückgreifen. Gerade in der Erklärung der menschlichen Persönlichkeit müßte wahrscheinlich die Fruchtbarkeit einer genetischen Betrachtungsweise in besonderem Maße zur Geltung kommen. Denn der erwachsene Mensch mit seinen Dispositionen und Leistungsmöglichkeiten, aber auch seinen Schwächen und Schwierigkeiten, kann vermutlich wissenschaftlich nur verständlich gemacht werden, wenn man seine individualgeschichtliche Gewordenheit begreift. Die Analyse der Verinnerlichung seiner (schon teilweise von der gesellschaftlichen Wirklichkeit bestimmten) äußeren Handlungen zu regulativen inneren Systemen, mit denen er sich soziale und kulturspezifische Praktiken, Normen und Rollen nicht in einseitiger Abhängigkeit, sondern echter Interdependenz aneignet, macht Persönlichkeit wissenschaftlich als das Produkt einer Individualisierung und gleichzeitigen Vergesellschaftung begreifbar.

Wenn wir hier zu zeigen versuchten, daß eine genetische Betrachtungsweise ganz besonders in den Forschungsbereichen des Denkens und Lernens neue Fragen aufgeworfen und Antworten nahegelegt hat, die zu einer Ergänzung und Verfeinerung der allgemeinpsychologischen Denk- und Lerntheorien führten, wollten wir damit nicht den Eindruck erwecken, als sei ein Einfluß nur in der einen Richtung zu verzeichnen. Es ist selbstverständlich, daß auch die Entwicklungspsychologie dauernd von den Erklärungstheorien und den experimentellen Methoden der Allgemeinen Psychologie (der Grundlagenforschung) profitiert hat. Man kann die Entwicklung der Wahrnehmung, des Denkens, der Sprache usw. nicht erforschen, ohne sich zuerst mit den schon vorliegenden Erklärungsansätzen dieser Phänomenbereiche auseinandergesetzt zu haben und ihre Fortschritte fortwährend zur Kenntnis zu nehmen. Man muß der entwicklungspsychologischen Forschung vielleicht geradezu den Vorwurf machen, daß sie sich mit diesen Theorien viel zu wenig auseinandergesetzt hat und insbesondere lange Zeit die methodischen Verfahren, die sie von der allgemeinpsychologischen Forschung adaptierend hätte übernehmen können, vollständig vernachlässigte.

Es ist auch nicht zu übersehen, daß die beschriebenen Auswirkungen auf die Theorien und Problemstellungen der Allgemeinen Psychologie eher ein Nebenprodukt darstellen, wenn man die entwicklungspsychologische Forschung in ihrer Gesamtheit betrachtet. Die große Masse der entwicklungspsychologischen Forschungsarbeiten war auf weite Strecken vordergründig anwendungsorientiert. Man wollte den «normalen» oder normgerechten Entwicklungsverlauf feststellen, um daran Verfrühungen, Verspätungen und abnorme Verläufe messen zu können. Diese normgerechten Verhaltensweisen waren kultur- oder gruppenspezifische Durchschnittswerte. Aus den Normen glaubte man handfeste Regeln für Erzieher, Eltern und Berater ableiten zu können. Daraus sollten sie ersehen können, in welchem Alter man bestimmte Leistungen von einem Kind erwarten kann, mit welchen Anforderungen man bestimmte Altersgruppen konfrontieren kann und muß, um einen optimalen Entwicklungsverlauf zu gewährleisten. Diese gleichzeitig mehr statistische und bewahrende Fragestellung orientierte sich an den Zielen und Normen einer bestimmten Kultur oder Gruppe, ohne sie zu hinterfragen. Da man sich nicht um präzise Erklärungstheorien des Entwicklungsverlaufs bemühte, blieb man an vagen Allgemeinvorstellungen hängen und drang nicht zu einer wissenschaftstheoretisch und methodologisch befriedigenden Analyse der erhobenen Daten vor. Dieser Mangel an fundierten Theorien und eine kurzschlüssige Orientierung an vordergründigen Bedürfnissen und vorgegebenen Verhältnissen waren sicher wesentliche Gründe für den unbefriedigenden Zustand vieler entwicklungspsychologischer Theorien, wie Schmidt mit Recht in seiner «Allgemeinen Entwicklungspsychologie» betont.

Ähnliche Gefahren drohen vielen Forschungsansätzen in der Entwicklungspsychologie auch heute noch in vielfältiger Form, denn es ist nicht leicht, der berechtigten Forderung nach Praxisbezogenheit der Forschung in adäquater Weise zu entsprechen, ohne sich von schnell sich wandelnden Erwartungen und Meinungen bestimmen zu lassen. Wissenschaftliche Forschung sollte vielmehr ein theoretisch begründetes Modell der Praxis liefern, auf die sie zielt.

Diesem Ziel würde wahrscheinlich eine entwicklungspsychologische Forschung, die auf die genetische Erklärungsweise gestützt nach starken Erklärungstheorien sucht, näherführen. Sie müßte kausal und teleologisch sinnvoll begründete Veränderungsgeschichten konstruieren und sie empirisch unterbauen. Mit einem theoretischen Wissen dieser Art ausgestattet, wäre es möglich, Entwicklungsprozesse in innovativer Weise so zu steuern, daß sich die Individuen in konstanter Interaktion mit den sozialen Instanzen Kenntnisse, Normen und Leistungsmöglichkeiten so aneignen, daß daraus ein Potential der Verarbeitung und Erneuerung würde. Diese Erkenntnisse könnten aber auch ebenso gewinnbringend in die Erstellung von Lehrprogrammen und Curricula eingebracht werden und die Basis für eine wissenschaftliche Theorie der Erziehung und des Unterrichts bilden.

2. Kapitel

Die Ontogenese der Klassifikationsfähigkeit in der Theorie Piagets: Beispiel einer Entwicklungssequenz – theoretische und empirische Kritik am Konzept der invariablen Sequenz

Nach den allgemeinen theoretischen Betrachtungen zum Thema Entwicklungssequenzen in Kapitel 1 soll in Kapitel 2 ein konkretes Beispiel einer Entwicklungssequenz vorgestellt und bezüglich seiner theoretischen Begründung und empirischen Absicherung überprüft werden.

Das gewählte Beispiel der Entwicklungssequenz der Klassifikationsfähigkeit in der Theorie Piagets läßt sich anhand der im ersten Kapitel aufgeführten Ordnungskategorien für Entwicklungssequenzen wie folgt charakterisieren: Es handelt sich erstens um eine Entwicklungssequenz, die einen *längeren* Zeitraum umfaßt (ontogenetische Veränderungsreihe). Zweitens beansprucht diese Sequenz, da sie in den Rahmen von Piagets genetischer Theorie der kognitiven Entwicklung zu stellen ist bzw. ein von Piaget angeführtes Beispiel für diese Theorie ist, *Erklärungsfunktion*. Drittens ist sie aufgrund der von Piaget gelieferten (in Abschnitt 1.1 dieses Kapitels näher zu beschreibenden) theoretischen Erklärungen für innere Bedingtheit und Zusammenhang von Entwicklungsschritten als *invariable Sequenz* konzipiert.

Damit ist ein Beispiel ausgewählt, das – wiederum den Ausführungen von Kapitel 1 folgend – Bedingungen und Gesetzmäßigkeiten der Entstehung einer Fähigkeit zu erfassen erlaubt, da es einen ausreichend großen Zeitraum umfaßt, besonders da spätere Formen der kognitiven Entwicklung bis hin zu den ersten Vorformen der ersten Lebenstage zurückverfolgt werden. Gleichzeitig gibt dieses Beispiel – da es Erklärungsfunktion beansprucht – Anlaß zur Diskussion einer Theorie, die für den Stand der Entwicklungspsychologie heute von zentraler Bedeutung ist. Die Piagetsche Theorie ist ein Beispiel der in Kapitel 1 beschriebenen und für den Fortschritt entwicklungspsychologischer

Fragestellungen als notwendig erachteten «genetischen Erklärungsweise». Es wird am gewählten Beispiel der Klassifikationssequenz überprüft, ob und inwieweit Piaget die Anforderungen dieser Methode erfüllt. Die im Piagetschen Modell verankerte Annahme der Invariabilität von Entwicklungsprozessen schließlich stellt eine sehr wesentliche Spezifizierung des Konzepts der Entwicklungssequenz dar, so daß es gerechtfertigt erscheint, sie zum Schwerpunkt der folgenden Erörterungen über Art und Funktion von Entwicklungssequenzen allgemein zu machen.

1 Piagets genetische Erklärungstheorie der kognitiven Entwicklung

Als Voraussetzung für das Verständnis und die Beurteilung der von Piaget postulierten Entwicklungssequenz der Klassifikationsfähigkeit ist es notwendig, die Piagetsche Entwicklungstheorie allgemein knapp zu umreißen.

1.1 *Die Grundzüge der Theorie*

Piagets Theorie kann als genetische Erklärungstheorie der kognitiven Entwicklung bezeichnet werden. «Genetische Erklärung»[1] soll hier vorläufig als der Versuch verstanden werden, Entstehung oder Veränderung von Fähigkeiten und Strukturen nachvollziehend zu erklären, indem Schritt für Schritt aufgezeigt wird, was im Verlauf einer Entwicklung an neuen Elementen hinzukommt, verlorengeht, umgewandelt oder abgelöst wird. Dabei handelt es sich nicht nur um ein möglichst genaues Nachzeichnen eines Entwicklungsprozesses, sondern es werden auch Begründungen für den beobachteten Verlauf genannt.

Das theoretische Grundgerüst der Theorie läßt sich verkürzt wie folgt darstellen: Piaget versteht die kognitive Entwicklung als einen *Anpassungsvorgang,* als eine Adaptation der Handlungen und des Denkens eines Subjektes an die Gegebenheiten und Anforderungen seiner Umgebung. Kognitive Adaptation stellt für ihn einen Sonderfall der allgemeinen biologischen Adaptation eines Organismus an seine Umwelt dar, und er bemüht sich, durch den Aufweis von Gemeinsamkeiten zwischen organischen

---

[1] Ein direkter Bezug zu der in Kapitel 1 beschriebenen genetischen Erklärungsweise mit ihren sowohl inhaltlichen als auch methodischen Implikationen wird an späterer Stelle (Abschnitt 3) hergestellt.

und kognitiven Anpassungsprozessen die kognitive Entwicklung zu erfassen und zu erklären. Dabei werden innere Gesetzmäßigkeiten beider Anpassungsprozesse wie Homöostase bzw. Äquilibration und Autoregulation von Systemen beschrieben, organische Mechanismen der Selbstregulation werden verglichen mit sich selbst regulierenden kognitiven Strukturen. Gewisse Unterschiede (besonders die Überlegenheit kognitiver Adaptation gegenüber der organischen Adaptation) werden von Piaget ebenfalls gesehen und berücksichtigt. Die Leithypothese eines neueren Werkes Piagets (Biologie und Erkenntnis, 1974, S. 355) faßt seinen Hauptgedanken prägnant zusammen und sei hier angeführt: «Diese Hypothese betrachtet die kognitiven Mechanismen einerseits als Fortsetzung der organischen Regulationen, aus denen sie hervorgegangen sind, und andererseits als spezialisierte und differenzierte Organe dieser Regulationen in den Interaktionen mit der Außenwelt.»

Darüber hinaus beschreibt Piaget den Prozeß der kognitiven Entwicklung als einen *Konstruktionsprozeß*. Damit versucht er u. a. das Problem der Entwicklungskausalität und das der Kontinuität der Entwicklung zu fassen, eine Erklärung zu geben, warum und wie der Prozeß der kognitiven Adaptation stattfindet: Der planmäßige Aufbau kognitiver Mechanismen bzw. Strukturen ist nach Piaget nicht durch Präformation festgelegt, auch nicht durch Einwirkungen äußerer Umgebungseinflüsse verursacht, sondern ist als allmählicher und kontinuierlicher Prozeß der Konstruktion zu verstehen, den ein aktiv handelndes, mit seiner Umwelt interagierendes Subjekt vollzieht. Der Begriff der Kontinuität drückt aus, daß dieser Aufbau Schritt für Schritt erfolgt, indem die Fähigkeiten und Fertigkeiten einer gerade erlangten Stufe entscheidend dazu beitragen, daß die nächste Stufe erreicht wird. Kontinuität des Aufbaus bzw. der Veränderung wird aber nicht gleichgesetzt mit quantitativer im Gegensatz zu qualitativer Veränderung. Der Übergang von Stufe zu Stufe kann sowohl quantitativer als auch qualitativer Art sein.

Zusätzlich zu den Annahmen über den Konstruktionsprozeß geht Piaget von einem «logischen Aufbau» der Entwicklung aus: d. h. Piaget nimmt an, daß sich die kognitiven Strukturen im Verlauf ihrer Entwicklung von ihrer Organisation her immer mehr logisch-mathematischen Strukturen angleichen. Die voll ausgebildete Fähigkeit des Klassifizierens z.B. entspricht nach Piaget genau der von Logikern und Mathematikern formulierten Struktur der Klassifikation (vgl. Inhelder und Piaget 1964, S. 281). Piagets Mittel der Analyse von Entwicklungsprozessen ist eine Art «logische Analyse», die darin besteht, daß kognitive Fähigkeiten (Vorstellungen, Begriffe, Operationen usw.) in ihre Teilaspekte und Teilprozesse zerlegt, ihre inhaltlichen und formalen Beziehungen zueinander herausgearbeitet und nach dem Grad ihrer Komplexität geordnet werden [2]. Piaget nimmt an, daß die ontogenetische Entwicklungssequenz dieser Teilfähigkeiten bzw. Teilkomponenten einer kognitiven Struktur der analysierten Bedingungs- und Komplexitätsreihenfolge entspricht. Er geht davon aus, daß inhaltlich theoretische Zusammenhänge (Sachlogik) und formal logische Implikationen die *Notwendigkeit* [3] einer eindeutigen (invariablen) Reihenfolge der verschiedenen Teilfähigkeiten begründen und daß dieser «erwiesenen Notwendigkeit» eine ebenfalls notwendige Abfolge der einzelnen Entwicklungsstufen beim tatsächlichen Erwerb einer Fähigkeit entspricht.

Im folgenden sollen nun Elemente, Teilstrukturen und -prozesse und allgemeine Gesetzmäßigkeiten des Aufbauprozesses kognitiver Strukturen detaillierter beschrieben werden. Dem Denken liegen nach Piaget kognitive Strukturen zugrunde. Die Entwicklung kognitiver Fähigkeiten wird damit als Entwicklung und Aufbau kognitiver Strukturen verstanden. *Strukturen* sind hypothetische Konstrukte, die «relativ überdauernde, in sich geschlossene und interferenzresistente Reaktionsmuster eines Organismus» beschreiben, «die seiner erkennenden Umweltbewältigung dienen und von ihm nach Bedarf aktualisiert oder verfügbar gemacht werden können» (Seiler 1975, S. 20). Es gibt einfache und komplexe Strukturen, der Realität gut und schlecht angepaßte, sehr stabile und leichter zu verändernde Strukturen. Als die einfachsten (bisher analysierten) Strukturen, die den vor-

---

[2] Diese Art der logischen Analyse ist daher umfassender als die gemeinhin mit logischer Analyse bezeichnete Prüfung der formal logischen Konsistenz verschiedener Aussagen zueinander.

[3] «Notwendigkeit» wird hier im Sinne von notwendiger und hinreichender Bedingtheit verwendet. Ausführlichere Behandlung dieses Begriffes siehe Abschnitt 3.1.3.1.

läufigen Ausgangspunkt für die kognitive Entwicklung bilden, sieht Piaget die angeborenen Reflexmechanismen und die auf ihnen beruhenden Reflexschemata, wie z. B. das auf dem Greifreflex aufbauende Schema «Gegenstände ergreifen». Am Ende der Entwicklung stehen die sogenannten «formalen Operationen», kognitive, logisch-mathematische Strukturen, auf die im folgenden noch genauer eingegangen wird [4].

Wesentlich für die Piagetsche Theorie sind die Annahmen, die die Fortentwicklung der einfachen, unvollständig angepaßten und relativ instabilen sensomotorischen Schemata hin zu den komplexen, bestangepaßten kognitiven Strukturen als kontinuierlichen, auf Höherentwicklung ausgerichteten Prozeß erklären.

Piaget nimmt zwei sich gegenseitig ergänzende Grundprozesse der kognitiven Entwicklung an: die Assimilation und die Akkommodation. Diese beiden Begriffe sind in Anlehnung an biologische Prozesse der Adaptation gewählt und sind Ausdruck für die bereits erwähnte enge Beziehung, die Piaget zwischen organischen und kognitiven Anpassungsvorgängen annimmt. Mit *Assimilation* ist die Tatsache gemeint, daß in bereits gebildete Schemata immer neue Objekte einbezogen werden. Piaget unterscheidet drei Aspekte der Assimilation (vgl. Seiler 1968, S. 20/21):

– eine Tendenz zur Wiederholung, d. h. eine jedem Schema, jeder Verhaltensstruktur innewohnende Tendenz erneut abzulaufen;
– eine Tendenz zur Verallgemeinerung, d. h. der Versuch, alle möglichen nur erreichbaren Objekte in ein vorhandenes Assimilationsschema zu integrieren;
– und eine wiedererkennende Assimilation, um die es sich handelt, wenn ein Objekt ohne jede Mühe in ein altes Schema eingepaßt und dadurch wiedererkannt wird.

---

[4] Zur Begriffserklärung: «Schema» wird vorzugsweise für die einfachen kognitiven Strukturen verwendet, z. B. «sensomotorische Schemata» im Gegensatz zu den allgemeinsten, am weitesten entwickelten Strukturen, den «Operationen». «Kognitives Schema» wird aber auch im allgemeinen Sinn als Sammelbegriff gleichbedeutend mit «kognitiver Struktur» oder «(kognitivem) Begriff» oder «Konzept» verwendet (vgl. Furth 1969, S. 264). Eine weitere Präzisierung des Begriffs der «Struktur» wird später im Verlauf dieses Abschnitts vorgenommen.

Integration eines Objektes in ein vorhandenes Assimilationsschema bedeutet dem Objekt Bedeutung zuschreiben. Das Objekt wird zum Erkenntnisobjekt. Nur ist diese Art von Assimilationserkenntnis nie objektiv. Durch die Assimilationsfähigkeit versucht ein Subjekt, die Realität seinen gerade vorhandenen kognitiven Strukturen anzupassen.

Läßt sich ein Objekt nicht vollständig in ein vorhandenes Schema integrieren, muß dieses Schema umgewandelt, erweitert oder in mehrere Schemata aufgegliedert werden; mit anderen Worten: die kognitiven Strukturen werden der Realität angepaßt. Diesen zur Assimilation komplementären Vorgang nennt Piaget *Akkommodation*.

Am Beispiel des Greifreflexes, der sich zum Greifschema ausbildet, soll dieser Anpassungsprozeß verdeutlicht werden. Ein kleines Kind versucht, alle Dinge, die es sieht, zu ergreifen. Dabei merkt es, daß es nicht alle Dinge auf die gleiche Art und Weise ergreifen kann, daß es einmal mehr, einmal weniger Kraft aufwenden muß, daß ein Gegenstand glatt, der andere rauh ist und daß es sogar Dinge gibt, die es gar nicht ergreifen kann. Das heißt, das einfache Greifschema muß ausdifferenziert werden, damit die Gegenstände der Umgebung adäquater und genauer erfaßt werden können. Voraussetzung für eine solche Ausdifferenzierung (Akkommodation), die eine bessere Anpassung an die Realität ermöglicht, ist aber das Vorhandensein von Assimilationsschemata, die wenigstens teilweise an den gegebenen Objekten abrollen können.

Assimilation und Akkommodation sind von einander abhängig und bedingen sich gegenseitig: Eine starke Assimilationstätigkeit führt dazu, daß auch Objekte assimiliert werden sollen, die mit den vorhandenen Assimilationsschemata nicht genügend erfaßbar sind. Diese Tatsache löst den Vorgang der Akkommodation aus, durch den die vorhandenen Schemata solange verändert werden, bis die angetroffenen Objekte und Ereignisse integrierbar sind, d.h. bis ein gewisses Gleichgewicht zwischen Assimilation und Akkommodation besteht. Dieser Zustand des Gleichgewichts bedeutet Adaptation. Die Adaptation an die Umwelt ist aber noch unvollständig und bleibt nur solange erhalten, bis die erweiterten Assimilationsstrukturen, die ja neue Assimilationen ermöglichen, auf wiederum nicht-integrierbare

Gegenstände angewendet werden. Erneut wird Akkommodation ausgelöst, die die Strukturen weiter verfeinert, bis ein Zustand relativ stabilen Gleichgewichts erreicht ist, in dem die Assimilationsschemata realitätsgerecht gebildet sind, so daß sie nicht mehr weiter durch Akkommodation an die Umgebung angepaßt werden müssen. Assimilation und Akkommodation sind damit «nicht zwei getrennte Funktionen, sondern die beiden einander entgegengesetzten funktionellen Pole jeder Adaptation» (Piaget 1974, S. 176). Die Fortentwicklung der kognitiven Strukturen von einem relativ leicht störbaren, weil schlecht angepaßten Zustand zu immer stabileren Gleichgewichtszuständen bezeichnet Piaget als den Prozeß der *Äquilibration*. Andererseits werden aber auch die im Laufe dieses Prozesses erreichbaren Zwischenstadien und vor allem der relativ stabile Endzustand als Äquilibration bezeichnet.

Assimilation und Akkommodation wirken nicht nur in Richtung auf verschiedenste Objekte der Umwelt eines Subjektes (einfache [äußere] Assimilation und Akkommodation), sondern auch in Richtung auf die bereits gebildeten inneren Strukturen selbst (gegenseitige oder reziproke [innere] Assimilation und Akkommodation). Durch Verknüpfung und *Koordinationen* verschiedener Schemata entstehen immer komplexere Strukturen bzw. Struktursysteme, mit deren Hilfe auch Beziehungen zwischen Objekten oder Ereignissen und nicht nur die Objekte oder Ereignisse und ihre Merkmale erfaßt werden können.

Eine Koordination z. B. zwischen dem Schema zur Erfassung der Länge einer veränderbaren Knetgummiwurst und dem Schema zur Erfassung ihrer Dicke führt zum Erkennen der kompensatorischen Beziehung zwischen den beiden Dimensionen der Länge und Dicke und ermöglicht die Bildung des komplexen Begriffes der Mengenkonstanz. "These coordinations are not a product of experience only, but are also controlled by factors such as maturation and voluntary exercise, and, what is more important, by continuous and active autoregulations" (Piaget 1970, S. 765).

Mit «*Selbstregulation*» ist ein weiterer wichtiger Begriff der Piagetschen Theorie angesprochen. Selbstregulation ist nach Piaget eine jedem Organismus bzw. jeder Organisation innewohnende Fähigkeit: Ein Organismus bewahrt seine Autonomie (vgl. Piaget 1974, S. 14) und erhält sich selbst durch Selbstregulation (vgl. Piaget 1974, u. a. S. 115 und 330). Ausgehend von vielfältig beobachtbaren biologischen Prozessen der Selbstregulation zur Erhaltung und Wiedererlangung der Homöostase nimmt Piaget für die kognitiven Organisationen analog dazu nach inneren Gesetzen ablaufende Selbstregulationsprozesse an, die zu progressiver Äquilibration führen (vgl. Piaget 1974, u. a. S. 86 und 98).

An dieser Stelle ist es notwendig, die Definition des Strukturbegriffs (vgl. S. 60) zu ergänzen. *Struktur* oder Organisation ist «ein System von Transformationen, das als System (im Gegensatz zu den Eigenschaften der Elemente) eigene Gesetze hat und das eben durch seine Transformationen erhalten bleibt oder reicher wird, ohne daß diese über seine Grenzen hinaus wirksam werden oder äußere Elemente hinzuziehen. Mit einem Wort: eine Struktur umfaßt die drei Eigenschaften Ganzheit, Transformationen und Selbstregulierung». (Piaget 1973, S. 8).

Zur Ganzheit: Piagets Struktur ist nicht im Sinne eines fertigen Ganzen zu verstehen; die Entstehung der Struktur ist entscheidend. Das Ganze erscheint als die Resultante der Beziehungen zwischen den Elementen bzw. als Ergebnis von Aufbauvorgängen, deren Gesetze die des Systems sind (vgl. Piaget 1973, S. 11).

Zu den Transformationen: Da nach Piaget die strukturierte Ganzheit besonders durch ihre Aufbaugesetze beschreibbar ist, ist Ganzheit nicht nur als *strukturiert*, sondern gleichzeitig als *strukturierend* zu verstehen, d. h. als ein System von Transformationen. Transformationssysteme können zeitlos oder zeitlich sein (vgl. Piaget 1973, S. 12-14). Unter zeitlosen Transformationssystemen versteht Piaget logische und mathematische Strukturen, da der gesamte Transformationsprozeß gleichzeitig gegeben ist, d. h. z. B. das Ergebnis der Addition $1+1$ ist unmittelbar einsichtig. Zeitliche Transformationen dagegen sind solche, die zu ihrer Durchführung Zeit brauchen, z. B. Transformationen linguistischer, soziologischer oder psychologischer Strukturen, wie etwa Herstellung bestimmter verwandtschaftlicher Beziehungen durch Heirat, oder die sensomotorischen Transformationen, die zur Objektpermanenz führen.

Zur Selbstregulierung: «Die dritte Grundeigenschaft der

Strukturen ist, daß sie sich selbst regeln, und diese Selbstregelung bewirkt ihre Erhaltung und eine gewisse Abgeschlossenheit» (Piaget 1973, S. 15). Mit Abgeschlossenheit meint Piaget die Tatsache, daß «die einer Struktur innewohnenden Transformationen nicht über die Grenzen der Struktur hinaus führen, sondern immer nur der Struktur zugehörige und ihre Gesetze bewahrende Elemente erzeugen» (Piaget 1973, S. 15/16). Das bedeutet aber nicht, daß eine Struktur nicht als Unterstruktur in eine übergreifende Struktur integriert werden kann, d. h. es kann eine Erweiterung oder Bereicherung der Struktur erfolgen, die allerdings die Gesetze der Unterstruktur bewahrt.

Piaget unterscheidet verschiedene Arten der Regelung und nimmt eine Ordnung nach zunehmender Komplexität an. Die höchste Form der Selbstregelung ist die durch klar geregelte Operationen. Eine *Operation* ermöglicht vollkommene Regulierung bzw. stellt vollkommene Regulierung dar, weil sie eine voll reversible Struktur ist. Eine voll reversible Struktur ist dadurch gekennzeichnet, daß es zu jeder ein bestimmtes Ergebnis bewirkenden Operation eine entsprechende entgegengerichtete Operation gibt, durch die das erreichte Ergebnis vollständig rückgängig gemacht und damit der Ausgangspunkt wieder erreicht werden kann. Operationen laufen ohne Zeitverlust, in Gedankenschnelle ab, können, da sie allein in der Vorstellung ablaufen und von tatsächlicher Realisation unabhängig sind, gleichzeitig oder in beliebiger Reihenfolge vorgestellt werden; Antizipation und antizipierende Regulierungen werden optimal möglich. Daneben gibt es die bereits erwähnten linguistischen, psychologischen und soziologischen Strukturen, deren Transformationen in der Zeit ablaufen, d. h. deren Regelung als Regulierung im kybernetischen Sinn auf einem System von feedbacks und stets nur annähernden Korrekturen oder Vorwegnahmen beruhend, charakterisiert werden kann. Die verschiedenen Arten von Selbstregulierung von Strukturen, die in eine hierarchische Ordnung gebracht werden können, legen den Gedanken an eine *Konstruktion* von Strukturen nahe.

Piaget versucht nachzuweisen, daß von den prinzipiell existierenden Herkunftsmöglichkeiten von Strukturen: Prädetermination (bzw. Angeborenheit), zufällige Emergenz oder Konstruktion, nur die dritte Möglichkeit, die Konstruktion, bei der Entstehung kognitiver Strukturen angenommen werden kann (vgl. Piaget 1973, S. 59/60). Das Subjekt, verstanden als offenes System, in Interaktion mit seiner Umwelt stehend, *konstruiert* die Strukturen im Laufe seiner Entwicklung, indem es auf die Anforderungen der Umgebung reagiert. Die Eigenart dieses Konstruktionsprozesses liegt aber darin, daß das Subjekt keineswegs frei ist, beliebige Strukturen aufzubauen, sondern Piaget ist davon überzeugt, daß der Konstruktionsprozeß «zu *notwendigen* Resultaten führt, 'als ob' diese von allem Anfang an prädeterminiert gewesen wären». (Piaget 1973, S. 61). Er nimmt besondere Gesetze der Konstruktion an, die sich von denen beliebigen Lernens unterscheiden. Die Konstruktion der kognitiven Strukturen ist abhängig von den Tätigkeiten des Subjektes, d. h. sie geht aus von den auf die Objekte der Umgebung ausgeübten *Handlungen* und Wahrnehmungs*tätigkeiten* des Subjektes und nicht allein von den Eigenschaften der Objekte. So setzt z. B. die Entstehung der kognitiven Struktur der «Summe» Akte des Zusammenfassens oder Zusammenfügens voraus (vgl. Piaget 1974, S. 317).

Die einzelnen Handlungen des Subjektes und ihre gegenseitige Koordination bilden damit die Grundlage für das Koordinationsgefüge der entstehenden kognitiven Strukturen. Piaget spricht von allgemeinen «Ausgangstatsachen» (Piaget 1973, S. 61/62), die als Vorbedingungen jeglicher Erkenntnis gegeben sind und neben der allgemeinen Koordination des Handelns auch die des Nervensystems und der physiologischen Funktionen regeln (vgl. Piaget 1974, S. 317–319). Er verwendet auch den Begriff einer «Logik des Handelns», durch den die angenommene Generalität und Regelmäßigkeit der gegenseitigen Koordination der einzelnen Handlungen besonders betont wird.

Er unterscheidet zwischen allgemeinen funktionellen Faktoren und strukturellen Elementen des Handelns (vgl. Piaget 1973, S. 62). Die funktionellen Faktoren sind die Assimilation und die Akkommodation, die strukturellen Elemente sind die herausgebildeten Systeme, z. B. sensomotorische Schemata, Vorstellungen, Begriffe, Ordnungsbeziehungen.

Piaget beginnt seine Analyse des Konstruktionsprozesses kognitiver Strukturen bei den elementaren Koordinationsformen der untersten Stufe, der sensomotorischen Phase. Über eine lange Kette von einfachen und gegenseitigen Assimilationen und Akkommodationen werden die einfachen Handlungsschemata ständig erweitert, verfeinert, umstrukturiert oder sogar rekonstruiert. Piaget unterscheidet vier qualitativ wesentlich verschiedene, aufeinander aufbauende Phasen der kognitiven Entwicklung (d. h. neben der Sensomotorik die präoperationale Phase, die Phase der konkreten und der formalen Operationen). Während die Fortentwicklung innerhalb einer Phase auf relativ geringfügigen Veränderungen der inneren Strukturen beruht, bedeutet der Übergang von einer Hauptphase zur anderen eine vollständige Umstrukturierung oder Rekonstruktion des bisher aufgebauten Systems.

In der Phase der Sensomotorik z. B. entstehen Schemata äußeren Handelns, die zueinander in einfachen, auf praktischen Verbindungen beruhenden Gleichgewichtsbeziehungen stehen wie z. B. Hingehen – Weggehen; oder Manipulationen an einem Gegenstand: wie Verstecken – Wiederfinden, Verschiebungen von einem Ort zum anderen usw. Am Ende dieser Phase entwickelt sich die Objektpermanenz, ein durchorganisiertes System von äußeren Handlungen und Wahrnehmungen. Gleichzeitig treten die ersten Vorstellungen und symbolische Problemlösungsprozesse auf: Äußere Handlungen und Wahrnehmungstätigkeiten werden sozusagen nach «innen» verlegt, als innere Strukturen der äußeren Handlungs- und Wahrnehmungsabläufe abgebildet. Diese Verinnerlichung ermöglicht eine größere Beweglichkeit und Schnelligkeit in der Aktivierung und Koordinierung von Strukturen. Verinnerlichte Strukturen sind gekennzeichnet durch ihre Unabhängigkeit bezüglich der Richtung des Ablaufs und der Grenzen tatsächlicher Realisation (vgl. Seiler 1968, S. 17 und 60/61 und Seiler im Druck). Mit diesen neuen Voraussetzungen entsteht ein neues System der Auseinandersetzung mit der Umwelt, das durch seine weitgehende Unabhängigkeit vom äußeren Handeln das alte System als ungenügend erscheinen läßt.

Der Übergang von einer Phase zur anderen bzw. die Ablösung eines Systems durch ein anderes erfolgt durch «*reflektierende Abstraktion*» (Piaget 1973, S. 61, 63, 65; Piaget 1974, S. 327–329). Dieser für alle Formen der begrifflichen Strukturbildung grundlegende Vorgang bedeutet folgendes: Ähnliche Handlungen oder Operationen, die bisher in jeweils ganz spezifischen Kontexten ausgeführt wurden, werden koordiniert und schließen sich so zu einem begrifflichen Schema zusammen. Dieses Schema enthält die gemeinsamen Beziehungen oder Verbindungen dieser Handlungen oder Operationen. Dadurch wird einmal die Handlung oder Operation auch für weitere Situationen bedeutungsvoll, in denen sie bisher noch nicht vorgekommen ist, zum anderen wird eine neue Ebene der Strukturbildung erreicht bzw. wird die Handlung oder Operation auf eine neue Ebene «reflektiert». Zum Beispiel werden durch Ableitung einer begrifflichen Struktur aus den praktischen Verbindungen (Ordnungsbeziehungen) des sensomotorischen Schemas der Objektpermanenz diese sensomotorischen, äußerlich ablaufenden Handlungen auf die Ebene des konkreten Denkens reflektiert. Die neue Struktur enthält die Elemente der alten Struktur, sie ist aber umfassender als diese, da sie die Elemente der neuen Ebene mit einbezieht. Es handelt sich um einen sich auf Neukombination alter Elemente stützenden Rekonstruktionsprozeß, durch den die Kontinuität der Entwicklung gewährleistet ist.

Der Vorgang der reflektierenden Abstraktion, die allgemeinen Koordinationsgesetze des Handelns, die Selbstregelung von Strukturen und die Annahme einer logischen Abfolge von Entwicklungsschritten bilden die Grundlage der Konzeption von Entwicklung als einem *Prozeß progressiver Äquilibration* (vgl. u. a. Piaget 1973, S. 61; Piaget 1974, S. 86), der für Piaget «Notwendigkeitscharakter» besitzt (d. h. daß er in bestimmten unveränderlichen Schritten zu notwendigen Endresultaten führt).

Abschließend sei als Demonstration eines invariablen und «notwendigen» Äquilibrationsprozesses Piagets Standardbeispiel der Entwicklung der Mengenkonstanz angeführt: Beim Umgießen von Flüssigkeiten in verschieden geformte Behälter beachtet ein kleines Kind zunächst nur eine Dimension, entweder die Höhe oder die Breite der Gefäße (1). Nachdem und weil es über mehrere Versuche hinweg z. B. immer nur die Höhe berücksichtigt hat, bemerkt es, daß die Höhe kein zuverlässiges Kriterium für die Menge ist und entdeckt, daß die Gefäße und damit die Flüssigkeiten auch in ihrer Breite variieren. Es wird nun seine Urteile über Gleichheit oder Verschiedenheit der Flüssigkeitsmenge einmal in Abhängigkeit von der Höhe, ein andermal in Abhängigkeit von der Breite des Gefäßes fällen, je nachdem, welche Dimension ihm auffälliger erscheint (2). Wiederum nachdem und weil es mehrmals diese Art von inkonsistenten Urteilen gefällt hat, die zu Widersprüchen führen mußten und damit das Beurteilungssystem nach Höhe oder Breite als unbrauchbar (instabil) ausgewiesen haben, wird das Kind schließlich prüfend beide Dimensionen gleichzeitig beachten (3). In dem Augenblick aber, in dem ein Kind fähig ist, beide Dimensionen gleichzeitig zu erfassen, wird es – früher oder später – erkennen, daß sich mit der Veränderung z. B. in der Höhe auch die Breite ändert, daß eine bestimmte Beziehung zwischen Höhe und Breite besteht, daß sich die Veränderungen in den beiden Dimensionen genau ausgleichen und daß deswegen die umgegossene Flüssigkeitsmenge gleichgeblieben ist und gleichbleiben *mußte* (4). Piaget spricht von einem «Gefühl der Notwendigkeit», (Piaget 1971, S. 4/5), das sich am Ende dieses Entwicklungsprozesses einstellt und Anzeichen für die Vollendung (Schließung) einer kognitiven Struktur ist. Mit dem Erkennen der Notwendigkeit oder Zwangsläufigkeit bestimmter Beziehungen oder Resultate sind die widersprüchlichen Urteile der vorhergehenden Stufen – die ihrerseits aber gerade in ihrer Abfolge diese Erkenntnis bewirkt haben – überwunden. Es ist ein neuer, relativ stabiler, d. h. durch Einwirkungen der Umgebung kaum noch störbarer Gleichgewichtszustand des kognitiven Systems erreicht.

1.2 Die Rolle von Entwicklungssequenzen in der Theorie Piagets

Für Piagets Theorie spielt der Begriff der Entwicklungssequenz eine besondere Rolle. Piagets Entwicklungsmodell wird auch als Phasen- oder Stufenmodell der Entwicklung bezeichnet. Piaget gibt verschiedene Kriterien zur exakten Erfassung des Konzeptes «Stufe» an (vgl. u. a. Piaget 1956; Pinard und Laurendeau 1969) und setzt sich besonders mit der Annahme einer invariablen Abfolge der einzelnen Stufen auseinander. Er nennt zahlreiche Beispiele von in unveränderlicher Sequenz ablaufenden Entwicklungsprozessen.

Untrennbar gekoppelt mit dem Stufenaspekt der Entwicklung ist bei Piaget der Konstruktionsaspekt: die Auffassung von Entwicklung als einem kontinuierlichen, bestimmten Gesetzen gehorchenden Konstruktionsprozeß kognitiver Strukturen, der – wie gezeigt wurde – ein mit seiner Umwelt interagierendes und mit deren Anforderungen sich auseinandersetzendes Subjekt voraussetzt.

Die Charakterisierung von Entwicklungsprozessen mit Hilfe dieser beiden Aspekte bedeutet eine bestimmte inhaltliche Ausfüllung des Begriffes der Entwicklungssequenz und legt eine bestimmte Art des methodischen Vorgehens bei der empirischen Untersuchung dieser Prozesse nahe: Entwicklungssequenzen lassen sich am ehesten durch den Versuch des Nachvollzugs oder der Rekonstruktion tatsächlicher individueller Konstruktionsprozesse ermitteln. Dabei geht es Piaget aber nicht um die bloße Erfassung individueller Entwicklungsabläufe, sondern um die Einordnung der individualgeschichtlichen Daten in den Kontext seiner allgemeinen Entwicklungsprinzipien. Individualgeschichtliche Entwicklungssequenzen haben für ihn exemplarischen Wert. Mit ihrer Hilfe versucht er, Informationen über das allgemeine «Wie» und «Warum» eines bestimmten Ablaufs, Bedingungen und Voraussetzungen für die Aufeinanderfolge von Entwicklungsschritten, gegenseitige Abhängigkeiten bzw. das Zusammenwirken verschiedener Teilprozesse und Mechanismen zu erhalten. Die detaillierte Registrierung bzw. Untersuchung dieser Sequenzen dient ihm sowohl zur Nachprüfung seiner Hypothesen und Vermutungen, als auch der Generierung neuer Ideen über den Entwicklungsverlauf und dessen Gesetzmäßigkeiten. Die minutiösen Beobachtungen seiner eigenen drei Kinder im Verlauf der ersten beiden Lebensjahre (Piaget 1969), seine in zahlreichen Experimenten angewandte «méthode clinique», die wir weiter unten genauer beschreiben, sind Beispiele für sein Vorgehen.

Piagets Versuch und Anspruch, ontogenetische Entwicklungssequenzen abzuleiten, entspricht einer wesentlichen Anforderung der im ersten Kapitel beschriebenen genetischen Methode an Entwicklungstheorien. – Sein Vorgehen jedoch, diese allgemeinen Sequenzen nahezu ausschließlich durch Abstützung auf individualgeschichtliche Entwicklungsverläufe zu erfassen, ist ein viel diskutierter und kritisierter Punkt, auf den wir in Abschnitt 3.2 ausführlicher eingehen.

2 Die invariable Entwicklungssequenz der Klassifikationsfähigkeit

Piaget nimmt für alle von ihm untersuchten Fähigkeiten und Fertigkeiten explizit oder implizit eine invariable Sequenz (im

Sinne der Ausführungen von Kapitel 1) der einzelnen Entwicklungsschritte an, wobei er eingesteht, daß sich die Eindeutigkeit der Abfolge nicht in allen Bereichen gleich gut nachweisen läßt.

Die Begründung der Invariabilität ist in den sehr komplexen Zusammenhängen seines theoretischen Modelles enthalten, auf die Piaget aber häufig nur stichworthaft verweist, ohne für den Spezialfall einen exakten Begründungszusammenhang herzustellen.

Teilweise gilt dies auch für die Darstellung der Entwicklung der Klassifikationsfähigkeit: die zahlreichen Untersuchungen werden mehr oder weniger stark in Ausführungen zum allgemeinen Entwicklungskonzept Piagets verankert; es werden verschiedene, nur auf dem Hintergrund der allgemeinen Theorie voll verstehbare Teilprozesse oder Mechanismen analysiert, und die Entwicklung des Klassifizierens wird anhand dieser Teilprozesse dargestellt bzw. zu begründen versucht. Die Annahme der Invariabilität der Entwicklungsreihenfolge des Klassifizierens ist eher implizit enthalten bzw. indirekt begründet, die Abhandlung Inhelder und Piagets (1964)[5] enthält keine zusammenfassende, zeitlich genau zugeordnete detaillierte Aufstellung der einzelnen Teilfähigkeiten, sondern überläßt es dem Leser, das Dargestellte integrierend übersichtlich und lückenlos zusammenzusetzen.

Im folgenden Abschnitt (2.1) werden die von Inhelder und Piaget als für das Klassifizieren relevant angesehenen Teilprozesse (causal mechanisms; Inhelder und Piaget 1964, S. 1) beschrieben. In Abschnitt 2.2 wird eine von Kofsky (1963) vorgenommene Interpretation der Darstellung Inhelder und Piagets, d. h. eine Systematisierung und exakte zeitliche Gliederung des Entwicklungsverlaufes der Klassifikationsfähigkeit, wiedergegeben. Interpretationen und Operationalisierungen, die u. E. von den Ausführungen Inhelder und Piagets abweichen, werden erwähnt bzw. im Verlauf der weiteren Erörterungen modifiziert.

2.1   *Die Darstellung Inhelder und Piagets (1964)*

Inhelder und Piaget gliedern den Entwicklungsprozeß des Klassifikationsverhaltens in drei grobe Hauptstufen:

---

[5] 1964: Erscheinungsjahr der englischen Übersetzung, auf die sich unsere Zitate und Erwähnungen beziehen; Erscheinungsjahr des Originals: 1959.

1. graphische Gruppierungen (graphic collections),
2. nicht-graphische Gruppierungen (non-graphic collections) und
3. Klassifikation im eigentlichen Sinn («true» classification; Inhelder und Piaget 1964, S. 20).

Das Stadium der graphischen Gruppierungen ist als eine Art Vorstufe des Klassifizierens zu verstehen. Kinder auf dieser Entwicklungsstufe bilden Gruppen und Untergruppen nicht allein aufgrund von Ähnlichkeit der verschiedenen Elemente, sondern sie bilden räumliche Anordnungen, wie Aneinanderreihung von Elementen nach wechselnden Kriterien

(z. B. ■■■▲△△○●●●)

oder Konstruktionen von sog. «komplexen Objekten» nach inhaltlichen Gesichtspunkten

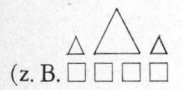

(z. B. △△△
□□□□

als Häuser an einer Straße; vgl. Inhelder und Piaget, 1964, u. a. S. 24–30).

Nicht-graphische Gruppierungen dagegen werden allein aufgrund von Ähnlichkeiten der Objekte gebildet. Inhelder und Piaget (1964, S. 47) wählen aber bewußt die Bezeichnung «nicht-graphische *Gruppierungen*» (engl.: «collections») anstelle von «Klassen», um zu verdeutlichen, daß es sich hier nur um eine Sammlung oder Anhäufung von ähnlichen Objekten handelt, die noch keine hierarchische Gliederung einschließt. Es können z. B. sämtliche Dreiecke ausgewählt werden, ohne daß aber spontan eine weitere systematische Untergliederung nach den beiden übrigen Dimensionen der Farbe und Größe vorgenommen wird oder auf Anweisung eine solche Untergliederung entweder vollständig hergestellt oder hinsichtlich ihrer zahlenmäßigen Zusammensetzung richtig eingeschätzt werden kann.

Erst die volle Beherrschung der Beziehung der Klasseninklusion bedeutet für die Autoren echte Klassifikation («true classification»).

Eine genauere Charakterisierung der drei Hauptstufen erfolgt mit Hilfe der erwähnten Teilprozesse, auf die nun gesondert eingegangen wird.

2.1.1 Differenzierung und Koordination von Intension und Extension einer Klasse

Im Vordergrund der Ausführungen Inhelder und Piagets steht die Charakterisierung des Entwicklungsprozesses des Klassifikationsverhaltens mit Hilfe der logischen Begriffe der «Intension» und «Extension» einer Klasse.

Die eine Klasse bestimmenden Eigenschaften oder Kriterien sind ihre «*Intension*», während die zu einer bestimmten Klasse gehörenden Elemente ihre «*Extension*» ausmachen.

Echte Klassifikation beruht auf der Differenzierung und Koordination von Intension und Extension bzw. auf dem Erfassen der Beziehungen zwischen beiden. Das heißt, es wird erkannt, daß die Intension die Extension bestimmt, daß die Eigenschaften, die eine Klasse definieren, die zur Klasse gehörenden Elemente begrenzen oder festlegen (vgl. Donaldson 1960, S. 182). Diese Zuordnung ist aber nicht eindeutig: Es können z. B. Klassenbegriffen verschiedener Intensionen dieselben Elemente angehören. Das Erkennen der Intension einer Klasse (intensive properties) setzt die Fähigkeit voraus, Gemeinsamkeiten oder Ähnlichkeiten zwischen den Klassenelementen und Unterschiede zu nicht zur Klasse gehörenden Objekte feststellen zu können. Das Erfassen der Extension einer Klasse (extensive properties) beruht auf dem Erkennen von Beziehungen zwischen Teil und Ganzem, den Beziehungen der Klassenzugehörigkeit und der Klasseninklusion (vgl. Inhelder und Piaget 1964, S. 17)[6].

Auf der Stufe der graphischen Gruppierungen (I) ist das Klassifikationskriterium unklar. Die Intension wird sowohl über Beziehungen der Ähnlichkeit als auch über Beziehungen der räumlichen Anordnung (räumliche Nähe, Teil einer graphischen Darstellung) bestimmt; es handelt sich um sog. «Zugehörigkeit zum Ganzen» (engl.: partitive membership; Inhelder und Piaget 1964, S. 20). Es besteht keine klare Unterscheidung zwischen Intension und Extension und damit keine Möglichkeit der Koordination zwischen beiden, d. h. es werden z. B. nicht alle Objekte, die bestimmte Eigenschaften besitzen, zusammengruppiert.

---

[6] Der Piagetsche Klassenbegriff bezieht sich nicht auf isolierte Klassen, sondern versteht Klasse immer als Teil eines hierarchischen Systems, d. h. als anderen Klassen unter- oder übergeordnet.

Im Stadium der nicht-graphischen Gruppierungen (II) erfolgt die Klassifizierung bereits allein über Beziehungen der Ähnlichkeit («Klassenzugehörigkeit»; engl.: class membership) im Gegensatz zur «Zugehörigkeit zum Ganzen» (Inhelder und Piaget 1964, S. 20). Das einmal gewählte Klassifikationskriterium wird beibehalten. Intension und Extension einer Klasse werden unterschieden und können koordiniert werden; z. B. werden alle durch das Klassifikationskriterium definierten Klassenmitglieder auch tatsächlich in die Klasse eingeordnet. Die Extension jedoch wird noch unvollständig erfaßt: während die einfachere Beziehung zwischen Teil und Ganzem, die Klassenzugehörigkeit, bereits erkannt wird, beherrscht ein Individuum auf dieser Stufe die Klasseninklusion noch nicht.

Die Klasseninklusion wird damit die entscheidende Leistung, die den Übergang von der II-ten zur III-ten Stufe ermöglicht (vgl. Inhelder und Piaget 1964, S. 20, S. 48–50). Echte Klasseninklusion wird unterschieden von einfacher Unterklassenbildung (S. 49). Letztere gehört noch in die Stufe II und findet statt, wenn eine Hauptklasse (B) in erschöpfende und sich ausschließende Unterklassen $(A+A')$ unterteilt wird, ohne daß die Hauptklasse tatsächlich oder in der Vorstellung zerstört wird $(A+A'=B)$. Werden die Unterklassen A und A' räumlich oder vorstellungsmäßig getrennt, können sie nicht mehr mit der Hauptklasse B in Zusammenhang gebracht werden, da diese nicht unabhängig von der Vereinigung von A und A' existiert.

Klasseninklusion liegt dagegen dann vor, wenn die Hauptklasse B in der Vorstellung weiter besteht, obwohl sie in einzelne Teile unterteilt ist, wenn z. B. ein Individuum die Hauptklasse B mit nur einem ihrer Teile (z. B. $A=B-A'$) vergleichen kann $(B>A)$. Diese Leistung wird nach Meinung der Autoren dadurch ermöglicht, daß das Individuum in der Vorstellung die zu $(A=B-A')$ inverse Operation $(A+A'=B)$ durchführen und damit zur Hauptklasse B als Vergleichsobjekt gelangen kann. Mit anderen Worten: $(A+A'=B)$ und $(A=B-A')$ sind reversible Operationen, im Gegensatz zur einfachen Unterklassenbildung $(A+A'=B)$, die noch nicht als Operation bezeichnet werden kann. Das Vorhandensein reversibler Operationen konstituiert damit die wesentliche neue Leistung der III-ten und höchsten Stufe der Klassifikation.

Die Entwicklung des Klassifikationsverhaltens wird außer unter diesem (für die Autoren wohl wesentlichsten) Aspekt auch noch unter einer Reihe anderer Aspekte betrachtet, die teilweise als Erklärung, teilweise als notwendige Bedingung für die allmählich zunehmende Koordination zwischen Intension und Extension, teilweise aber auch als ergänzende Teilprozesse zu sehen sind.

2.1.2 *Sukzessive vs. simultane Verarbeitung – Abbau des «Sukzessionsprinzips»*

Eine wesentliche weitere Komponente des Entwicklungsprozesses ist z. B. der Übergang von einer sukzessiven zu einer simultanen Erfassung und Verarbeitung von Informationen.

Ein Kind auf Stufe I unterliegt dem «Sukzessionsprinzip» (engl.: principle of succession; Inhelder und Piaget 1964, S. 23/24 und 44/45). Es kann seine Urteile über Ähnlichkeit oder Verschiedenheit von Objekten nur zeitlich nacheinander fällen. Dabei verliert es den Überblick über die Gesamtheit der zu klassifizierenden Objekte, verliert z. B. das für die Objekte A und B gewählte Klassifikationskriterium (z. B. der Größe) aus dem Auge und bestimmt für die Objekte B und C oder D und E usw. neue Kriterien (etwa Form oder Farbe). Mit anderen Worten: es kann nicht konsistent und auch nicht vollständig klassifizieren (d. h. alle in eine Klasse gehörenden Objekte zusammenfassen). Es kann sich damit keines einheitlichen Klassifikationskriteriums bewußt werden und die Intension einer Klasse nicht bestimmen, und es kann erst recht keine Beziehung zwischen Intension und Extension herstellen.

Erst als Folge des allmählichen Abbaus des Sukzessionsprinzips können auf Stufe II und III höhere Klassifikationsleistungen entstehen. So wird z. B. durch das gleichzeitige Erkennen mehrerer Klassifikationskriterien neben konsistentem additiven Klassifizieren auch multiplikatives oder Mehrfachklassifizieren möglich, d. h. die Menge der Objekte wird unter gleichzeitiger Berücksichtigung mehrerer Kriterien unterteilt (vgl. Inhelder und Piaget 1964, S. 151/152). Das gleichzeitige Erfassen mehrerer Klassifikationskriterien erleichtert darüber hinaus auch das Umgruppieren (engl.: shifting) einer bereits nach einem bestimmten Kriterium klassifizierten Menge von Objekten, da neben dem verwendeten Kriterium weitere potentielle Kriterien erkannt werden können. Die für die Klasseninklusion notwendige und vollständige Koordination zwischen Intension und Extension wird genau dann möglich, wenn Teilmengen und Gesamtmenge der zu klassifizierenden Objekte *gleichzeitig* vorgestellt werden können.

2.1.3 *Entstehung von Antizipation und Retrospektion*[7]

Eng zusammenhängend mit dem Abbau des Sukzessionsprinzips ist als weiterer Teilprozeß der Entwicklung der Klassifikationsfähigkeit die Entstehung von Antizipation zu sehen. Antizipation von zukünftigen Handlungen wird von Inhelder und Piaget in Verbindung mit Retrospektion dargestellt und als Erklärung des Übergangs von einer Stufe zur anderen angeführt (vgl. Inhelder und Piaget 1964, S. 285).

Während in Stufe I die einzelnen Klassifikationsakte isoliert nebeneinander stehen, d. h. unabhängig von vorhergehenden und ohne Einfluß auf folgende Handlungen und Aktionen sind, ist der Übergang zur Stufe II durch die allmähliche Entstehung eines retroaktiven (rückwirkenden) Prozesses gekennzeichnet. Durch Erinnerung dessen, was vorher geschehen ist, wird es möglich, Gemeinsamkeiten oder Verbindungen zwischen verschiedenen Handlungen zu erkennen, z. B. ein Klassifikationskriterium zu abstrahieren; darüber hinaus wird es möglich, das bereits Ausgeführte im Lichte dessen, was folgte, nachträglich zu verändern, z. B. einheitlicher zu machen.

Als unmittelbare Folge von Retrospektion tritt Antizipation

---

[7] Der in der uns vorliegenden englischen Übersetzung bevorzugt verwendete Ausdruck ist «hindsight» (Inhelder und Piaget 1964, u. a. S. 196 ff.). Mit «hindsight» ist ein rückwärts gerichtetes Betrachten und Bewerten ausgeführter Handlungen bzw. erhaltener Handlungsergebnisse gemeint. Da wir den deutschen Ausdruck «Rückblick» für nicht ganz geeignet halten, haben wir den Ausdruck «Retrospektion» gewählt, der von Inhelder und Piaget sinngemäß – wenn auch selten– für hindsight verwendet wird (so wird z. B. von retrospektiven Effekten [vgl. Inhelder und Piaget 1964, S. 170] gesprochen). Teilweise (vgl. Inhelder und Piaget 1964, S. 55 und 205) findet sich auch – wie in anderen englischen Texten – zur Beschreibung des retroaktiven Prozesses der Begriff «retroaction», der uns wegen der starken Betonung des Handlungsaspektes jedoch auch nicht voll zutreffend erscheint.

auf. Denn indem sich ein Individuum z. B. bewußt konsistent mit dem Vorhergehenden verhalten möchte (d. h. das abstrahierte Klassifikationskriterium beachtet), legt es sein Handeln in der Zukunft durch eben dieses Klassifikationskriterium fest.

Die in Stufe II beginnende Fähigkeit der Antizipation wird im Verlauf der Entwicklung weiter ausgebaut, bis sie auf Stufe III unabhängig von den tatsächlichen (nachträglich zu betrachtenden) Handlungen rein gedanklich abläuft, sich auf immer zahlreichere Objekte und deren Beziehungen untereinander bezieht und immer größere Zeiträume überbrückt. Antizipation bedeutet planmäßiges Handeln. Klasseninklusion als höchste Klassifikationsleistung setzt das Vorhandensein solchen Handelns voraus: d. h. für die Gesamtmenge der Klassifikationsobjekte muß von vornherein ein Plan für die Zuweisung zu verschiedenen Teilmengen, für die Zuordnung der einzelnen Teilmengen zur Gesamtmenge bzw. für die Unterteilung der Gesamtmenge in die jeweiligen Untermengen bestehen.

2.1.4 Koordination von aufsteigender und absteigender Methode

Bei der Erstellung nicht-graphischer Gruppierungen in Stufe II lassen sich im Zusammenhang mit Antizipation und Retrospektion zwei Vorgehensweisen unterscheiden, und zwar eine sogenannte auf- und eine absteigende Konstruktionsmethode (vgl. Inhelder und Piaget 1964, S. 287/288).

Bei der *aufsteigenden* Methode werden zuerst kleine Gruppen von Objekten gebildet und anschließend wird versucht, diese Gruppen aufgrund von allgemeineren Kriterien zu einer Übergruppe zu vereinigen.

Bei der *absteigenden* Methode wird zunächst aufgrund eines allgemeineren Kriteriums eine große Gruppe von Objekten gebildet, die anschließend anhand speziellerer Kriterien unterteilt wird.

Eine klare zeitliche Beziehung zwischen dem Entstehen bzw. der Verwendung dieser beiden Methoden können die Autoren nicht angeben. Beide Vorgehensweisen kommen bereits im Stadium II vor. Die aufsteigende Methode ist begründet auf der nachträglichen Beurteilung der vorgenommenen Klassifikationen (Retrospektion), während für die absteigende Methode eine zumindest teilweise Antizipation des beabsichtigten Klassifikationsvorganges notwendig ist. Wesentlich für das Stadium II ist jedoch die fehlende Koordination zwischen diesen beiden Konstruktionsmethoden, die zu den bereits erwähnten Unvollständigkeiten bzw. Widersprüchlichkeiten in der Klassifikationsleistung auf Stufe II führt.

Der Unterschied zur Stufe III soll wieder an der Klasseninklusion aufgewiesen werden. Klasseninklusion setzt (wie in Abschnitt 2.1.1 gezeigt wurde) das gleichzeitige Erfassen der beiden inversen Operationen $(A+A'=B)$ und $(B-A'=A)$ voraus. Das Zusammenfügen der Teilmengen A und A' zu B ist aber nichts anderes als ein Anwendungsbeispiel für die aufsteigende Konstruktionsmethode, während die Aufteilung der Gesamtmenge in ihre Untermengen $(B-A'=A)$ auf der absteigenden Methode beruht. Beide Vorgänge koordiniert, ermöglichen die Klasseninklusion.

2.1.5 *Entwicklung der Klassifikationsfähigkeit auf dem Hintergrund des allgemeinen Entwicklungsmodells Piagets*

Neben der Darstellung mit Hilfe von Einzelkomponenten bzw. Teilprozessen wird der Entwicklungsverlauf der Klassifikationsfähigkeit auch durch den Bezug auf die allgemeine theoretische Grundkonzeption verdeutlicht. So wird die *Kontinuität* der Entwicklung des Klassifizierens hervorgehoben. Es gibt keine plötzlichen unerwarteten und unkalkulierbaren Sprünge im Ablauf. Komplexe Fähigkeiten bauen auf bereits vorhandenen einfacheren auf. Ausgangspunkt der Entwicklung sind auch beim Klassifikationsverhalten einfache sensomotorische Assimilationsschemata; Grundlage für spätere, abstrakte, hochkomplexe Operationen sind auch hier tatsächlich ausgeführte, konkrete einfache Handlungen. Die Bestimmungen der Intension einer Klasse im Sinne der Logik, z. B. wie sie auf Stufe III angetroffen wird, ist rückführbar auf sensomotorische Assimilationen auf der Grundlage wahrnehmungsmäßiger Ähnlichkeiten, z. B. auf das zu Beginn von Stufe I häufig beobachtbare tatsächliche Zusammengruppieren von Objekten in Reihen, Türmen oder Haufen (vgl. Inhelder und Piaget 1964, S. 291).

Höhere Klassifikationsfähigkeiten sind aber nicht nur rückführbar auf einfachere konkrete Handlungen, sondern sie entwickeln sich andererseits auch konsequent und *notwendigerweise* aus diesen: Sie treten auf, *weil* (because) die einfacheren Fähigkeiten bereits erworben sind (Inhelder und Piaget 1964, u. a. S. 287).

Die zunehmende *Koordination* zwischen verschiedenen Schemata bzw. Strukturen führt auch beim Klassifizieren dazu, daß immer höhere Stufen des Gleichgewichts (Äquilibration) erreicht werden. So z. B. besteht auf Stufe II bei vorrangiger Anwendung der aufsteigenden Konstruktionsmethode ein relativ leicht störbares Gleichgewicht, d. h. die aufgrund der anfangs gewählten speziellen Kriterien durchgeführte Klassifikation kann sich als unbrauchbar (instabil) erweisen, weil es nicht gelingt, die gebildeten Unterklassen unter einem einheitlichen übergeordneten Kriterium zusammenzufassen. Erst wenn aufsteigende und absteigende Konstruktionsmethode koordiniert werden können, d. h. wenn von vornherein die Aufteilung in Unterklassen und die Bildung einer Gesamtklasse gleichzeitig ins Auge gefaßt werden, verfügt ein Individuum über «stabile» Klassifikationsschemata, die nicht mehr aufgrund neuer unvorhergesehener Anforderungen der Umgebung umstrukturiert werden müssen. Damit ist die höchste Stufe des Klassifizierens erreicht.

2.2 Die Darstellung und Operationalisierung durch Kofsky (1963)

Nach Kofsky läßt sich die Entwicklung des Klassifizierens, wie sie Inhelder und Piaget untersucht und dargestellt haben, in elf Stufen oder Teilfähigkeiten unterteilen. Den einzelnen Teilfähigkeiten ordnet Kofsky Regeln zu, die sich in eine Komplexitätsrangreihe bringen lassen. Es wird die Piagetsche Annahme zugrunde gelegt, daß die Schwierigkeitsreihenfolge der Teilfähigkeiten bzw. Regeln, die durch die logische Komplexität gegeben ist, der ontogenetischen Entwicklung der Klassifikationsfähigkeit entspricht. Kofskys Anliegen ist es, die von Piaget postulierte, von ihr in Form konkreter und damit überprüfbarer Teilschritte ausgedrückte invariable Reihenfolge der Entwicklung kritisch zu prüfen. Zu diesem Zwecke versucht sie in ihrer «logischen Analyse sensu Piaget», die Art der Beziehungen einer Regel jeweils zu der ihr vorausgehenden und der ihr folgenden

Regel exakt zu ermitteln (vgl. Kofsky 1963, S. 37–39). Dabei kommt sie im Gegensatz zu Piaget zu dem Ergebnis, daß nicht alle Beziehungen streng logischer Art («logical links») sind, sondern daß es daneben auch nur «wahrscheinliche» Beziehungen zwischen zwei Regeln («probabilistic links»; Kofsky 1963, S. 194) gibt; sie hält es für möglich, "that the lack of sequential ordering (der sich in ihrer Replikationsstudie zum Entwicklungsverlauf des Klassifikationsverhaltens ergab, d. V.) could be due to the variations in the logical connections between the tasks" (Kofsky 1963, S. 170). Insofern bedeutet ihre Darstellung des Entwicklungsverlaufes der Klassifikationsfähigkeit keine reine Wiedergabe des von Inhelder und Piaget (1964) Ausgeführten, sondern bereits eine eigene (weiterführende) Interpretation, die zwar nicht explizit, aber doch implizit das Postulat der Invariabilität in Frage stellt.

2.2.1 Die einzelnen Klassifikationsregeln [8]

Kofsky faßt die von ihr angenommenen einzelnen Regeln zu drei verschiedenen Grundfähigkeiten oder Grundkomponenten des Klassifikationsverhaltens zusammen und kommt zu folgender Einteilung [9]:

I. Gruppierungsfertigkeiten (engl.: grouping skills),
II. Beherrschung der Regeln der Mehrfachklassifikation
   (multiple membership rules),
III. Beherrschung der Regeln der Klasseninklusion
   (inclusion rules).

Die jeweils zusammengruppierten Regeln faßt Kofsky als in sich relativ homogen und untereinander durch besonders enge logische Beziehungen verbunden auf.

Zu I: die Gruppierungsfertigkeiten. Die ersten vier Regeln des Klassifizierens befassen sich mit der Fähigkeit, die «definierenden» («kritischen») Attribute einer Klasse zu erkennen und

---

[8] Entsprechend einer Darstellung von Hoppe (1974).
[9] Diese Einteilung ist nicht mit der Aufgliederung des Entwicklungsprozesses der Klassifikationsfähigkeit in drei Hauptphasen nach Inhelder und Piaget (siehe Abschnitt 2.1 dieses Kapitels) zu vergleichen, da beiden Einteilungen verschiedene Gesichtspunkte zugrunde gelegt werden. Sie kann aber verglichen werden mit der später in Abschnitt 3.2.3.1 folgenden Dimensionsanalyse des Klassifikationsverhaltens.

bewußt beizubehalten und Objekte aufgrund derselben Attribute einer bestimmten Klasse zuzuordnen.

1. Inkonsistentes Sortieren (engl.: resemblance sorting; Abk.: RS). RS bedeutet unsystematisches Sortieren nach Ähnlichkeiten. Dabei werden nacheinander zwei, manchmal auch mehr Objekte mit gemeinsamen Attributen zusammengefaßt. Das Klassifikationskriterium kann von Sortiervorgang zu Sortiervorgang oder auch innerhalb eines mehr als zwei Objekte umfassenden Sortiervorganges wechseln. Diese Regel ist die logisch einfachste: "Classification should begin with the separation of objects from the context in which they were found and with the pairing of objects on the basis of some perceptual equivalence." (Kofsky 1963, S. 41).

2. Konsistentes Sortieren (consistent sorting; CS). Die Regel CS verlangt, daß *mehr als zwei* Objekte in einer Klasse zusammengefaßt werden, weil sie das kritische Attribut besitzen. Das Prinzip der Äquivalenz von Objekten aufgrund eines gemeinsamen Merkmals wird also auf mehr als zwei Objekte ausgeweitet und über einen längeren Zeitraum beibehalten. Deshalb ist CS, im Vergleich zu RS, als komplexere Regel anzusehen.

3. Erschöpfendes Sortieren (exhaustive sorting; ES). Die Regel ES wird beherrscht, wenn *alle* Objekte, die das gemeinsame Merkmal aufweisen, in die durch dieses Merkmal definierte Klasse eingeordnet werden. Wiederum liegt eine Ausweitung des Prinzips der Gleichartigkeit von Objekten vor: Nicht nur «mehr als zwei», wie bei CS, sondern alle Objekte müssen in die fragliche Klasse eingeordnet werden. Daher ist ES eindeutig schwieriger als die Regeln RS und CS.

4. Erhaltung der Klassen (conservation of classes; CON). Diese Regel besagt, daß die Klassenzugehörigkeit eines Objektes unabhängig von den räumlichen und zeitlichen Beziehungen zwischen den einzelnen Objekten ist. Zu einer Klasse gehörende Objekte bleiben dieser Klasse zugeordnet, auch wenn sie räumlich oder zeitlich von den übrigen zur Klasse gehörenden Objekten getrennt oder mit anderen, nicht zur Klasse gehörenden Objekten zusammen gruppiert werden. Der Schwierigkeitsgrad dieser Regel läßt sich nach Kofsky nicht eindeutig festlegen. Einerseits wird CON erst möglich, wenn RS beherrscht wird, und wird erleichtert, wenn auch die Regeln CS und ES gelernt

worden sind, andererseits könnte die Regel CON bereits erlernt sein, ohne daß die Regeln CS und ES vollständig beherrscht werden. Die Regel CON ist nach Kofsky (1963, S. 46) eins der «schwächsten» Glieder in der logischen Sequenz der Klassifikationsregeln.

Zu II: Die Regeln der Mehrfachklassifikation. Die nächsten drei Regeln beziehen sich auf den Sachverhalt, daß Objekte zugleich mehr als einer Klasse angehören können; deshalb spricht Kofsky von Regeln der Mehrfachklassifikation. Im Unterschied zu den Gruppierungsfertigkeiten werden jetzt nicht mehr einzelne Klassen getrennt analysiert. Da aber bei der gleichzeitigen Zuordnung eines Objektes zu mehreren Klassen logischerweise die Zuordnung des Objektes zu nur einer Klasse keine Schwierigkeiten machen darf, können die ersten drei Regeln im Vergleich zu den Regeln der Mehrfachklassifikation als weniger komplex bzw. als den letzteren zugrunde liegend angesehen werden. Kofsky betont auch bezüglich der Regeln der Mehrfachklassifikation die engen Beziehungen zwischen den Teilfähigkeiten innerhalb der Gruppe. "The rules seem to follow a natural progression." (Kofsky 1963, S. 50).

1. Mehrfachklassifikation (multiple class membership; MM). Die Regel MM sagt aus, daß ein Objekt gleichzeitig mehreren Klassen angehören kann, weil es die definierenden Merkmale mehrerer Klassen besitzt.

2. Einfaches Umklassifizieren (horizontal reclassification; HR). Mit HR wird die Fähigkeit bezeichnet, sukzessive nach verschiedenen Merkmalsdimensionen eine Menge von Objekten in Klassen aufzuteilen. Handelt es sich bei den Objekten z. B. um Bausteine, die in Farbe und Form variieren, so sind die Objekte zunächst nach ihrer Farbe zu klassifizieren und dann unter dem Gesichtspunkt der Form zusammenzufassen. Da hier nicht nur die «passive» Erkenntnis nötig ist, daß Objekte zugleich verschiedenen Klassen angehören können, sondern daneben die «aktive» Konstruktion der Klassen nach den verschiedenen Klassifizierungsgesichtspunkten gefordert wird, baut die Regel HR auf der Regel MM auf.

3. Hierarchisches Klassifizieren (vertical or hierarchical reclassification; VC). Die Regel VC bezieht sich auf die Fähigkeit, eine Hierarchie von Klassen aufzubauen, die zueinander in

einem Inklusionsverhältnis stehen. Diese Regel ist die schwierigste der drei Regeln der Mehrfachklassifikation, weil neben der Einsicht in die Zugehörigkeit von Objekten zu mehreren Klassen die Kenntnis der (hierarchischen) Relation der Klassen zueinander erforderlich ist.

Zu III: Die Regeln der Klasseninklusion. Die dritte und letzte Gruppe von Regeln, die Gruppe der Regeln der Klasseninklusion, bezieht sich auf die einzelnen Schritte beim Erwerb des Konzeptes der Klasseninklusionsbeziehung, also auf die Einsicht in die relative Extension der Klassen.

1. Unterscheidung von «einige» und «alle» («some» and «all»; SA). Wenn eine Klasse in einer anderen eingeschlossen ist, so kann diese Relation durch die Benutzung der sprachlichen Kategorien «einige» und «alle» beschrieben werden. *Alle* Objekte der untergeordneten Klasse sind zugleich *einige* Objekte der übergeordneten Klassen, denn neben diesen gibt es in der übergeordneten Klasse noch andere Objekte. Umgekehrt gilt nur für *einige* Objekte der übergeordneten Klasse, daß sie zugleich *alle* Objekte der spezifischeren Klasse sind. Nach Kofsky (1963, S. 53) ist die Beherrschung des adäquaten Vokabulars der erste Schritt auf dem Wege zum Verständnis der Klasseninklusion.

2. Klassenaddition (the whole is the sum of its parts; [A + A' = B]). Wir bezeichnen die übergeordnete Klasse mit B. B soll aufteilbar sein in zwei sich ausschließende Anteile A und A'. Dann besagt die Regel A + A' = B, daß die Anzahl der Objekte in A und A' gleich der Anzahl der Objekte in B ist, eben: A + A' = B. Diese Regel ist der Regel SA insofern übergeordnet, als hier nicht nur ausgesagt wird, daß alle Objekte der Klasse A bzw. A' gleichzeitig einige Mitglieder von B sind. Vielmehr wird weiterhin B noch als die logische Vereinigung von A und A' konstruiert.

3. Klassensubtraktion (conservation of hierarchy; [B − A' = A]). Wenn eine Klasse B in zwei Klassen A und A' aufgeteilt wird, so bleibt jedes der Mitglieder der beiden untergeordneten Klassen doch auch weiterhin Mitglied von B. Inhelder und Piaget (1964) verweisen wiederholt darauf, daß die Operation B − A' = A wesentlich schwieriger ist als die logische Vereinigung A + A' = B und keinesfalls als simple Umkehrung des letzten Prozesses angesehen werden darf.

4. **Klasseninklusion** (inclusion; [B > A]). Diese Regel sagt aus, daß mehr Objekte in der übergeordneten Klasse sind als in jeder der Unterklassen. Mit der Beherrschung der Klasseninklusion ist nach Piaget der Endpunkt in der logischen Entwicklung der Fähigkeit des Klassifizierens erreicht. "Class inclusion is a turning point in childrens classificatory knowledge which has been prepared for many earlier acquisitions" (Kofsky 1963, S. 56).

Eine zusammenfassende Darstellung der Kofskyschen Interpretation des Entwicklungsverlaufes der Klassifikationsfähigkeit ist mit Abbildung 1 gegeben.

```
RS     ←——— logische Beziehung (logical link)
              ←——— wahrscheinliche Beziehung (probabilistik link)
CS
ES
CON
```

MM	SA	
HR	A+A'=B	
VC	B−A'=A	
	B > A	

RS unsystematisches Sortieren
CS konsistentes Sortieren
ES erschöpfendes Sortieren
CON Erhaltung der Klasse
MM Mehrfachklassifikation
HR einfaches Umklassifizieren
VC hierarchisches Klassifizieren
SA Unterscheidung von „alle" und „einige"
A+A'=B Klassenaddition
B−A'=A Klassensubtraktion
B > A Klasseninklusion
(nähere Beschreibung siehe Abschnitt 2.2.1 dieses Kapitels)

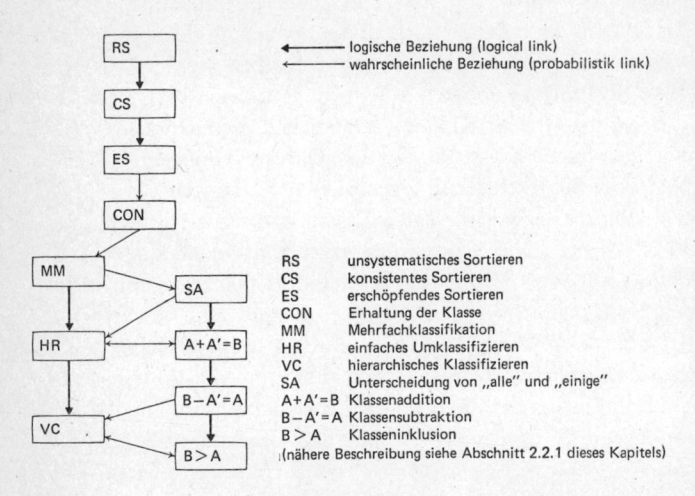

Abbildung 1: Entwicklungssequenz des Klassifikationsverhaltens nach Kofsky (1963, S. 59); leicht abgewandelt

2.2.2 *Die Operationalisierung der Regeln*

Die abgeleiteten Regeln werden in Aufgaben umgesetzt, in denen bestimmte Manipulationen mit Bausteinen, die in Form, Farbe und Größe sowie in ihrer zahlenmäßigen Zusammensetzung variieren, verlangt werden. Die Aufgaben bestehen aus mehreren, leicht unterschiedlichen Durchgängen (sowohl durch variierendes Material, als auch durch abgewandelte Fragestellung begründet).

Wir halten Kofskys Operationalisierung der einzelnen Regeln weitgehend für angemessen und haben sie unter geringen Modifikationen für eine eigene Untersuchung übernommen. Sie sind (in modifizierter Form) in Kapitel 4 (Abschnitt 2.3) dargestellt [10].

2.2.3 *Von Kofsky abweichende Interpretation der Piagetschen Entwicklungssequenz des Klassifizierens*

Abgesehen von den in Kapitel 4 (Abschnitt 2.3) beschriebenen Differenzen in der Operationalisierung einiger Klassifikationsregeln, sind wir der Meinung, daß Kofsky in folgendem Punkt die Auffassung Inhelder und Piagets (1964) über die Sequenz der einzelnen Klassifikationsregeln nicht exakt wiedergibt:

Kofsky nimmt relativ enge Beziehungen zwischen den Klassifikationsregeln MM, HR, VC (vgl. S. 82) an; u. E. sind diese Beziehungen von Inhelder und Piaget jedoch weniger direkt bzw. teilweise in umgekehrter Reihenfolge konzipiert. VC als Fähigkeit, eine Menge von Objekten hierarchisch zu gliedern, d. h. Unterteilungen des Datenmaterials vorzunehmen (vgl. Inhelder und Piaget 1964, u. a. S. 49/50), hält Piaget bereits im Stadium II (nicht-graphische Gruppierungen) möglich, während HR – als auf dem Wechsel des Klassifikationskriteriums beruhend – seiner Meinung nach eine vollständig ausgebildete Klassifikationsstruktur bzw. voll ausgebildete Reversibilität, wie sie erst im Stadium III (Klassifikation im eigentlichen Sinn) möglich sind, voraussetzt (vgl. Inhelder und Piaget 1964, S. 289). Eine differenzierte Stellungnahme zur Einordnung der Fähigkeit des Umklassifizierens (HR) erfolgt in Kapitel 4 (Abschnitt 4.2.2.1).

---

[10] Die Aufgaben wurden von Kofsky Pbn verschiedenen Alters vorgelegt. Die Muster der erworbenen und nicht erworbenen Klassifikationsregeln wurden je Pb ermittelt. Mit Hilfe einer Skalierungstechnik, der Skalogrammanalyse nach Green (1956), wurden die erhaltenen Antwortmuster mit der postulierten Entwicklungssequenz des Klassifikationsverhaltens verglichen und die Piagetsche Annahme der Invariabilität der Entwicklung überprüft. Ausführliche Darstellung und Bewertung dieser und anderer Methoden zur Überprüfung von Entwicklungssequenzen siehe Kapitel 3 und 4.

3 Kritik an der theoretischen und empirischen Begründung der invariablen Entwicklungssequenz durch Piaget

Wir gehen besonders auf Piaget ein, insbesondere auf seine Ausführungen zum Entwicklungsverlauf der Klassifikationsfähigkeit, weil es nicht leicht sein dürfte, andere Sequenzen als invariable Entwicklungssequenzen zu finden, deren Begründung theoretisch so stringent versucht wird. Wir bemühen uns um eine Klärung der Frage von Variabilität oder Invariabilität der Entwicklungssequenz des Klassifikationsverhaltens, um neben einer wissenschaftlichen, erkenntnisorientierten Präzisierung des Sequenzkonzepts Aufschluß über Art und Ausmaß von Maßnahmen zur Förderung dieses Entwicklungsprozesses zu gewinnen. Auf die u. E. wesentlich unterschiedlichen Konsequenzen für die pädagogische Praxis, die sich aus einer Grundeinstellung variabler oder aber invariabler Entwicklungsprozesse heraus ableiten, gehen wir ausführlicher in Kapitel 4 (Abschnitt 4.4) ein.

3.1 *Kritik an der theoretischen Begründung*

Das Schwergewicht unserer Kritik liegt in der *theoretischen* Überprüfung der Piagetschen Begründung der invariablen Entwicklungssequenz. Die Annahme der Invariabilität ist in provozierender Weise deterministisch. Sie beinhaltet Notwendigkeit und Zwangsläufigkeit einer ganz bestimmten Abfolge von Entwicklungsschritten, von der es prinzipiell keine Abweichungen gibt. Das Postulat der strikten Invariabilität kann nicht als empirische Schlußfolgerung (induktive Generalisierung) aufgestellt, sondern muß theoretisch begründet werden. Es muß durch rationale Argumentation gezeigt werden, daß die einzelnen Entwicklungsschritte bestimmten Prinzipien entsprechend folgerichtig und zwangsläufig auseinander hervorgehen und nur eine einzig mögliche Sequenz bilden. Das Konzept der invariablen Entwicklungssequenz beansprucht – im Sinne von Kapitel 1 – Erklärungsfunktion. Welchen Typs die Erklärung ist – ob rationale oder universelle Kausalerklärung, mit oder ohne Möglichkeit der Vorhersage, ob teleologische oder kausal-teleologische oder nur induktiv-probabilistische Erklärung – und wie stringent Piaget diesen Anspruch theoretisch begründet und empirisch absichert, wird untersucht.

Darüber hinaus versuchen wir, im Sinne Piagets sog. logischer Analyse vorzugehen, wie sie in Abschnitt 1.1 dargestellt wurde; d. h. Piagets Ausführungen werden auf theoretisch inhaltliche (sachlogische) und formal logische Konsistenz überprüft. Wir legen Piagets immer wieder geäußerte und auch bezüglich der Untersuchung der Klassifikationsfähigkeit explizit genannte Grundannahme, daß die kognitive Entwicklung in der Ausbildung einheitlicher logisch-mathematischer Grundstrukturen besteht (vgl. u. a. Inhelder und Piaget 1964, S. 281/282), als zunächst gegeben zugrunde. Wir folgen seiner Intention, die begründenden Mechanismen (engl.: causal mechanisms; vgl. Abschnitt 2 d. Kap.) und Teilprozesse aufzudecken, durch die der planmäßige und invariable Aufbau der logischen Strukturen – im Falle des Klassifizierens z. B. der logischen Struktur der Klasseninklusion – verstehbar und nachvollziehbar wird. Inwieweit erklären diese Mechanismen und Prinzipien[11] den angenommenen Entwicklungsprozeß und dessen Endergebnisse tatsächlich? Welcher Art sind die von Piaget gemachten Zusatzannahmen? Wir werden versuchen aufzuzeigen, daß mit Piagets eigenen theoretischen Ausführungen (die ihm zur Erklärung der invariablen Entwicklung in Richtung auf logisch-mathematische Strukturen hin dienen) auch eine von Piaget abweichende Grundannahme über die Entwicklung kognitiver Strukturen vereinbar ist, und werden auf diese Weise Piagets Aussage zu relativieren versuchen.

3.1.1 *Entwicklung als Konstruktionsprozeß – die Eindeutigkeit der Festlegung des Konstruktionsprozesses*

Die wichtigsten von Piaget angenommenen Prinzipien beim Aufbau höherer kognitiver Strukturen sind – wie in Abschnitt 1.1 beschrieben – die Koordinations- und Integrationstätigkeit der inneren Strukturen und das kontinuierliche Fortschreiten des Konstruktionsprozesses. Piagets Ausführungen hierzu sind allgemeiner, grundsätzlicher Art; sie enthalten keine Hinweise auf

---

[11] Wir gehen allerdings nur auf die in Abschnitt 1.1 beschriebenen *allgemeinen* Teilprozesse und Prinzipien ein. Aus ihnen leiten sich die spezielleren Prinzipien zur Erklärung der Entwicklung des Klassifikationsverhaltens zumindest teilweise ab. Zu den speziellen Prinzipien wird hier jedoch nicht explizit Stellung genommen.

bestimmte Strukturen bzw. keine Einschränkungen bezüglich Art und Weise möglicher Koordinationen und Integrationen.

Die Begründung für die Kontinuität des Entwicklungsprozesses, die Piaget in der Tatsache der engen Beziehung zwischen inneren Strukturen und äußeren Handlungs- und Wahrnehmungstätigkeiten eines Individuums, bzw. zwischen Strukturen und assimilierbaren oder akkommodation-auslösenden Inhalten sieht, impliziert u. E. ebenfalls keine Festlegung auf bestimmte inhaltliche (Teil-)Strukturen. Im Gegenteil, Piagets Betonung der gegenseitigen Abhängigkeiten der assimilierbaren Inhalte von den jeweils vorhandenen kognitiven Strukturen und der Beziehung zwischen Weiterentwicklung und Verfeinerung dieser Strukturen und den tatsächlich ausgeführten und erlebten Handlungen erlaubt den Schluß, daß der Konstruktionsprozeß eben durch die spezifischen Aktivitäten eines Individuums – in Abhängigkeit von seinem bis dahin erworbenen Rüstzeug und von den jeweils vorliegenden spezifischen Umgebungsumständen – mit geprägt wird, d. h. daß der Strukturaufbau unter Einbeziehung dieser potentiell unterschiedlichen Faktoren potentiell unterschiedlich verlaufen kann.

Verfolgt man darüber hinaus den Gedanken der gegenseitigen Koordination und Integration innerer Strukturen bis hin zur Konstruktion der höchsten kognitiven Systeme (wie etwa im Bereich des Klassifizierens bis hin zu den komplexen Klasseninklusionsbeziehungen und bis zur Fähigkeit des Wechselns des Klassifikationskriteriums stark hierarchischer Klassifikationen), werden die möglichen Beziehungen zwischen diesen komplexen Strukturen und deren Unterstrukturen so zahlreich, daß man sich bei einer relativ konkreten und «strukturnahen» Analyse schwer nur eine einzige Möglichkeit der Weiterentwicklung, d. h. einen eindeutig festgelegten Ablauf des Aufbaus der einzelnen Teilstrukturen vorstellen kann [12].

---

[12] Diese Behauptung scheint uns durchaus vereinbar mit der Möglichkeit, daß sich auf einem abstrakteren Analyseniveau unterschiedliche Strukturen unter übergreifenden Gesichtspunkten zusammenfassen lassen. Wir meinen jedoch, daß Unterschiede auf der unteren Strukturebene bedeutsamer sein können, als Piaget annimmt und damit stärker als von Piaget untersucht bzw. berücksichtigt werden sollten. Wir werden diesen Punkt im nächsten Abschnitt noch einmal aufgreifen.

Auf den Konstruktionsaspekt des Entwicklungsgeschehens wurde intensiv und teilweise Piaget *überinterpretierend* eingegangen, denn Piaget schränkt die besonders durch die Eigenaktivität des einzelnen Subjektes zunächst potentiell gegebene Offenheit des Konstruktionsprozesses durch eine Reihe von Zusatzannahmen über den Entwicklungsprozeß kognitiver Strukturen ein. Er postuliert eine Eigenart des Konstruktionsprozesses, die gerade darin besteht, daß dieser Prozeß «zu *notwendigen* Resultaten führt, 'als ob' diese von allem Anfang an prädeterminiert gewesen wären» (Piaget 1973, S. 61). Gerade weil sich bei Piaget der Konstruktionsgedanke mit anderen Überlegungen so stark vermengt, sollte er hier – weil wir ihn für sehr wesentlich und brauchbar zur Erfassung und Beschreibung von Entwicklungsvorgängen halten – durch unser Vorgehen klar herausgearbeitet werden. Die Annahme der Invariabilität von Entwicklungssequenzen ist keine notwendige Konsequenz der Annahmen über den Konstruktionsprozeß.

3.1.2 *Überprüfung des theoretischen Beitrags einzelner von Piaget angenommener Prinzipien und steuernder Mechanismen der Entwicklung zur Stützung der Invariabilitätshypothese*
Im folgenden werden nun die wichtigsten der von Piaget zusätzlich angenommenen steuernden Mechanismen und Prinzipien der Entwicklung kognitiver Strukturen dargestellt, auf ihre theoretische Stichhaltigkeit hin geprüft und vor allem auf ihre Wirksamkeit der Einschränkung oder Festlegung des Konstruktionsprozesses auf einen eindeutigen, invariablen Ablauf hin untersucht.
Die zu behandelnden Prinzipien und Mechanismen der Entwicklung sind unterschiedlicher Art. Es sind teils rein theoretische Annahmen (wie etwa die Ausführungen zum Vorgang der «reflektierenden Abstraktion» [vgl. 3.]), teils handelt es sich um stärker inhaltlich gebundene Annahmen, «konkrete Prinzipien», die wie das «Prinzip der sequentiellen Wahrscheinlichkeit» (vgl. 4.) nicht unabhängig von bestimmten konkreten Inhalten, auf die sie sich direkt beziehen, verstehbar sind bzw. in ihrer Wirksamkeit erklärt werden können.
1. Eine wichtige, die Ausführungen zum Konstruktionsprozeß überlagernde Annahme ist die der Selbstregulierung der inneren

Strukturen. Für Piaget ist diese auf den Grundprozessen der Assimilation und Akkommodation beruhende Regulierung eine jedem Organismus bzw. jeder Struktur innewohnende Fähigkeit oder Tendenz, die den Konstruktionsprozeß der kognitiven Strukturen in Gang hält und steuert (vgl. u. a. Piaget 1974, S. 84/85). Die Eigentätigkeit der kognitiven Strukturen wird aber von Piaget nicht als Tatsache *bewiesen*, sondern als Analogie zum Verhalten organischer Strukturen *postuliert*. Aus der allgemein akzeptierten Annahme der zunehmenden Adaptation organischer Systeme an ihre Umwelt wird zunehmende Äquilibration kognitiver Strukturen als zunehmende Adaptation dieser Strukturen an die Objekte der Erkenntnis eines Subjekts gefolgert, aufbauend auf der Hypothese, daß kognitive Mechanismen als Fortsetzung organischer Regulationen anzusehen sind (vgl. u. a. Piaget 1974, S. 355).

Dieser Analogieschluß ist interessant und überprüfenswert. Piaget selbst nennt eine Reihe von Überlegungen, die diesen Schluß nahelegen (vgl. Piaget 1974, S. 51–70). So verweist er auf die enge Beziehung zwischen den Problemen beider Bereiche, z. B. daß sich der Ablauf sowohl des organischen (biologischen) als auch des kognitiven Adaptationsprozesses weder durch reine Vererbung, noch ausschließlich durch Einwirkungen der Umgebung erklären läßt, sondern daß die Interaktionsbeziehungen zwischen Organismus-Umwelt bzw. Subjekt-Objekt erfaßt werden müssen. Er zeigt die Möglichkeit auf, die gleichen oder ähnliche Modelle (etwa kybernetische oder logisch-mathematische) zur Klärung der Vorgänge in beiden Bereichen zu verwenden. Er nennt die Möglichkeit des Vergleichs der Funktionen biologischer und kognitiver Strukturen bzw. Systeme und des Auffindens struktureller Isomorphien.

Piaget ist sich teilweise des hypothetischen Charakters seiner Ausführung klar bewußt, so z. B. ganz deutlich in der Schlußbemerkung zu «Biologie und Erkenntnis» (Piaget 1974, S. 379), in der er als einen Hauptmangel seines Buches ansieht, «daß nichts in ihm bewiesen ist, daß alles, was in ihm vorgebracht wird, Interpretationen sind, die sich zwar auf Fakten stützen, aber ständig über sie hinausgehen». Es gibt aber andere Stellen, an denen Piaget im Zusammenhang mit der Selbstregulation kognitiver Strukturen von «zwangsläufigen Ausgleichsprozessen» (Piaget 1973, S. 14) spricht und diesen Ausgleich «im Sinne der Selbstregulierung» als Erklärung für den zu «notwendigen» Resultaten führenden Konstruktionsprozeß anführt (Piaget 1973, S. 61), dessen Verlauf ihm nicht fraglich erscheint[13]. Auch die Darstellung der kognitiven Entwicklung als Prozeß progressiver Äquilibration wird von Piaget direkt durch das Wirksamsein selbstregulierender Mechanismen begründet (vgl. u. a. Piaget 1974, S. 85/86 und 324). Seine Annahmen über die Selbstregulierung kognitiver Systeme verlieren hier ihren hypothetischen Charakter und werden zu konstatierenden Aussagen, als ob sie durch sichere Beweise gestützt wären. U. E. ist diese Bestimmtheit der Aussagen nicht gerechtfertigt. Darüber hinaus erlaubt die Annahme der Selbstregulierung in ihrer jetzigen allgemeinen Form – wenn überhaupt – nur sehr globale Erklärungen des Entwicklungsverlaufes, das Aufzeigen einer allgemeinen Tendenz, aber keine konkreten Angaben über exakt aufeinander folgende Entwicklungsschritte. Sie bleibt so lange unbefriedigend, so lange nicht im einzelnen, d. h. in Bezug auf die jeweils untersuchte spezifische Art von Struktur, geklärt ist, nach welchen Gesetzen und Mechanismen sich die Selbstregulierung vollzieht.

2. Im engen Zusammenhang mit der Selbstregulierung kognitiver Strukturen ist das Prinzip der sequentiellen Wahrscheinlichkeit zu sehen. Selbstregulierung bedeutet – wie ausgeführt – Anpassung eines Systems an die Einwirkungen seiner Umgebung, wobei der Anpassung eine allgemeine Richtung gegeben ist, nämlich auf bessere Anpassung, auf progressive Äquilibration hin. Mit der Beschreibung von Entwicklungsprozessen als Selbstregulationsprozessen wird diese zunehmende Anpassung als gegeben postuliert. Mit der Annahme des Prinzips der sequentiellen Wahrscheinlichkeit versucht Piaget, besonders in früheren Werken (vgl. u. a. Piaget 1964, S. 157; Seiler 1968,

---

[13] Wir unterstellen immer da, wo Piaget von Zwangsläufigkeit von Entwicklungsprozessen und deren notwendigen Resultaten spricht, die Annahme der Invariabilität dieser Prozesse. Denn wenn die Entwicklung so wie angenommen verlaufen *muß,* ist sie eindeutig auf einen ganz bestimmten Verlauf festgelegt, von dem es per definitionem keine Abweichung gibt, d. h. sie verläuft invariabel (vgl. auch Abschnitt 3.1 dieses Kapitels).

S. 64/65; Mischel 1971, S. 325) – nicht mehr so explizit in den neueren Arbeiten (1973 und 1974) – näher zu begründen, warum die Entwicklung kognitiver Strukturen gerade diesen «notwendigen» Verlauf in Richtung auf ständige und planmäßige Höherentwicklung nimmt.

Das Prinzip der sequentiellen Wahrscheinlichkeit besagt, daß auf jeder Entwicklungsstufe bestimmte neue Erkenntnisse möglich werden, die auf den vorhergehenden Stufen noch nicht gegeben waren. Bestimmte, bereits ausgebildete kognitive Strukturen bestimmen durch das, was sie an neuen Koordinationen zwischen inneren Strukturen oder an neuen Beziehungen zwischen inneren Strukturen und äußeren Inhalten ermöglichen, sowohl die Richtung als auch das Ausmaß der Weiterentwicklung. Die Konstruktion neuer Strukturen in Abhängigkeit von den vorhandenen ist verschieden wahrscheinlich. Die jeweils wahrscheinlichste Struktur entsteht als nächste und bestimmt dadurch wiederum den weiteren Verlauf des Konstruktionsprozesses.

Das Prinzip der sequentiellen Wahrscheinlichkeit ist, obwohl es nach Piaget die Begründung für den Äquilibrationsprozeß liefern soll, nicht unabhängig von diesem Prozeß der zunehmenden Äquilibration: Die jeweils wahrscheinlichste Struktur ist nämlich nach Piaget zugleich auch eine Struktur, die eine Verbesserung der Stabilität des Gleichgewichts darstellt, da sie vom Subjekt zur Überwindung der erkannten bzw. erlebten Unzulänglichkeiten der bisherigen Strukturen konstruiert wird, d. h. dadurch daß die neue Struktur bessere Handlungsstrategien ermöglicht, die weitere Fehlschläge oder Mißerfolge vermeiden helfen, wird gerade auch die Stabilität der Struktur erhöht (vgl. u. a. Piaget 1970, S. 224/225; Mischel 1971, S. 325). An seinem Standardbeispiel der Entwicklung der Mengenkonstanz, das auf S. 68/69 ausführlich dargestellt ist, hat Piaget das Fortschreiten von Stufe zu Stufe jeweils in Abhängigkeit vom vorher Erreichten und die Entwicklung in Richtung auf zunehmende Anpassung an das gegebene Problem detailliert aufgewiesen.

An diesem Beispiel wird aber auch klar, für wie stark determinierend Piaget das Prinzip der sequentiellen Wahrscheinlichkeit hält. Aus den stufenweise sich verändernden Wahrscheinlichkeiten für das Auftreten verschiedener neuer Verhaltensweisen und Erkenntnisse leitet Piaget eine eindeutige und invariable

Abfolge von Entwicklungsschritten beim Erwerb der Mengenkonstanz ab.

Mischel (1971, S. 343–346) beschreibt Piagets diesbezügliches Vorgehen als eine rationale Rekonstruktion von Denkprozessen, durch die auf «geniale» Weise die einem bestimmten Subjekt zu bestimmten Zeitpunkten zur Lösung von Problemen zur Verfügung stehenden Möglichkeiten ermittelt werden. Auf der Grundlage einer solchen Analyse versucht Piaget dann verständlich zu machen, daß ein Übergang zu einer neuen Art des Denkens stattfindet, indem er aufweist, daß die neue Art des Denkens weniger fehlerbehaftet und damit zu weniger Widersprüchen mit der Realität führend ist als die vorhergehende. Dieses nachträgliche Verständlich-Machen und in seiner Abfolge als wahrscheinlich Darstellen ist nach Mischel dem Vorgehen eines Geschichtswissenschaftlers vergleichbar, der z. B. nachzuvollziehen versucht, warum ein bestimmter Staatsmann in bestimmter Weise zu einem gegebenen Zeitpunkt seine Meinung oder Strategie geändert hat. Um ein bestimmtes Ereignis als hochwahrscheinliches oder gar notwendig gewordenes Ergebnis in Bezug auf vorhergehende Ereignisse ausweisen zu können, braucht Piaget – wie der Geschichtswissenschaftler – die jeweils konkret vorliegenden Inhalte. Ohne diese – immer erst nachträglich erfaßbaren – konkreten Inhalte kann die sog. sequentielle Wahrscheinlichkeit weiterer Ereignisse nicht bestimmt werden. Piaget kann damit aus der nachträglichen Analyse von Denkprozessen höchstens allgemein folgern, daß sich das Denken auf größere Rationalität bzw. die kognitiven Strukturen in Richtung auf zunehmende Äquilibration hin entwickeln, er kann aber u. E. keine einzige detaillierte Sequenz als allgemein gültig, d. h. sich notwendig in gleicher Abfolge wiederholend, ableiten.

3. Zur weiteren Charakterisierung des Konstruktionsprozesses kognitiver Strukturen verwendet Piaget den Begriff der «reflektierenden Abstraktion» (u. a. Piaget 1973, S. 61 und 65; Piaget 1974, S. 327/328 und S. 332; vgl. auch Abschnitt 1.1 dieses Kapitels). Er spricht von einem «Konstruktionsprozeß *sui generis* der reflektierenden Abstraktion» (Piaget 1974, S. 329) und ist der Meinung, daß sich der Aufbau logisch-mathematischer Strukturen ausgehend von den allgemeinen Koordinationen des Verhaltens «durch» (Piaget 1974, S. 350) oder «vermittels» (Piaget

1974, S. 85 u. 328) einer Reihe reflektierender Abstraktionen vollzieht. Reflektierende Abstraktion bedeutet – wie in Abschnitt 1.1 (S. 67/68) ausgeführt – einen Vorgang der Zusammenfassung wesentlicher Beziehungen verschiedener Strukturen zu einer allgemeineren Struktur auf einer höheren Ebene. Es ist u. E. aber wichtig zu sehen, daß mit diesem Begriff der von Piaget beschriebene Konstruktionsprozeß kognitiver Strukturen als solcher zusammenfassend bezeichnet wird: «Wir haben deshalb vorgeschlagen, diesen sich auf Neukombinationen stützenden Rekonstruktionsprozeß, der die Integration einer operatorischen Struktur einer früheren Stufe in eine reichere Struktur höherer Stufe ermöglicht, «reflektierende Abstraktion» zu nennen (Piaget 1974, S. 328). Dieser Begriff dient Piaget zwar der besonderen Hervorhebung der vereinheitlichenden Wirkung des Konstruktionsprozesses (gleiche Merkmale unterschiedlicher konkreter Strukturen werden herausgehoben), wird aber von ihm nicht als zusätzlicher, eigenständiger Mechanismus der Strukturbildung neben den auf den Grundprozessen der Assimilation und Akkommodation beruhenden Integrationen und Koordinationen von Strukturen näher beschrieben. Aus diesem Grunde ist es uns nicht möglich, aus der Piagetschen Konzeption der reflektierenden Abstraktion andere Argumente für oder wider das Invariabilitätspostulat zu gewinnen, die nicht schon aus seinen allgemeinen Konstruktionsprinzipien kognitiver Strukturen ableitbar wären.

4. Eine weitere, sehr wichtige Zusatzannahme bezüglich der Ausführungen über den Konstruktionsprozeß kognitiver Strukturen ist Piagets Verweis auf die allgemeinen Koordinationsgesetze des menschlichen Handelns (vgl. auch Abschnitt 1.1 dieses Kapitels). Piaget nimmt – wie beschrieben – eine enge Beziehung und gegenseitige Abhängigkeit zwischen dem Aufbau kognitiver Strukturen und dem tatsächlichen Ablauf des praktischen Handelns an. Das konkrete Umgehen mit Gegenständen und die Koordination der einzelnen konkreten Handlungen zu größeren Handlungskomplexen bilden die Grundlage auch für die Entstehung komplexerer Koordinationsgefüge kognitiver Strukturen, d. h. operationaler Systeme. Die Untersuchung von Art und Möglichkeiten des Aufbaus dieser Handlungssysteme, der sog. «Logik des Handelns», kann damit auch Hinweise auf den Aufbau der Logik der Operationen liefern.

Piaget geht aus von einem «allgemeinen Funktionieren des Verhaltens bzw. Handelns» (Piaget 1974, u. a. S. 313, 330/331), das er als allen Lebewesen, besonders allen Menschen angeborene Grundausstattung ansieht. Dieses «Funktionieren des Verhaltens» basiert – wie er an anderer Stelle sagt – auf den «allgemeinen Koordinationen des Handelns» (u. a. Piaget 1974, S. 7 und 350) bzw. den «allgemeinen Koordinationen von Verhaltensakten» (Piaget 1973 a, S. 93) und umfaßt Grundhandlungen oder Grundoperationen wie z. B. Zusammenfassen, Klassifizieren, Ordnen, Einschachteln (vgl. Piaget 1974, S. 317). Diese Grundoperationen brauchen nach Piaget nicht gelernt zu werden bzw. lassen sich nicht durch gewöhnliche Mechanismen des Lernens erklären, sondern sind als Vorbedingungen oder «Ausgangstatsachen» (Piaget 1973, S. 61/62) von Anfang an gegeben und wirksam. Sie manifestieren sich nicht nur in allen Koordinationen des Handelns, sondern ebenso in den Koordinationen «des Nervensystems, der physiologischen Funktionen und der lebenden Organisation im allgemeinen ...» (Piaget 1974, S. 317).

U. E. ist die Annahme, daß diese allgemeinen Operationen bzw. Strukturen nicht durch gewöhnliches Lernen (d. h. durch Erfahrungen mit der äußeren Stimulussituation) veränderbar sind, übersteigert. Piagets Hervorhebung, daß Aufbau und Weiterentwicklung dieser Strukturen nicht durch die Objekte der Umgebung und deren unterschiedliche Merkmale selbst, sondern nur indirekt durch die Tätigkeiten eines Subjektes gegenüber diesen Objekten beeinflußt werden (vgl. Piaget 1974, u. a. S. 317 und 351), ist wichtig und kennzeichnet die Besonderheit dieser Strukturen deutlich. Diese Tatsache bedeutet u. E. aber nicht, daß die Art der Beschaffenheit der Objekte *überhaupt* keinen Einfluß auf die Strukturbildung haben kann oder, wie Piaget es ausdrückt, daß diese Strukturen zwar Gelerntes assimilieren, dadurch aber strukturell nicht verändert werden. «Modifizierend wirkt Lernen hier nur im Sinne konsolidierenden und generalisierenden Übens.» (1974, S. 329). Das würde bedeuten, daß das praktische Handeln und dessen Koordinationsformen und die darauf aufbauenden formalen Denkstrukturen sich ausschließlich nach inneren Gesetzen, unbeeinflußt durch die konkreten äußeren Inhalte, auf die sich das Handeln bezieht, entwickeln und daß es keine Rückwirkungen, auch nicht indirekter Art, von den Inhalten auf den formalen Charakter der Strukturen gibt.

Es soll hier keine totale Gegenposition zu Piaget bezogen werden, die behauptet, daß der Aufbau formaler Strukturen allein oder hauptsächlich durch Einwirkungen der äußeren Umgebung erfolgt. Wir halten Piagets Ansatz, die immer und überall beobachtbare große Einheitlichkeit in der Entwicklung dieser Strukturen mittels regulierender Interaktionen zwischen diesen Strukturen zu erklären, für sehr geeignet und fruchtbar, meinen jedoch, daß Piaget, im Bemühen, die Besonderheiten der formalen Strukturen zu beschreiben und sie von anderen Erkenntnisstrukturen (Objekterfahrung, physikalische Erkenntnis; vgl. Piaget 1974, S. 341 ff) abzugrenzen, zu weit geht. Indem er jeglichen Einfluß der äußeren Stimulussituation auf die Entwicklung der formalen Strukturen ablehnt bzw. beim Aufbau dieser Strukturen nur die indirekte Wirkung der inneren gegenseitigen Assimilation und Akkommodation der Strukturen (vgl. Kapitel 2, S. 63) und nicht auch zusätzlich die äußere Assimilation und Akkommodation berücksichtigt (vgl. Piaget 1974, S. 353), widerspricht er u. E. teilweise seinen eigenen allgemeinen Annahmen über den Konstruktionsprozeß, wie sie in Abschnitt 3.1.1 dieses Kapitels dargestellt wurden.

Natürlich gibt es viele Fälle, in denen unterschiedlichste Merkmale unterschiedlicher Objekte gleiche allgemeine Verhaltensweisen auslösen, wie etwa die allgemeine Tätigkeit des Klassifizierens oder Ordnens vorhandener Objekte. Andererseits kann aber u. E. beim Versuch, eine ungeordnete Menge von Objekten zu klassifizieren, durchaus auch eine Rolle spielen, welche Merkmale der Objekte sich dem Subjekt als Klassifikationskriterien z. B. durch Auffälligkeit «anbieten» oder auf welche Merkmale das Subjekt z. B. durch Interaktionspartner, d. h. insbesondere durch verbale Kanalisation, aufmerksam gemacht wird [14]: Ob es abstrakte oder konkrete Kriterien sind, ob neutrale oder in grö-

---

[14] Daß das, was vom Subjekt wahrgenommen wird, in erster Linie von seinen bereits gebildeten inneren Strukturen, an die assimiliert werden kann, abhängt, wird nicht in Frage gestellt. Wir betonen nur den zusätzlichen Einfluß – bestimmte Strukturen vorausgesetzt –, den unterschiedliche äußere Gegebenheiten u. E. auf Wahrnehmung und Weiterverarbeitung haben können.

ßeren Wertsystemen fest verankerte Kriterien, ob die gewählten Merkmale leicht weiter unterteilbar oder nur zur Grobklassifizierung geeignet sind.

Diese Unterschiedlichkeiten wirken sich – wenn sie über längere Zeit hinweg erhalten bleiben – natürlich vor allem in der untersten, stark inhaltlich mitbestimmten Ebene der Strukturbildung aus. Sie werden mit jedem Übergang zu einer höheren Strukturebene durch die generalisierende Wirkung des Vorganges der reflektierenden Abstraktion abgeschwächt. Während Piaget jedoch einen sehr stark vereinheitlichenden Einfluß der reflektierenden Abstraktion annimmt, der nahezu mit Sicherheit zu Einheitlichkeit bereits auf der nächst höheren Stufe der Strukturbildung führt, meinen wir, daß sich Unterschiede in der Strukturbildung der unteren Ebene in stärkerem Maße auf unterschiedlichen Strukturaufbau höherer Ebenen auswirken können. So könnte z. B. von unterschiedlichen Gegebenheiten der äußeren Umwelt nicht nur eine konkrete Klassifikationsstruktur auf der untersten Ebene abhängen, sondern die konkret gebildete Struktur könnte z. B. durch die in ihr in spezifischer Weise organisierten Elemente mitbestimmen, wie leicht eine einmal ausgeführte Klassifikation wieder rückgängig gemacht und durch eine andere ersetzt werden kann, ob eine hierarchische Klassifizierung überhaupt gefunden und als wie stark der hierarchische Aufbau empfunden wird. Sie könnte mit Einfluß darauf haben, ob und wann z. B. flexibles oder hierarchisches Klassifizieren möglich wird, ob diese beiden Komponenten des Klassifizierens eher als sich gegenseitig behindernd oder gut miteinander vereinbar oder als auf einander aufbauend empfunden werden. Mit anderen Worten: die spezifischen Ausprägungen von Strukturen auf der untersten Ebene können darauf Einfluß haben, welche weiteren Koordinationen von Strukturen als gemeinsame Grundstruktur abgeleitet und auf die nächste Ebene reflektiert werden. Damit müssen u. E. sowohl die einzelnen konkreten Handlungen, als aber auch Art und Möglichkeiten der allgemeinen Koordinationen dieser Handlungen als von der äußeren Umgebung zumindest indirekt mitbeeinflußt bzw. potentiell beeinflußbar gesehen werden. Allgemein gültige, von jeglichen Umgebungseinflüssen unabhängige Koordinationsgesetze des Handelns sind mit diesen Überlegungen nicht vereinbar und können damit nicht als Unterstützung der Annahme einer bestimmten eindeutigen und invariablen Festlegung des Konstruktionsprozesses kognitiver Strukturen herangezogen werden [15].

Alle hier untersuchten Zusatzprinzipien und Mechanismen des Konstruktionsprozesses kognitiver Strukturen haben sich u. E. als nicht geeignet erwiesen, die Invariabilitätsannahme uneingeschränkt zu stützen. Alle Prinzipien lassen die Möglichkeit stärkerer Einwirkungen der äußeren Umgebung zu und bedeuten keine eindeutige Festlegung des Konstruktionsprozesses auf nur einen möglichen, invariablen Aufbau von Strukturen. Die für Piaget vorhandene Eindeutigkeit und Notwendigkeit des Entwicklungsverlaufes ist als in seiner Grundannahme der logisch-mathematischen Grundstruktur des Denkens begründet zu sehen.

So werden Selbstregulationsprozesse und Vorgänge der reflektierenden Abstraktion zusätzlich als nach den Gesetzen des logischen Aufbaus ablaufend und auf die angenommenen logischen Grundstrukturen hin ausgerichtet gesehen und damit sowohl inhaltlich als auch formal eingegrenzt. Das Prinzip der sequentiellen Wahrscheinlichkeit als den Entwicklungsverlauf begründend und steuernd muß sich auf gesetzmäßige (z. B. sach- und formal logische) Verknüpfungen von Teilkomponenten stützen. Die «allgemeinen Koordinationsgesetze des Handelns» sind nicht unabhängig von den Gesetzen der Logik der Operationen konzipiert. Auch wenn Piaget mit den allgemeinen Koordinationsgesetzen des Handelns als «gegebenen Ausgangstatsachen» seine Analyse der Entwicklung der Erkenntnis (Piaget, 1974) beginnt und die späteren Formen der Logik der Operationen als Fortsetzung oder Weiterführung der Logik des Handelns ansieht, hat er wahrscheinlich bei der Konkretisierung seiner Vorstellungen über die allgemeinen Koordinationsgesetze des Verhaltens Annahmen über die logischen Koordinationsgesetze der Operationen mitverarbeitet.

Ohne die zusätzliche Berücksichtigung dieser Grundannahme, sozusagen als inhaltliches Korrektiv aller weiteren Annahmen, ist die Invariabilitätshypothese kaum aufrechtzuerhalten. Unsere

---

[15] Wir werden versuchen, diese noch sehr allgemeinen theoretischen Überlegungen in Kapitel 4, Abschnitt 4.2.2.2 und 4.3 am Beispiel der Entwicklung der Fähigkeit des flexiblen Klassifizierens weiter zu konkretisieren.

Einschätzung dieser Grundannahme als eine selbst noch zu prüfende Hypothese bzw. als abzuschwächende Aussage, in dem Sinne, daß inhaltliche Elemente beim Aufbau formaler Strukturen stärker berücksichtigt werden müssen, daß es sich nicht um die Bildung allgemein gültiger, rein formaler Strukturen handelt, sondern um Strukturen, die immer auch einen Teil «individuumspezifischer Sachlogik» enthalten, hat damit zur Folge, daß auch die Annahme einer invariablen Klassifikationssequenz weiter zu überprüfen, ggf. abzuschwächen oder zu modifizieren ist.

3.1.3 *Die Art der Piagetschen Begründungen und Schlußfolgerungen – wissenschaftstheoretische Betrachtungen*

Neben der theoretisch inhaltlichen Argumentation zur Stützung der Invariabilitätshypothese ist auch Piagets formale Argumentation, die Art seiner Analysen, Begründungen und Schlußfolgerungen kritisch zu überprüfen. Die in den vorhergehenden Abschnitten bereits mehrfach punktuell angedeuteten Unzulänglichkeiten sollen hier systematisiert und zusammengefaßt dargestellt werden. Der Bezug zu der im ersten Kapitel beschriebenen genetischen Erklärungsweise wird hergestellt.

3.1.3.1 *Die Art der Piagetschen Erklärungen*

Piaget und Inhelders (1964) Anliegen bei der Untersuchung des Klassifikationsverhaltens ist – expressis verbis –, herauszufinden, *warum* die Entwicklung dieser kognitiven Fähigkeit genau den Verlauf nimmt, der von den Autoren beobachtet wurde, d. h. warum bzw. aufgrund welcher Prozesse und Mechanismen die sich aufbauenden Klassifikationsstrukturen sich immer mehr der Form und den Gesetzen logisch-mathematischer Strukturen annähern. Wie diese Entwicklung im einzelnen physiologisch möglich wird bzw. welche psycho-physiologischen Mechanismen dieser Entwicklung zugrunde liegen und unter welchen Zusatzbedingungen diese Entwicklung besonders gefördert und gehemmt wird, interessiert nicht (vgl. Inhelder und Piaget 1964, S. 281 und S. 293).

Den Ausführungen von Kapitel 1 zufolge kann das Vorgehen Inhelder und Piagets als Bemühen um eine *rationale Erklärung* des Entwicklungsverlaufes des Klassifizierens bezeichnet werden. Natürlich handelt es sich nicht um die Reinform dieser Erklärungsart, Elemente anderer Erklärungsformen mischen sich ein, aber wir halten die rationale Argumentation als für Piaget besonders wichtig, typisch und vorrangig. Da sich – wie oben ausgeführt – die rationale Erklärung auf rationale Gründe, auf begriffliche Analyse und nicht auf Seinsursachen abstützt, können die Annahmen über den Entwicklungsprozeß zwar als nichtwidersprüchlich oder sachlogisch zwingend angesehen werden, sie können aber nicht die Existenz der beschriebenen Ereignisse beweisen. Piaget dagegen unterscheidet unserer Meinung nach nicht immer klar genug zwischen begrifflicher Implikation und dem Beweis der Existenz des erklärten Ereignisses; d. h. begriffliche Implikation und sachlogische Analyse werden von ihm teilweise als ausreichender Beweis für die Existenz des Explanandums angesehen. Wir möchten hinweisen auf seine stark versichernde Art der Argumentation, die häufige Erwähnung von Begriffen wie «Notwendigkeit» und «Zwangsläufigkeit» im Zusammenhang mit theoretischen Analysen von Entwicklungssequenzen, die den Eindruck entstehen lassen, daß das von ihm Erklärte *tatsächlich* so existiert.

Rationale Erklärungen wurden in Kapitel 1 durch ihre Funktion, empirisch zu prüfende Hypothesen über den Zusammenhang von Ereignissen zu liefern, charakterisiert. Piaget versteht es, die Funktion der Hypothesengenerierung voll auszuschöpfen, der empirischen Überprüfung wird er nicht in gleichem Maße gerecht. Zwar wird der zusätzliche empirische Beleg hypothetischer Annahmen von Piaget auch als notwendig erachtet und zu erbringen versucht, nur gestaltet und interpretiert er seine Experimente häufig so, daß die theoriebestätigenden Elemente besonders bzw. zu einseitig hervorgehoben werden. Darüberhinaus entspricht die praktische Durchführung selten den Maßstäben, die üblicherweise an empirische Untersuchungen angelegt werden (siehe ausführlicher Abschnitt 3.2 dieses Kapitels).

Trotz der großen Bedeutung rationaler Argumentation für Piaget, bemüht er sich auch um *Kausalerklärungen* von Ereignissen, d. h. um die Angabe von Seinsursachen, aus denen die zu erklärenden Ereignisse ableitbar sind. Auch hier handelt es sich selten oder nie um die reine Form dieser Erklärungsart; häufig enthalten seine Kausalerklärungen zusätzlich rationale oder auch teleologische Erklärungselemente, worauf weiter unten noch genauer eingegangen wird.

An dieser Stelle soll im Zusammenhang mit Piagets Postulat der invariablen Entwicklungssequenz kognitiver Fähigkeiten intensiver nur die universelle oder streng notwendige Kausalerklärung behandelt werden. Wir stützen uns auf die im 1. Kapitel wiedergegebenen Ausführungen von Wrights (vgl. Kapitel 1, Abschnitt 3) zur Klärung des Kausalzusammenhangs zwischen verschiedenen Ereignissen mittels einer Analyse nach hinreichenden und/oder notwendigen Bedingungen des Explanandums. Die Annahme einer streng invariablen Sequenz bedeutet, daß jeder Zustand innerhalb der Sequenz für den nächstfolgenden sowohl notwendig als auch hinreichend ist. Piagets Entwicklungssequenzen sind vom Anspruch her Sequenzen dieser Art. Es ist zu prüfen, ob oder inwieweit Piaget die Anforderungen einer strengen Kausalanalyse auch tatsächlich erfüllt.

Piaget versucht, den jeweils folgenden Schritt innerhalb einer Entwicklungssequenz aus dem gerade erreichten Zustand (einschließlich aller davor liegenden Zustände) zu erklären und begründen; die analysierten Teilfähigkeiten dieses Zustandes bilden die Voraussetzungen für den Übergang zum nächsten Zustand. Es wird aber von Piaget weder systematisch überprüft, ob die beobachteten Voraussetzungen – wie implizit angenommen – notwendige Bedingungen sind, d. h. ob der Folgezustand nicht auch über andere Vorbedingungen erreicht werden kann, noch ob die beobachteten Voraussetzungen hinreichende Bedingungen für die Weiterentwicklung darstellen, d. h. ob nicht auch andere als der angenommene Folgezustand auftreten können. Das gilt sowohl für die Untersuchungen zum Klassifikationsverhalten als auch für Piagets viel zitiertes Beispiel der Entwicklung der Mengenkonstanz. Nicht nur, daß die im Rahmen der genetischen Erklärungsweise als notwendig erachtete gründliche empirische Absicherung der Beziehungen zwischen den einzelnen Entwicklungsschritten (einschließlich des manipulierenden Trainingsversuchs; vgl. Kapitel 1, S. 46) nicht oder nur ansatzweise geleistet wird, wir halten darüber hinaus auch Piagets Gebrauch theoretischer Begriffe in diesem Kontext für nicht exakt genug.

Die Verwendung des Begriffs «notwendig» z. B. ist unscharf und irreführend: Indem eine erreichte Entwicklungsstufe innerhalb einer Sequenz als «notwendig gewordenes» Folge-Ereignis vorher erreichter Entwicklungsstufen dargestellt wird, wird die

Unterscheidung zwischen notwendigen und hinreichenden Bedingungen aufgehoben. Das «Notwendig-Werden» oder «Notwendig-Auftreten» nach Piaget beinhaltet von der Intention her sowohl notwendige als auch hinreichende Bedingtheit. Die hinreichende Bedingtheit ist dabei aber nicht nur aus allgemeinen theoretischen Zusammenhängen abgeleitet, sondern wird in vielen Fällen nachträglich für eine jeweils bestimmte Entwicklungsreihe festgestellt bzw. begründet. Piaget macht u. E. nicht deutlich genug, daß es sich z. T. um post factum analysierte Folge-Ereignisse handelt, die daher noch zusätzlicher empirischer Bestätigung bedürfen. Aber auch wenn diese Analysen nicht als post-factum-Erklärungen zu gelten hätten, genügt die illustrative Art der empirischen Belegung seiner Thesen, wie Piaget sie häufig vornimmt, nicht den methodischen Regeln stringenter empirischer Forschung.

Piagets Vorgehen läßt sich nicht allein als Bemühen um rationale und kausale Erklärung von Entwicklungsprozessen fassen; sehr häufig enthalten seine Erklärungen *teleologische* Elemente. Sei es, daß er Entwicklung als einen auf zunehmende Adaptation ausgerichteten Prozeß, die Entstehung kognitiver Strukturen als Ermöglichung optimaler Anpassung, die angenommene Eigentätigkeit des Organismus und seiner biologischen und kognitiven Strukturen als Mittel der Selbsterhaltung darstellt. Piaget beschränkt sich dabei aber nicht auf die bloße Annahme der Zielbestimmtheit der von ihm beschriebenen Prozesse, sondern tut den für eine genetische Finalanalyse geforderten Schritt der Rückführung der scheinbaren Zielbestimmtheit auf komplexe Kausalanalysen (vgl. Kapitel 1, S. 33/34 und S. 47), d. h. er versucht die komplexen Wechselwirkungen verschiedener interagierender Systeme zu erfassen, so daß z. B. fortschreitende Äquilibration kognitiver Strukturen auf regulative Interaktionen zwischen verschiedenen Assimilations- und Akkommodationssystemen und auf soziale Interaktionen zwischen Individuen und ihrer Umgebung rückführbar wird. In seinem Bemühen, teleologische Erklärungen in kausal-teleologische Erklärungen umzuwandeln, ist Piaget vorbildlich, Kritik ist aber auch hier an der zu wenig systematischen Durchführung seiner Analyse zu üben.

Die Erörterungen dieses Abschnitts zusammenfassend, kann auf die *genetische Erklärungsweise* eingegangen werden und überprüft werden, ob Piaget als Vertreter dieser Erklärungsweise anzusehen ist. Das, was die genetische Erklärungsweise allgemein charakterisiert, daß sie nämlich in einer komplexen Bedingungs- und Kausalanalyse von Ereignissen besteht, die unter Verwendung sowohl rationaler, kausaler als auch teleologischer Erklärungsargumente Entstehung und Veränderung von Verhalten, Handlungen, Fähigkeiten zu rekonstruieren versucht (vgl. Kapitel 1, S. 49), beschreibt zugleich Piagets Vorgehen relativ gut. Abweichungen von den Anforderungen der genetischen Erklärungsweise ergeben sich aber – wie teilweise näher ausgeführt – auf den einzelnen Analyseebenen: Die genetische *Bedingungs*analyse wird von Piaget teilweise überbewertet, indem begriffsanalytisch oder sachlogisch zwingend erscheinende Tatbestände oft als Nachweis und Begründung für tatsächliche Existenz genommen werden. Die genetische *Kausal*analyse wird – wie aufgezeigt – zu wenig exakt und zu wenig umfassend durchgeführt; eine klare Unterscheidung zwischen Vorwärtsbetrachtung und Prognose, zwischen notwendigen und hinreichenden Bedingungen wird nicht gemacht, mögliche Alternativzustände werden weder theoretisch konzipiert noch empirisch nachzuprüfen versucht. Die genetische *Final*analyse wird weitgehend befriedigend geleistet.

3.1.3.2 *Piagets «logische Analyse»*

Piagets sog. «logische Analyse» des Entwicklungsprozesses kognitiver Fähigkeiten beansprucht Eindeutigkeit und Zwangsläufigkeit (Invariabilität) der Abfolge der einzelnen Entwicklungsschritte oder -stufen. Im ersten Kapitel und in Abschnitt 3.1.3.1 dieses Kapitels wurde gezeigt, daß diese sich neben logischer Implikation auf sachlogische und begriffsanalytische Argumente abstützende Analyse zwar als zwingend erscheinen kann, jedoch nicht mit formal logischen Schlüssen gleichgesetzt werden darf. Die Eindeutigkeit und Allgemeinverbindlichkeit, die bezüglich der formalen Logik gilt, kann nicht ohne weiteres auf Begriffsanalyse bzw. Sachlogik übertragen werden. Begriffsanalytisch zwingend Erscheinendes muß nicht mit Notwendigkeit auftreten.

An dieser Stelle soll die Relativierung des Begriffs der «logischen Analyse» noch an einigen weiteren Punkten vorgenommen werden.

1. Die von Piaget angenommene Verbindlichkeit und Eindeutigkeit ist doppelter Art: Zum einen beinhaltet sie Gültigkeit der Aussage bezüglich aller beobachteter Individuen und Fähigkeitsbereiche (Aspekte der Universalität und Generalität nach Roth [1969]), zum anderen bedeutet sie für Piaget so etwas wie Objektivität, d. h. absolute Übereinstimmung bezüglich der Aussagen verschiedener Beobachter bzw. Theoretiker.

Daß besonders auch der zweite Aspekt von Eindeutigkeit nicht automatisch gegeben ist, zeigt sich u. a. daran, daß z. B. die von Piaget als logische Abfolge von Entwicklungsschritten ermittelten 4 Stufen in der Entwicklung der Mengenkonstanz (vgl. S. 68/69) von anderen Autoren wie z. B. Flavell und Wohlwill (1969, S. 88) – ebenfalls Kenner der Materie – zwar als plausible Hypothese, keinesfalls aber als einzig denkbare oder gar eindeutig nachgewiesene Sequenz angesehen wird. Ein weiteres Beispiel für die fehlende Eindeutigkeit sog. logischer Beziehungen ist die Kofskysche Analyse des Klassifikationsverhaltens. Kofsky erhebt den Anspruch, die Klassifikationsentwicklung, so wie sie von Inhelder und Piaget (1964) konzipiert und erforscht worden ist, getreu nachzuvollziehen und versteht die von ihr aufgestellte Sequenz von Klassifikationsaufgaben als eine adäquate Operationalisierung dieser Entwicklung. Wir meinen jedoch, daß Kofskys «logische Analyse im Sinne Piagets» einige Abweichungen gegenüber Piagets eigenen Ausführungen enthält (vgl. Abschnitt 2.2.3 dieses Kapitels).

Hierdurch wird deutlich, daß das, was als «logisch» und damit eindeutig betrachtet wird, vom Standpunkt des Beurteilenden stark mitbestimmt wird. «Standpunkt des Beurteilenden» heißt sämtliche explizit und implizit vorhandenen theoretischen und methodologischen Annahmen. Besonders gilt diese Abhängigkeit für Piagets logische Analyse im weiteren Sinne (vgl. Abschnitt 1.1 dieses Kapitels). Begriffsanalyse ist nie vollkommen objektiv, sondern ist immer im Kontext mit bestimmten Theorien und dem jeweils vorhandenen theoretischen Hintergrundwissen zu sehen. Die Forderung nach Berücksichtigung subjektiver Erfahrungs- und Erlebnisinhalte einzelner Individuen wird damit nicht nur in Bezug auf die zu analysierenden Pbn, sondern auch in Bezug auf den die Analyse durchführenden Theoretiker erhoben.

Aber nicht allein die Einschätzung dessen, was als logisch zwingend oder eindeutig erachtet wird, variiert mit dem Standpunkt, sondern die Auswahl der Art des zu analysierenden Verhaltens, die Festlegung der inhaltlichen Elemente, die zur Beschreibung verwendet werden, die Begrenzung auf einen bestimmten Zeitabschnitt bzw. die Einbeziehung nur einer begrenzten Zahl von Vorläufern und Konsequenzen des beobachteten Verhaltens, die Wahl der Meßinstrumente erfolgen immer auf dem Hintergrund bestimmter theoretischer Vorstellungen. Der Anspruch, inhaltlich theoretische Interpretationen zugunsten einer Analyse rein formaler Beziehungen zurücktreten zu lassen, ist daher nie voll realisierbar.

Als Beispiel für inhaltlich unterschiedlich gewählte Beschreibungselemente zur Erfassung ein und desselben Entwicklungsprozesses sei die Darstellung der Entwicklung der Fähigkeit der Klasseninklusion und der dabei auftretenden »typischen« Schwierigkeiten durch Piaget und Kofsky angeführt (vgl. Abschnitt 2.1.1 dieses Kapitels): Für Piaget ist das wesentliche bei der Klasseninklusion das gleichzeitige Erfassen von Haupt- und Unterklasse. Das heißt, selbst wenn die Hauptklasse B in die Teilklassen A und A' aufgeteilt ist, muß sie als Gesamtmenge neben den Teilmengen gedanklich weiterbestehen, so daß z. B. ein Vergleich zwischen B und A vorgenommen werden kann. Piaget prüft diese Fähigkeit u. a. über zwei Arten von Fragen: (1) «Sind alle Elemente von B auch Elemente von A» und (2) «Sind alle Elemente von A auch Elemente von B». Ein häufig auftretender Fehler beruht darauf, daß ein Kind aufgrund seines Unvermögens, sich Haupt- und Unterklassen gleichzeitig vorstellen zu können, die Frage (2) anders versteht: «Sind alle A auch B» faßt es auf als «Sind alle A *alle* B». Piaget nennt den falschen Gebrauch des Adjektivs «alle» «a false quantification of the predicate» (nach Kofsky 1963, S. 159).

Kofsky dagegen führt den geschilderten Fehler auf Schwierigkeiten der Koordination von Ähnlichkeits- und Unähnlichkeitsurteilen zurück (1963, S. 161), d. h. für sie ist das Erfassen der intensionalen Beziehungen der Klasseninklusion besonders wichtig, während Piaget im Gegensatz dazu gerade die extensionalen Beziehungen hervorhebt. Nach Kofsky kann ein Kind, wenn es gefragt wird, «Sind alle A auch B?», einmal entdecken, daß A einige Eigenschaften mit B gemeinsam hat; es schließt dann daraus, daß A mit B identisch ist. Es kann aber auch entdecken, daß einige B's nicht mit A übereinstimmen (nämlich A'), und schließt daraus, daß A ganz unterschiedlich von B ist. In diesem Stadium denkt ein Kind nach Kofsky (1963, S. 161): "an object cannot be a member of two classes unless the classes are coextensive. Classes cannot be similar and different at the same time.", d. h. entweder sind alle A auch B, oder A und B sind total verschieden; "... there is no need to invoke such complicated concepts as false quantification of the predicate" (Kofsky 1963, S. 162), um die Schwierigkeiten beim Erfassen der Klasseninklusionsbeziehung zu beschreiben.

Piaget, dem es um eine logische Analyse kognitiver Fähigkeiten geht, wählt Analyseeinheiten, mit deren Hilfe er das logische oder mathematische Gerüst einer Aufgabe oder Fähigkeit erfassen kann. Klassenaddition und -subtraktion und deren gleichzeitiges Erfassen erscheinen ihm geeignete Elemente. Kofsky geht in diesem Fall nicht mit einer gleichen logischen Grundeinstellung an die Analyse heran und kommt folglich auch zu einer anderen Aussage über die Entwicklung der Klasseninklusion.

2. Neben formal logischer und begriffsanalytischer (sachlogischer) Zwangsläufigkeit, durch die der Ablauf von Entwicklung bestimmt wird, wird im ersten Kapitel (S. 48) eine weitere Art von Zwangsläufigkeit genannt: die «motivationale Zwangsläufigkeit», die nach von Wright (1974) menschliches Handeln steuern und damit auch ein bestimmender Faktor von Entwicklungssequenzen sein kann. Gerade bezüglich der Entwicklung höherer kognitiver Strukturen dürfte die Wahrscheinlichkeit, daß vom Subjekt bewußt gesetzte Ziele oder mehr oder weniger reflektierte Übernahme von Zielen der jeweiligen Interaktionspartner eine Rolle spielen, relativ groß sein. Ein durch Normsetzung gesteuertes Handeln («intentionale Motiviertheit») läßt sich nur teilweise kausal erklären bzw. nur sehr indirekt erfassen. Es handelt sich um eine sog. «nicht kausale Zwangsläufigkeit», die für die Entwicklung des einzelnen Individuums jedoch in gleichem Maße zwingend sein kann wie etwa streng logische Beziehungen des Entwicklungsverlaufs.

3. Piagets Analyse des Entwicklungsverlaufes stützt sich ab auf logische und sachlogische *Implikations*beziehungen zwischen

den einzelnen Entwicklungsstufen. Aus der Annahme der Implikation, z. B. daß eine Fähigkeit x_2 zu ihrer Realisierung eine untergeordnete Fähigkeit x_1 voraussetzt und ihrerseits unabdingbare Voraussetzung für das Auftreten der Fähigkeit x_3 ist, leitet sich für Piaget die postulierte Eindeutigkeit und Invariabilität von Entwicklungssequenzen ab. x_1 ist per definitionem in x_2 enthalten, wie etwa im Falle der von Kofsky unterschiedenen Klassifikationsfertigkeiten RS (unsystematisches Sortieren) und CS (konsistentes Sortieren; vgl. Abschnitt 2.2.1 dieses Kapitels): Es müssen überhaupt erst einmal Ähnlichkeiten und Unterschiede festgestellt werden können, bevor konsistent, d. h. nach gleichbleibendem Klassifikationskriterium klassifiziert werden kann.

Unsere Fragestellung bezüglich der Untersuchung von Entwicklungssequenzen kann damit nicht heißen, ob bei sog. logischen (auf Implikationsbeziehungen beruhenden) Sequenzen eine invariable Reihenfolge vorliegt, sondern ob es sich – wie Piaget behauptet – tatsächlich um Sequenzen dieser Art handelt. Im Falle des oben genannten Beispiels kann eine Implikationsbeziehung angenommen und die postulierte Reihenfolge als eindeutig angesehen werden. Bei den komplexeren Klassifikationsfertigkeiten des Kofskyschen Schemas (vgl. Abbildung 1) jedoch lassen sich weder logisch noch sachlogisch eindeutige Beziehungen mühelos ermitteln: Welches Maß von konsistentem (CS) und erschöpfendem Sortieren (ES) setzt Mehrfachklassifikation (MM) voraus? Wodurch wird flexibles Klassifizieren (Umklassifizieren; HR) gefördert, welche Fähigkeiten setzt es notwendig in welchem Maße voraus? Wie soll die Wechselwirkung zwischen flexiblem Klassifizieren und der Fähigkeit der additiven Erfassung der Unterklassen $(A + A' = B)$ interpretiert werden? Welches sind die Kriterien zur Bestimmung von Implikationsbeziehungen? Piaget selbst gibt keine klare Antwort. Seine Ausführungen zum Konstruktionsprozeß kognitiver Strukturen, der auf Koordination, Integration und Rekonstruktion der inneren Strukturen beruht, lassen offen, wie weit im Falle der implikativen Beziehung die vorhergehenden Strukturen beim Übergang zu einer höheren Entwicklungsstufe übernommen werden müssen bzw. abgewandelt werden dürfen.

Flavell und Wohlwill (1969) stellen den implikativen Beziehungen der Entwicklung *nicht-implikative* Beziehungen (nonimplicative mediation; S. 87ff) gegenüber; Flavell (1972) spricht von *Mediations*beziehungen im Gegensatz zu Inklusionsbeziehungen. Eine nicht-implikative Beziehung liegt vor, wenn x_1 nicht allein schon per definitionem in x_2 enthalten und damit notwendiger Bestandteil von x_2 ist, sondern wenn das Vorhandensein von x_1 das Entstehen von x_2 erleichtert oder wahrscheinlicher macht, wenn aber x_2 grundsätzlich auch – wenn auch häufig nur mit sehr geringer Wahrscheinlichkeit – auf anderem Wege erreicht werden kann. Das Vorhandensein von x_1 trägt mit hoher Wahrscheinlichkeit dazu bei, daß x_2 entsteht, es bleibt aber kein integraler Bestandteil der voll ausgebildeten Fähigkeit x_2, so daß es nicht wie bei der implikativen Beziehung jedesmal automatisch ausgeführt wird, wenn x_2 realisiert wird.

Wir halten mit Flavell und Wohlwill die nicht-implikativen Entwicklungsbeziehungen für eine sehr wichtige und notwendige Ergänzung bei der Erfassung von Entwicklungsprozessen:

Erstens lassen sich u. E. nicht alle beobachtbaren Entwicklungsabfolgen als implikative Beziehungen darstellen und durch Implikationsbeziehungen erklären. Gerade die Annahme zusätzlicher Vermittlungsglieder, die zu bestimmten Zeiten durch ihr Vorhandensein oder Auftreten dazu beitragen, eine neue Konstruktion oder Rekonstruktion einer Struktur zu bewirken, ihrerseits aber nicht dauernd erhalten bleiben bzw. in die neue Struktur nicht als integraler Teil eingehen, macht einige Formen der Entwicklung und Veränderung von Strukturen erst erfaßbar.

Aus diesem Tatbestand folgt zweitens, daß Mediationsbeziehungen kein «kumulatives Konzept der Entwicklung» (van den Daele 1969; siehe ausführlicher Kapitel 3) zugrunde liegt, das als tatsächlich existierend nachgewiesen werden muß. Diese Forderung der empirischen Überprüfung der Kumulativitätsannahme ist z. B. Piaget gegenüber zu stellen, der diese Annahme bezüglich seiner Ausführungen über invariable, auf Implikationsbeziehungen beruhende Entwicklungssequenzen als gegeben voraussetzt.

Drittens meinen wir, daß durch die Verwendung von Mediationsbeziehungen bzw. Vermittlungsgliedern bei der Untersuchung von Entwicklungsvorgängen der *Prozeß* der Entstehung, d. h. der Übergang von einer Entwicklungsstufe zur anderen, die Neu- oder Umbildung einer Struktur schwerpunktmäßig erfaßt wird, während über Implikationsbeziehungen verschiedene *Zustände,* Zwischen- oder Endresultate einer bereits vollzogenen Entwicklung, verglichen werden. Um festzustellen, ob eine Implikationsbeziehung vorliegt, genügt es nämlich, die Zustände x_1 und x_2 unabhängig voneinander zu analysieren. Die logische bzw. sachlogische Beschaffenheit beider Zustände allein entscheidet über den vorhandenen oder nicht-vorhandenen Zusammenhang. Wie oder ob sie tatsächlich auseinander hervorgegangen sind, wird nicht weiter untersucht bzw. braucht nicht weiter untersucht zu werden.

Untersuchungen darüber, was als Mediator bei der Weiterentwicklung wirken kann und wie diese Wirkung näher zu beschreiben ist, führen zu weiteren Fragen, wie etwa, ob es individuelle Unterschiede in der Vermittlungsfunktion von x_1 bezüglich x_2 bzw. ob es individuumspezifische Mediationsbeziehungen gibt. Wir meinen deshalb viertens, daß durch das Vorhaben, Funktion und Wirkungsweise von Mediatoren aufzuklären, subjektive Erfahrungs- und Erlebnisinhalte des einzelnen Individuums in die Analyse mit einbezogen werden. Dadurch wird die mehrfach erhobene Forderung, unterschiedliche Einwirkungen unterschiedlicher sozialer und dinglicher Umwelten auf verschiedene Individuen als potentiell gegeben zu berücksichtigen und die Möglichkeit unterschiedlicher Entwicklungsverläufe ins Auge zu fassen, erfüllt [16].

---

[16] Zur Konkretisierung des Ausgeführten ein Beispiel für verschiedene Mediationsbeziehungen: Beim Erwerb der verschiedenen Klassifikationsfertigkeiten kann ein Kind z. B. flexibles Klassifizieren (Umklassifizieren) dadurch praktizieren, daß es z. B. Küchengeräte als Spielzeug verwendet. Durch den verschiedenen Gebrauch der Gegenstände kann es erkennen lernen, daß es verschiedene Beurteilungsmöglichkeiten ein und desselben Gegenstandes gibt (d. h. Beurteilungen nach verschiedenen Klassifikationskriterien). Ein anderes Kind dagegen, das von vornherein festvorgeschriebene Zuordnung von Dingen, z. B. zu bestimmten Verwendungskategorien kennenlernt, wird sich wahrscheinlich besonders für die Art der (vor-)gebildeten Kategorie interessieren, sie weiter untergliedern, den hierarchischen Aufbau der Unterklassen erforschen und erst viel später auf die Idee kommen, die gegliederten Objekte auch noch anders zu klassifizieren, wahrscheinlich auch nicht aus Gründen anderer Verwendbarkeit der Objekte, sondern weil sich das zuerst gewählte Klassifikationssystem als ungenügend (zu grob, die Objekte nicht voll abdeckend usw.) erwiesen hat.

3.2 Kritik an der empirischen Begründung der Klassifikationssequenz durch Piaget

Die Überprüfung der *empirischen* Begründung der Invariabilitätshypothese durch Piaget wird von uns nur relativ pauschal vorgenommen. Wir gehen nur auf die Untersuchungen Inhelder und Piagets (1964) zur Entwicklung des Klassifikationsverhaltens ein und werden die Mängel dieser Untersuchungen mehr überblicksmäßig zusammenstellen. Bezüglich detaillierter Ausführungen zu Versuchsplanung und Datenanalyse bei der Überprüfung von Entwicklungssequenzen und weiterführender Überlegungen zur Überwindung der vorgefundenen Mängel verweisen wir auf Kapitel 3 und 4.

3.2.1 Die Unzulänglichkeiten der «méthode clinique»

Piagets empirische Untersuchung des Klassifikationsverhaltens beruht größtenteils auf der Anwendung seiner sog. «méthode clinique». Dieses Verfahren besteht in der detaillierten Untersuchung der Genese des Verhaltens einzelner Individuen bzw. in der Erforschung individualgeschichtlicher Veränderungsreihen, die im Lichte der allgemeinen theoretischen Überlegungen Piagets zum Entwicklungsverlauf kognitiver Fähigkeiten interpretiert werden.

Piaget geht es z. B. darum, anhand einzelner beobachteter Fälle die Richtung eines Entwicklungsprozesses aufzuweisen, bestimmende bzw. steuernde Mechanismen dieses Prozesses aufzudecken, den Entwicklungsablauf durch den Nachweis verschiedener Zwischenglieder als Gesamtprozeß erkennbar werden zu lassen. Piagets Vorgehen ist als kasuistisch zu bezeichnen: Die Tatsache des Auffindens sog. «typischer» Beispiele ist für ihn Nachweis genug, er bemüht sich nicht zusätzlich um statistische Erfassung und Auswertung seines Beobachtungsmaterials.

Speziell in Bezug auf Entwicklungssequenzen bedeutet das z. B., daß die Tatsache des Auffindens von sog. Zwischengliedern im Verhalten einiger Pbn etwa beim Übergang von der Phase der graphischen Gruppierungen zur Phase der nicht-graphischen Gruppierungen ausreichend ist, um einen fortlaufenden, aufeinander aufbauenden und eindeutig festgelegten Entwicklungsprozeß anzunehmen (vgl. Inhelder und Piaget 1964, S. 52/53).

Die erhobenen Daten sämtlicher untersuchter Pbn werden nicht zusätzlich zur systematischen Überprüfung der aufgestellten Hypothese herangezogen, etwa indem spezielle Verfahren der statistischen Analyse von Entwicklungssequenzen (wie sie z. B. in Kapitel 3 dargestellt werden) angewendet werden. Piagets Untersuchungen haben damit den Charakter von Erkundungs-Experimenten, in denen – gerade durch Piagets Vorgehen – viele relevante Aspekte des Untersuchungsgegenstandes aufgedeckt werden. Piaget unterläßt es aber, diesen vorläufigen Stand der empirischen Ermittlung durch weitere systematische Untersuchungen abzusichern, und nimmt häufig vorschnelle, ungerechtfertigte Verallgemeinerungen seiner Ergebnisse vor.

Die gegen die méthode clinique von verschiedensten Seiten vorgebrachten Kritikpunkte wurden bei den Untersuchungen zum Klassifikationsverhalten von Inhelder und Piaget (1964) teilweise berücksichtigt.

So begnügen sich die Autoren nicht mit einigen wenigen gründlich untersuchten Fällen, sondern es werden mehr als 2000 Pbn in die Untersuchungen einbezogen. Allerdings geht es Inhelder und Piaget auch hier noch nicht um angemessenen Stichprobenumfang im statistischen Sinne, sondern allgemein um eine größere Anzahl von passenden Beispielen "so that our interpretations can be judged on facts" (Inhelder und Piaget 1964, S. 33). Das Problem der Stichprobenrepräsentativität wird nicht gesehen bzw. nicht thematisiert.

Inhelder und Piaget beschränken sich auch nicht immer auf Nennung einzelner passender Beispiele, sondern teilweise geben sie das Verhalten aller zu einer Frage insgesamt untersuchten Pbn in Prozentwerten und Übersichtstafeln an (vgl. Inhelder und Piaget 1964, u. a. S. 63/64 oder S. 137–139); ein Verfahren, das allerdings seinerseits in Kapitel 3 (Abschnitt 4.1) als unzureichend gekennzeichnet wird. Eine besondere Verrechnung der Beobachtungsdaten etwa mit Hilfe oben erwähnter Auswertungsverfahren wird auch hier nicht vorgenommen.

Der fehlenden Standardisierung der méthode clinique tragen die Autoren insofern Rechnung, daß sie die vom Versuchsleiter verwendete unterschiedliche Instruktion sowie die Art der Darbietung (z. B. Art und Anordnung der verwendeten Materialien, Einführung von Hilfsmaterialien) für den Leser ausführlich protokollieren. Weitere Unterschiede in der Versuchsdurchführung, speziell weitere Versuchsleitereffekte, werden aber nicht problematisiert.

3.2.2 *Weitere Fehler und Unzulänglichkeiten in den empirischen Untersuchungen Piagets*

1. Allgemein muß man Piaget vielfach Ungenauigkeit, Unvollständigkeit und Inkonsistenz seiner theoretischen Ausführungen vorwerfen. So sind seine Begriffsdefinitionen häufig unbestimmt oder unvollständig. Ihre Verwendung in unterschiedlichen Kontexten kann verschieden sein. Es werden z. B. in neueren Werken veränderte Auffassungen über ein und denselben Sachverhalt nicht gegen ältere Auffassungen abgesetzt oder gar begründet. Es bleibt dem Leser überlassen, herauszufinden, was Piagets aktuelle Einstellung bezüglich eines zu verschiedenen Zeitpunkten verwendeten Begriffes oder einer theoretischen Annahme ist. (Ein bereits genanntes Beispiel ist der Begriff der «sequentiellen Wahrscheinlichkeit»). Ebenso sind seine Hypothesen häufig unbestimmt und vage (die Hypothese der Invariabilität von Entwicklungssequenzen kognitiver Fähigkeiten z. B. beinhaltet für Piaget die Kumulativitätsannahme [vgl. Kapitel 3], ohne daß dies von Piaget erwähnt wird), ihr Geltungsbereich wird nicht spezifiziert. Operationalisierungen werden von Piaget selbst selten oder nie vorgenommen (im Falle der Untersuchungen zum Klassifikationsverhalten sind einige Operationalisierungen implizit gegeben, eine systematische explizite Formulierung wurde jedoch erst von Kofsky [1963] geleistet).

2. Piagets Verzicht auf bzw. Mißachtung von statistische(n) Methoden beschränkt ihn auf allgemein qualitative Aussagen (z. B. Aussagen über variable oder invariable Entwicklungssequenzen); quantitative Abschätzungen etwa über das Ausmaß von Variabilität oder Invariabilität einer Sequenz sind ihm nicht möglich. Außerdem stellt Piagets recht subjektive und ungenaue Einschätzung von Untersuchungsergebnissen einen der Gründe für seine Tendenz zur Überinterpretation bzw. Übergeneralisierung empirischer (Einzel-) Befunde dar.

3. Piagets geringes Interesse an Versuchsplanungen erklärt die unkommentierte Anwendung von Querschnitt-Untersuchungen zur Erfassung der Entwicklung des Klassifikationsverhaltens.

Zwar bemühen sich Inhelder und Piaget zusätzlich um einige individualgeschichtliche Aktualgenesen (Longitudinal-Untersuchungen von sehr begrenztem Ausmaß; vgl. z. B. die sich teils überlappenden Aktualgenesen des Jungen ALA in Inhelder und Piaget 1964, S. 23, 25 und 29), dies geschieht aber wohl eher intuitiv zur besseren Abschätzung des Entwicklungsgeschehens, nicht jedoch um diese Untersuchungen systematisch in das Versuchsdesign aufzunehmen.

Insgesamt muß gesagt werden, daß weder die im ersten Kapitel genannten Anforderungen der genetischen Methode, d. h. die systematische Erfassung und Überprüfung der notwendigen und hinreichenden Bedingungen eines Entwicklungsprozesses, noch die methodischen Überlegungen von Kapitel 3 (z. B. Überlegungen bezüglich Quer- und Längsschnittdesign und deren Generalisierungen; Forderungen der Erfassung von Generationszugehörigkeit und Testzeitpunkt) von Piaget bei der Versuchsplanung berücksichtigt werden.

4. Inhelder und Piaget erwähnen die allgemeine Inkonsistenz kindlichen Verhaltens, speziell Ermüdungserscheinungen und Ablenkungsmöglichkeiten bei Verwendung der geometrischen Bausteine als Versuchsmaterial. Sie weisen auf die Möglichkeit des Erratens richtiger Ergebnisse hin. Sie untersuchen darüber hinaus bestimmte typische Fehler der jeweils erreichten Entwicklungsstadien (vgl. Inhelder und Piaget 1964, S. 65–74) in Abhängigkeit von verwendeten Versuchsmaterialien und angewendeter Instruktion. Die Erkenntnisse werden aber nicht systematisch z. B. in Form von Korrekturgrößen oder durch Unterscheidung sogenannter «performance»- und «competence»-Daten (vgl. Kapitel 4, Abschnitt 2.3) in die Auswertung der Beobachtungsdaten einbezogen.

3.2.3 *Die Vernachlässigung der Dimensionalität des Klassifikationsverhaltens*

Inhelder und Piaget (1964) gehen bei ihren Untersuchungen nicht auf das Problem der Dimensionalität der Klassifikationsfähigkeit ein. Da man die Invariabilitätshypothese bezüglich der Dimensionalität eines Verhaltens bzw. einer Fähigkeit aber verschieden fassen kann, ist die Feststellung der Dimensionalität wichtig: Eine Entwicklungssequenz kann sich als variabel erweisen, weil die untersuchten Teilfähigkeiten verschiedenen Entwicklungsdimensionen angehören; die Teilfähigkeiten ein und derselben Dimension können aber trotzdem eine invariable Sequenz ergeben. In Kapitel 3 (Abschnitt 3.1) wird zur Kennzeichnung dieses Sachverhaltes der Begriff der «multidimensionalen Invariabilität» verwendet. Es ist u. E. nicht gerechtfertigt, gerade eine so komplexe Fähigkeit wie das Klassifikationsverhalten ungeprüft als eindimensional anzusehen und beim Bemühen, Gesetzmäßigkeiten der Entwicklung dieses Verhaltens zu erfassen, nur die «eindimensionale Invariabilität» zu überprüfen. Wir werden deshalb im folgenden zur Konkretisierung unserer Kritik an Piaget den Versuch einer Dimensionsanalyse des Klassifikationsverhaltens unternehmen.

3.2.3.1 *«Dimensionsanalyse» der Klassifikationsfähigkeit*

Nach Ahrens (1974, S. 30) versteht man «unter einer Dimensionsanalyse (...) in der Psychologie gewöhnlich eine Zerlegung der Kovarianz empirischer Daten in bestimmte latente Komponenten, die als Dimensionen eines geometrischen Raummodells abgebildet werden, wobei meistens die euklidische Geometrie und der Spezialfall orthogonaler Dimensionen bevorzugt werden». Als Beispiel für diese Art von Dimensionsanalyse kann die in Kapitel 3 (Abschnitt 3.4) beschriebene Monotonizitätsanalyse (MA) nach Bentler (1971 a, 1971 b) angeführt werden. Da aber die MA in erster Linie die Ermittlung der minimalen Anzahl von Dimensionen zum Ziele hat und weder eine Aussage über eine Abstufung innerhalb der ermittelten Dimensionen noch erst recht eine Aussage über Variabilität oder Invariabilität des Auftretens dieser einzelnen Abstufungen macht, ist sie zur Erfassung von Entwicklungssequenzen (die wir zunächst als invariabel annehmen), nicht geeignet.

Ein ebenfalls auf dem Konzept der Dimensionalisierung der Kovarianz beruhendes Verfahren (allerdings ohne Abstützung auf das beschriebene spezielle geometrische Raummodell) ist die (ebenfalls in Kapitel 3, Abschnitt 3.4 dargestellte) multiple Skalogrammanalyse (MSA) nach Lingoes (1963). Sie wurde in einer in Kapitel 4 näher zu beschreibenden Untersuchung in einer für die Belange der Entwicklungspsychologie stark modifizierten Fassung (MSA-E; vgl. Kapitel 3, S. 182 ff.) eingesetzt. Obwohl die Ergebnisse dieser Analyse (vgl. Kapitel 4, Abschnitt 3.1.2) gegen die Annahme der Mehrdimensionalität sprechen, unternehmen wir hier eine weitere Art der «Dimensionsanalyse», die als Bezugsrahmen für die weitere Untersuchung und Förderung der Entwicklung des Klassifikationsverhaltens dienen soll.

Wir beschränken uns vorläufig auf die theoretisch begriffliche Analyse der Klassifikationsfähigkeit, in etwa vergleichbar mit Piagets sog. «logischer Analyse» (vgl. Abschnitt 1.1 dieses Kapitels), wohl wissend, daß eine solche theoretische Analyse durch empirische, mit mathematisch-statistischen Verfahren gesicherte Befunde ergänzt werden muß. Unsere Analyse zerlegt den Entwicklungsprozeß der Klassifikationsfähigkeit, wie er von Inhelder und Piaget dargestellt wird, inhaltsanalytisch in Teilkomponenten, die als mehr oder weniger eigenständig und in sich einheitlich angesehen werden, die aber zusätzlich eine bestimmte Binnenstruktur, nämlich die des sequenzartigen Aufbaus, aufweisen. Diesen Teilkomponenten oder Entwicklungsdimensionen können die verschiedenen von Kofsky analysierten Teilfähigkeiten des Klassifizierens zugeordnet werden. Die Entwicklungssequenz der einer Komponente zugeordneten bzw. auf einer Dimension angeordneten Teilfähigkeiten wird als invariabel angenommen[17].

Im Bemühen, Piagets Ausführungen zur Entwicklung der Klassifikationsfähigkeit möglichst exakt zu fassen, nehmen wir – in Übereinstimmung auch mit Annahmen anderer theoretischer Ansätze zum Klassifikationsverhalten – drei Grundkomponenten oder Dimensionen dieses Verhaltens an. Diese einzelnen Dimensionen oder Komponenten sind jedoch nicht als vollkommen unabhängig voneinander zu sehen. Sie bauen teilweise aufeinander

---

[17] Die hier vertretene Auffassung von Teilkomponenten einer komplexen Fähigkeit unterscheidet sich vom Komponenten-Konzept der linguistisch orientierten Komponenten-Theorie und deren Erweiterungen durch Clark (1973), Donaldson und Wales (1970) und besonders Baron (1973). «Komponente» bei Baron wird verstanden als Handlungsplan oder Unterplan einer komplexen Handlung in Anlehnung an die «habitual plans» bei Miller, Galanter und Pribram (1960). Barons «Komponente» stellt ein spezielleres, an spezifischere Inhalte gebundenes Konzept dar als die hier skizzierte (eher im Sinne einer allgemeinen Grundkomponente verstandene) Fassung dieses Begriffes.

auf oder stehen in Wechselbeziehung. Die Zuordnung der einzelnen Teilfähigkeiten des Klassifizierens kann damit nur schwerpunktmäßig erfolgen, einige Teilfähigkeiten werden mehreren Dimensionen zugeordnet.

Die drei Dimensionen des Klassifikationsverhaltens sind folgende:

(1) Konsistenz vs. Inkonsistenz des Klassifikationsverhaltens,
(2) Flexibilität vs. Rigidität des Klassifikationsverhaltens,
(3) Organisiertheit/Koordiniertheit vs. Isoliertheit des Klassifikationsverhaltens.

Diese Dimensionen sind weder den von Inhelder und Piaget (1964) unterschiedenen Entwicklungsphasen I–III (vgl. Abschnitt 2.1 dieses Kapitels) des Klassifikationsverhaltens eindeutig zuzuordnen, noch entsprechen sie den einzelnen (in den Abschnitten 2.1.1–2.1.4 beschriebenen) Teilprozessen des Klassifizierens (vgl. auch Anmerkung 9, S. 80). Welche Beziehung wir zu den Kofskyschen Grundfähigkeiten des Klassifizierens (vgl. Abschnitt 2.2.1) sehen, wird bei der Beschreibung der einzelnen Dimensionen ausgeführt.

Die Dimensionen sind nicht nur durch die sie positiv definierenden Eigenschaften, sondern zur deutlicheren Charakterisierung zusätzlich durch den jeweiligen Gegenpol dieser Eigenschaften gekennzeichnet. Der Konsistenz des Klassifikationsverhaltens wird Inkonsistenz gegenübergestellt, der Flexibilität des Klassifizierens die Rigidität, nicht etwa die Konsistenz; Organisiertheit bzw. Koordiniertheit einzelner Klassifikationsakte wird abgesetzt gegen Isoliertheit bzw. Unverbundenheit der verschiedenen Klassifikationshandlungen. Die begrifflichen Gegensatzpaare stehen aber nicht für bipolare Dimensionen, sondern sollen minimale bzw. maximale Ausprägungen einer unipolaren Dimension anzeigen.

1. Konsistenz vs. Inkonsistenz des Klassifikationsverhaltens. Unter konsistentem Klassifikationsverhalten versteht Piaget ein Klassifizieren oder Sortieren von Objekten, das auf einem bewußt gewählten und über längere Zeit bzw. in mehreren Situationen beibehaltenen Klassifikationskriterium beruht. Konsistentes Klassifizieren wird (wie in Abschnitt 2.1.3 beschrieben) möglich durch Retrospektion (Rückwärtsbetrachtung). Es baut weitgehend auf dem Sukzessionsprinzip (vgl. Abschnitt 2.1.1)

auf, d. h. die einzelnen Klassifikationsakte können hintereinander und müssen nicht gleichzeitig ausgeführt oder konzipiert werden. Die Festlegung des Klassifikationskriteriums und entsprechend die Konstruktion der Klassen erfolgt über die «aufsteigende Methode» (vgl. Abschnitt 2.1.4), d. h. von Einzelelementen oder den kleinsten Teilklassen ausgehend zu größeren Klassifikationseinheiten gelangend.

Von den von Kofsky operationalisierten Teilfähigkeiten des Klassifizierens lassen sich unsystematisches (RS), konsistentes (CS) und erschöpfendes Sortieren (ES) [18] klar dieser Dimension zuordnen. Aber auch die höheren Fähigkeiten, insbesondere «einige» und «alle» (SA), Klassenaddition (A + A') und hierarchisches Klassifizieren (VC), müssen oder können bei besonderer Betrachtung der in ihnen enthaltenen Teilaspekte des konsistenten Klassifizierens dieser Dimension zugerechnet werden. Um z. B. «einige» und «alle» unterscheiden oder wie bei VC eine hierarchische Ordnung der verschiedenen Klassen herstellen zu können, müssen die jeweiligen Klassifikationskriterien der Untergruppen sehr sicher identifiziert und im Auge behalten, d. h. konsistent behandelt werden können. Konsistentes Klassifizieren nach Piaget ist im wesentlichen mit Kofskys erster Grundfähigkeit des Klassifizierens, dem Erkennen von Ähnlichkeiten zwischen Objekten, zu vergleichen (vgl. Abschnitt 2.2.1).

2. Flexibilität vs. Rigidität des Klassifikationsverhaltens.

Flexibilität des Klassifikationsverhaltens ist weder unabhängig von der Dimension des konsistenten Klassifizierens, noch als deren einfaches Gegenteil zu sehen. Flexibilität des Klassifikationsverhaltens baut zu einem gewissen Grad auf konsistentem Klassifizieren auf: Flexibilität des Klassifizierens wird möglich, wenn ein Individuum sein Handeln und dessen Konsequenzen antizipieren kann. Antizipation wiederum entsteht im Zusammenhang mit Retrospektion, d. h. dadurch, daß rückblickend etwas als konstant oder konsistent erkannt wird, kann es zum Maßstab für zukünftiges Handeln werden (vgl. Abschnitt 2.1.3). Flexibilität des Klassifizierens besteht nicht in ziellosem, unkontrolliertem, beliebig schwankendem Verhalten, sondern in bewußtem Vari-

---

[18] Ausführliche Beschreibung dieser und weiter unten angeführter Teilfähigkeiten des Klassifizierens siehe Abschnitt 2.2.1 und Abbildung 1.

ieren des Klassifikationsverhaltens, indem ein Klassifikationskriterium für eine begrenzte Zeit konsistent beibehalten und dann durch ein anderes, unter neuen Gesichtspunkten besser geeignetes Kriterium gezielt ersetzt wird. Flexibles Klassifizieren ermöglicht die Überwindung des Sukzessionsprinzips, d. h. verschiedene Klassifikationsakte können gleichzeitig vorgestellt, bewertet oder vollzogen werden. Gleichzeitig ist flexibles Klassifizieren durch die Fähigkeit gekennzeichnet, sowohl die auf- als auch die absteigende Methode der Klassenbildung (vgl. Abschnitt 2.1.4) zu benutzen und gut zu koordinieren. Es darf allerdings nicht übersehen werden, daß ein gewisses Maß von flexiblem Klassifizieren auch Voraussetzung für die Überwindung des Sukzessionsprinzips ist.

Von den Teilfähigkeiten des Klassifizierens lassen sich besonders die Mehrfachklassifikation (MM) und das einfache Umklassifizieren (HR) dieser Dimension zuweisen. Zusätzlich können auch die Teilfähigkeiten des hierarchischen Klassifizierens (VC) und der Klasseninklusion (B > A) hier eingeordnet werden; VC in diesem Fall – im Gegensatz zur Zuordnung zur Dimension des konsistenten Klassifizierens – unter dem Aspekt der verschiedenen Klassen und damit möglichen verschiedenen Bezugspunkte, die in der hierarchischen Ordnung gegeben sind.

Auch in der Fassung dieser Dimension entsprechen sich Piaget und Kofsky weitgehend; beide ordnen ihr dieselben Teilfähigkeiten des Klassifizierens zu. Allerdings sieht Kofsky einen engeren und auch in der Reihenfolge von Piaget abweichenden Zusammenhang zwischen den drei Teilfähigkeiten MM, HR und VC, was u. E. nicht aus den Ausführungen Inhelder und Piagets (1964) ableitbar ist (vgl. unsere Argumentation in Abschnitt 2.2.3).

3. Organisiertheit bzw. Koordiniertheit vs. Isoliertheit des Klassifikationsverhaltens.

Mit dieser etwas schwer zu umschreibenden Dimension ist eine für Piaget sehr wichtige Komponente der höheren Formen des Klassifikationsverhaltens gemeint. Während Flexibilität einfach die mögliche Beweglichkeit des Klassifizierens bedeutet, beschreibt diese Dimension genauer das Ausmaß und die Art und Weise der Beziehungen zwischen den verschiedenen Einzelverhaltensweisen oder Teilstrukturen des Klassifizierens. Organisiertheit bzw. Koordiniertheit des Klassifikationsverhaltens wird abgesetzt gegen Isoliertheit der einzelnen Klassifikationsakte (d. h. Fehlen jeglicher Beziehungsbildung zwischen den einzelnen Teilfähigkeiten). Flexibilität des Klassifizierens, d. h. Beweglichkeit im Umgang mit Strukturen, ist zwar eine Voraussetzung für die Koordination bzw. innere Organisation der verschiedenen Klassifikationsakte, bedeutet aber nicht automatisch das Vorhandensein einer durchorganisierten, bestimmten Gesetzen gehorchenden Struktur, die Piaget als das charakteristische Merkmal seiner konkreten und formalen Operationen beschreibt, zu denen die höheren Klassifikationsleistungen, insbesondere die Klasseninklusion ($B > A$), zu rechnen sind (vgl. Abschnitt 1.1).

Vollständige Organisiertheit bzw. Koordiniertheit der einzelnen Teilfähigkeiten ist nach Piaget erst in einem voll reversiblen System gegeben. Volle Reversibilität (als oberer Grenzwert der Beweglichkeit) wird allmählich im Verlauf des Konstruktionsprozesses über Vorstufen einer teilweisen Organisiertheit oder Systembildung erreicht. Mit der Dimensionsbezeichnung «Organisiertheit» des Klassifikationsverhaltens sollen damit auch die Zwischenstadien bis hin zur Erreichung der voll reversiblen Klassifikationsleistung der Klasseninklusion erfaßbar sein. So lassen sich dieser Dimension als Vorstufen der Klasseninklusion die Teilfähigkeit «einige» und «alle» (SA), Klassenaddition ($A + A'$) und Klassensubtraktion ($B - A'$) zuordnen. In der Reihenfolge der Nennung der Fähigkeiten nimmt das Verständnis für die Organisation der einzelnen Elemente in Teilklassen zu, bis schließlich die quantitative Inklusionsbeziehung erfaßt wird.

Dieses Verständnis der Dimension der Organisiertheit entspricht ganz der dritten Kofskyschen Grundfähigkeit des Verständnisses quantitativer Inklusionsbeziehungen. In die Dimension der Organisiertheit gehört aber u. E. noch eine zweite Gruppe von Teilfähigkeiten, nämlich Mehrfachklassifikation (MM), «einige» und «alle» (SA; diesmal unter Berücksichtigung anderer Aspekte), hierarchisches Klassifizieren (VC) und Klasseninklusion ($B > A$).

Während die erste Gruppe von Fähigkeiten als eine Art «additive Komponente» der Organisiertheit verstanden werden kann, beruhend auf der Erkenntnis, daß und wie verschiedene Klassen zu einer größeren Klasse zusammengefaßt (und entsprechend wieder aufgeteilt) werden können und wie aus diesen Beziehungen Information über die Größenverhältnisse der verschiedenen Klassen ableitbar ist, handelt es sich bei der eben genannten Gruppe von Fähigkeiten um das Erfassen von Klassenüberschneidungen oder -überlappungen und den daraus ableitbaren quantitativen Beziehungen: Mehrfachklassifikation (MM) bedeutet z. B. eine vollständige symmetrische Überlappung zweier (durch verschiedene Attribute definierte) Teilklassen A und A'; die beiden Teilklassen sind damit gleich groß (A = A'). «Einige» und «alle» (SA) dagegen bezeichnet eine nur teilweise Überlappung von A und A', dabei kann sowohl A < A', A > A' und A = A' vorkommen. Hierarchisches Klassifizieren (VC) beruht auf einer in bestimmter Weise teilweisen bzw. asymmetrischen Überlappung: A ist in A' oder A' ist in A enthalten, so daß für die kleinere Teilklasse die Überlappung jeweils vollständig, für die größere der Teilklassen aber unvollständig ist. Die Fähigkeit der Klasseninklusion schließlich beruht auf dem Erkennen der quantitativen Beziehungen einer asymmetrischen Überlappung (A < A' oder A > A') bzw. darauf, daß die in bestimmter Weise organisierten Teilklassen bezüglich ihrer Größenbeziehung eindeutig erfaßt werden können.

Da Organisiertheit sowohl ein gewisses Maß an konsistentem als auch an flexiblem Klassifizieren voraussetzt, ist es nicht verwunderlich, daß den Dimensionen der Konsistenz und der Flexibilität zugeordnete Teilfähigkeiten auch noch einmal im Zusammenhang mit Organisiertheit auftreten.

4 Zusammenfassung: Das Konzept einer in Grenzen variablen Entwicklungssequenz

Die einzelnen vorgebrachten Kritikpunkte gegenüber Piagets theoretischem und empirischem Vorgehen zusammenfassend, müssen wir Piagets Anspruch, invariable Entwicklungssequenzen kognitiver Fähigkeiten nachgewiesen zu haben, zurückweisen. Wir meinen, daß es zahlreiche und schwerwiegende Gründe gibt, die Invariabilität der Entwicklung, zumindest in vielen Bereichen und insbesondere auch bezüglich des Klassifikationsverhaltens in Frage zu stellen. Die u. E. von Piaget sowohl in theoretischer als auch empirischer Hinsicht unzureichend geprüfte

Zwangsläufigkeit der Entwicklung des Klassifizierens bedarf weiterer theoretischer und empirischer Erforschung. Wir schlagen vor, statt von «Notwendigkeit» oder «Zwangsläufigkeit» (Invariabilität) einer bestimmten Entwicklung auszugehen, ein Konzept der *«Folgerichtigkeit»* der Entwicklung zu vertreten. Unter «Folgerichtigkeit» soll zweierlei verstanden werden:

1. Einzelne Entwicklungsschritte sind als voneinander abhängig und aufeinander aufbauend, gesteuert durch bestimmte allgemeine Mechanismen der Entwicklung – entsprechend Piagets Ausführungen zum Konstruktionsprozeß kognitiver Strukturen – zu sehen.

2. Die Ergebnisse dieses Aufbauprozesses sind aber nicht eindeutig (als «notwendige Resultate», vgl. Piaget 1973, S. 61) festlegbar. Sie entwickeln sich aus der Interaktion eines Individuums mit der jeweils gegebenen Umwelt (innere und äußere, dingliche und soziale Bedingungen) heraus. Das heißt, durch die spezifischen Lebens- und Lernerfahrungen in den jeweils spezifischen äußeren Umständen wird für ein bestimmtes Individuum zumindest mitbestimmt, was als «folgerichtig» im Sinne von konsequent aus dem Vorhergehenden ableitbar erscheint bzw. erscheinen kann.

Piaget dagegen legt den Maßstab *seines* logischen Denkens und *seiner* sachlogischen Argumentation der Erklärung sämtlicher beobachtbarer Entwicklungssequenzen zugrunde. Wir werfen ihm vor, daß er seinen eigenen Standpunkt verabsolutiert und nicht reflektiert, ob oder inwieweit z. B. die von ihm angenommenen logischen und besonders sachlogischen Beziehungen selber von Einflüssen verschiedener Art abhängig sein könnten; so z. B. von den ganz spezifischen Inhalten seiner Entwicklungstheorie, von der von ihm durchgeführten Art der Datenerhebung und -analyse und von seinem allgemeinen, nicht explizit gemachten Hintergrundwissen. Diese Inhalte und Vorgehensweisen könnten alle ihrerseits durch Piagets spezifische Lerngeschichte spezifisch geprägt sein, so daß das, was Piaget analysiert, zwar folgerichtig für *ihn* selbst sein mag, nicht aber allgemeine Gültigkeit beanspruchen kann.

Indem wir Entwicklungsprozesse als «folgerichtig» ansehen, Zwangsläufigkeit des Ablaufs aber ablehnen, schränken wir das Postulat der Invariabilität von Entwicklungssequenzen ein: Wir stellen die Grundhypothese einer in Grenzen variablen Entwicklungssequenz (im Sinne der Ausführungen von Kapitel 1) komplexerer kognitiver Fähigkeiten auf, die später in Kapitel 4 weiter spezifiziert wird. – An dieser Stelle sollen noch die allgemeinen Konsequenzen einer solchen Relativierung des Konzepts der Entwicklungssequenz erörtert werden.

Wir halten diese Modifizierung des Invariabilitätspostulats für keine Gefahr für den theoretischen Ansatz im Sinne einer Aufweichung oder gar Aufgabe des Konzepts der Entwicklungssequenz. Eine in Grenzen variable Sequenz ist – wie die invariable Sequenz – eine nach bestimmten Gesetzen gebildete und keine bloß zufällige Sequenz. Sie kann für sich ebenfalls beanspruchen, allgemeine Orientierung über Art und Weise der Entwicklung zu vermitteln, Abweichungen erkennen zu lassen, Maßnahmen zur Förderung der Entwicklung bzw. zur Kompensation störender Einflüsse nahezulegen, verstehbar oder bewertbar zu machen. Nur wird eine gewisse Einschränkung gesehen, sämtliche Einzelheiten des komplexen Entwicklungsgeschehens eindeutig festlegen bzw. erfassen zu können; äußeren, nicht von vornherein bestimmbaren Einflüssen dinglicher und sozialer Art wird größere Bedeutung zugemessen. Das heißt, Denken und Handeln des mit seiner Umwelt interagierenden Menschen werden als durch eben die u. E. kaum je vollständig erfaßbaren Faktoren der äußeren Umwelt wesentlich mitgeprägt gesehen.

Natürlich gilt es, die Grenzen möglicher Variabilität eines jeweiligen Entwicklungsprozesses genauer zu bestimmen. In Kapitel 4 (Abschnitt 4.2) soll dies für die Entwicklungssequenz des Klassifikationsverhaltens im Ansatz geleistet werden. An dieser Stelle möchten wir nur noch hervorheben, daß aus der hier skizzierten Grundeinstellung folgt, daß zahlreiche Umgebungsfaktoren als die Entwicklungssequenz kognitiver Fähigkeiten potentiell beeinflussend in die Untersuchung von Entwicklungsprozessen mit einbezogen werden müssen. Entwicklung wird als ein durch entsprechende Maßnahmen förderbarer und zu fördernder Prozeß verstanden.

Das Abgehen vom Postulat strikter Invariabilität von Entwicklungssequenzen bedeutet kein Aufgeben der Suche nach funktionalen oder kausalen Beziehungen in der Entwicklung, sondern stellt im Gegenteil ein intensives Bemühen um die Aufdeckung aller wesentlichen bedingenden Faktoren des Entwicklungsprozesses dar.

3. Kapitel

Methodische Beiträge zur empirischen Prüfung von Entwicklungssequenzen: Prinzipien der Versuchsplanung und der statistischen Datenanalyse

o Vorbemerkung

Verschiedene Autoren, die den Forschungsstand und aktuelle Trends der Entwicklungspsychologie zu kommentieren versuchen, weisen auf die Notwendigkeit einer speziellen Methodenlehre hin (s. z. B. Baltes 1967). Während diese in der 60er Jahren gestellte Forderung nunmehr im englischsprachigen Raum eine adäquate Beantwortung durch entsprechende Forschungsansätze und Veröffentlichungen gefunden hat, sucht man im deutschsprachigen Bereich nahezu vergeblich nach Literatur zur Methodenlehre der Entwicklungspsychologie – das betrifft sowohl Artikel, die sich mit Detailfragen befassen, als auch Überblicksreferate und Einführungen[1].

Durch diese Sachlage sind Inhalt und Intention des methodischen Kapitels motiviert: Über die Darstellung der besonderen methodischen Probleme bei der empirischen Untersuchung von Entwicklungssequenzen hinaus geben wir eine allgemeine Einführung in die Prinzipien und Methoden der entwicklungspsychologischen Versuchsplanung. Dabei wird versucht, die Ausführungen auf einem möglichst hohen Niveau der Verständlichkeit zu halten. Für einen mit der psychologischen Methodenlehre vertrauten Leser mag der Text dadurch redundant und vielleicht langweilig werden. Wir hoffen jedoch, allen Studierenden der Psychologie und der Erziehungswissenschaften einige Kriterien für die kritische Bewertung und Interpretation entwicklungspsychologischer Untersuchungen an die Hand zu geben und somit einen Beitrag zur Erweiterung des Problembewußtseins für empirische Forschung zu leisten.

Im ersten Teil des Kapitels wird eine Einführung in die Pla-

---

[1] Eine Ausnahme stellen die Arbeiten von Rudinger (1972, 1975) dar.

nung (Designtechniken) entwicklungspsychologischer Untersuchungen gegeben; dabei sollen zahlreiche weiterführende Literaturhinweise den interessierten Lesern eine tiefere Einarbeitung erleichtern. Im zweiten und dritten Teil befassen wir uns speziell mit jenen Fragestellungen und Methoden, die bei der Untersuchung von Entwicklungssequenzen von Interesse sind.

Es ist klar, daß unsere Darstellung keinesfalls den Anspruch stellen kann, alle Probleme und Verfahren berücksichtigt zu haben. Insbesondere werden die folgenden Fragen, die bei der statistischen Auswertung entwicklungspsychologischer Studien eine zentrale Rolle spielen, ausgeklammert:

1. die Möglichkeit, in der Entwicklungspsychologie Kausalzusammenhänge aufzudecken (s. hierzu aber Kapitel 1),
2. die Kontrolle und Herstellung der Vergleichbarkeit (Äquivalenz) von psychologischen Messungen und Meßinstrumenten für verschiedene Altersstufen (s. z. B. Eckensberger 1973; Gulliksen 1968),
3. die Möglichkeiten der operationalen Definition des Unterschiedes zwischen qualitativen und quantitativen Veränderungen, z. B. innerhalb des faktorenanalytischen Modells (s. Nesselroade 1970; Nunnally 1973),
4. die deskriptive Analyse quantitativer kontinuierlicher Veränderungen mittels der Anpassung mathematischer Funktionsverläufe,
5. statistische Modelle für die entwicklungspsychologische Analyse individueller Differenzen (s. z. B. Baltes und Nesselroade 1973).

Denjenigen Leser, der einen umfassenden Überblick über den Stand der Methodenlehre der Entwicklungspsychologie wünscht, verweisen wir auf die von Goulet und Baltes (1970) und Nesselroade und Reese (1973) herausgegebenen Kompendien.

1 Prinzipien der Versuchsplanung in der entwicklungspsychologischen Forschung

1.1 *Die Fragestellung der Entwicklungspsychologie in methodischer Sicht*

Bei dem Versuch, den Begriff der Entwicklung für den Bereich der wissenschaftlichen Psychologie angemessen zu definieren, haben, besonders in der deutschen Psychologie, immer wieder vorgefaßte theoretische Vorstellungen über die allgemeine Art des Entwicklungsprozesses Eingang in die Definition gefunden. «Zum einen faßt man Entwicklung als Wachstum auf und beschreibt sie als quantitativen Zuwachs..., zum anderen versteht man Entwicklung als eine qualitative Veränderung, die sich in Schüben (Phasen, Stufen) vollzieht..., spiralenförmig zu höheren Entwicklungsformen führt ... oder eine Überlagerung von niedrigeren Schichten durch höhere umschließt ...» (Oerter 1971, S. 49; zur näheren Beschreibung der einzelnen Entwicklungskonzepte s. z. B. Oerter 1969[5], Kapitel 1 oder Harris 1957). Der heutige Forschungsstand weist jedoch *alle* diese Definitionen als zu eng aus. Betrachtet man nicht nur eine eng umgrenzte Gruppe von psychologischen Merkmalen (Variablen), sondern bezieht die verschiedensten Merkmalsbereiche ein, so zeigt es sich, daß die Entwicklungsvorgänge weder allesamt quantitativ noch ausschließlich qualitativ sind, daß weder eine ausschließliche Kennzeichnung der Entwicklung als Zentralisation noch als Phasenabfolge ausreichend ist. Außerdem determiniert der allgemeine theoretische Ansatz die empirische Forschungsstrategie so weitgehend, daß man neben der genannten Abhängigkeit vom untersuchten Merkmalsbereich auch noch einen eindeutigen Zusammenhang zwischen den Resultaten zur Art des Entwicklungsprozesses und dem vorgefaßten theoretischen Standort der Entwicklungspsychologen findet. Letztere These ist von Overton und Reese (1973) und von Reese und Overton (1970) explizit formuliert und ausführlich belegt worden. Schon allein aufgrund dieses empirisch vorgefundenen Sachverhaltes werden wir unserer Diskussion der methodischen Probleme entwicklungspsychologischer Forschung eine sehr viel offenere und «theoriefreiere» Definition von Entwicklung bzw. Entwicklungspsychologie zugrunde legen.

Wir werden zeigen, daß die folgende Arbeitsdefinition von Baltes und Goulet (1973, S. 5) für unsere Zwecke angemessen ist: "... developmental psychology is concerned with the description and explication of ontogenetic (age-related) behavioral change". In ganz ähnlicher Weise formuliert Kessen (1960, S. 36): "A characteristic is said to be developmental if it can be related to age in an orderly or lawful way". Zunächst ist zu be-

merken, daß die Definition von Baltes und Goulet mit der heute üblichen allgemeinen Charakterisierung der Psychologie als jener Disziplin, die das (menschliche) Verhalten[2] beschreibt und erklärt, stimmig ist. Spezifisch für die Entwicklungspsychologie – im Unterschied zu anderen psychologischen Teildisziplinen – ist es dann, daß sie
(a) Verhaltensänderungen zum Gegenstand hat und
(b) diese in Beziehung zum Alter betrachtet.

Diese Definition läßt sich für die methodische Betrachtung von entwicklungspsychologischen Studien auch unmittelbar in die Sprache der Versuchsplanung umsetzen. Entwicklungspsychologische Untersuchungen sind demgemäß so anzulegen, daß die Veränderungen der – in Termini der Versuchsplanung – «abhängigen» Verhaltensvariablen (V) in Abhängigkeit von der «unabhängigen» Altersvariablen (A) beobachtet werden können. Zur prägnanten Vereinfachung läßt sich die zu untersuchende Beziehung auch als folgende Funktion schreiben: $V = f(A)$; vgl. Kessen (1960) und Baltes (1967), die entsprechend die Fragestellung der Entwicklungspsychologie durch den Ansatz $R = f(A)$ bzw. $E = f(A)$ charakterisieren (R = Response, E = Entwicklung). Es muß betont werden, daß die Einbeziehung der Verhaltensänderungen als abhängige Variablen in Beziehung zum systematisch variierten Lebensalter als *Minimalcharakteristikum* entwicklungspsychologischer Versuchspläne anzusehen ist, daß jedoch die angemessene Prüfung der meisten entwicklungspsychologischen Fragestellungen die Berücksichtigung zusätzlicher Aspekte im Versuchsplan erforderlich macht, zumal Altersbeziehungen nicht im Sinne kausaler Erklärungen gedeutet werden können (s. auch Kapitel 1).

Die Charakterisierung von Entwicklung als Veränderung des Verhaltens in Abhängigkeit vom Lebensalter hat noch einen weiteren Vorzug. Sie ermöglicht es ohne weiteres, die Entwicklungspsychologie unter methodischen Gesichtspunkten in die

---

[2] Der hier und im folgenden verwendete Verhaltensbegriff ist relativ weit gefaßt. Unter den Verhaltensvariablen bzw. Verhaltensänderungen verstehen wir auch all jene psychologischen Merkmale, die nicht unmittelbar beobachtbar sind, sondern aus den Beziehungen zwischen den Indikatoren auf Verhaltensebene erschlossen werden müssen (Konstrukte und intervenierende Variablen).

Reihe all jener Disziplinen einzuordnen, die sich mit Veränderungsmessungen über die Zeit befassen. "With this referent, life span developmental psychology is related to other developmental disciplines which differ in terms of the entity studied, the attributes measured and the antecedent-consequent relationships used to explicate the time continuum" (Baltes und Goulet 1970, S. 3). So wird auch die Übernahme von Methoden der Versuchsplanung und der statistischen Analyse aus anderen Fächern, die z. T. einen beträchtlichen methodischen Fundus aufweisen, in den Blickpunkt gerückt (z. B. Zeitreihenanalysen aus den Wirtschaftswissenschaften, Verlaufsanalysen aus der Physiologie). Diesen Gesichtspunkt betont auch Wohlwill (1970a, S. 150): "... the investigation of changes in behavior with age, which constitute the main province of the developmental psychologist, is analogous to the study of other changes in behavior taking place along a temporal dimension, such as sensory or perceptual adaptation and forgetting".

Die Kennzeichnung der Forschungsstrategie der Entwicklungspsychologie als die empirische Bestimmung von funktionalen Beziehungen $V = f(A)$ ist vor allem mit dem Argument kritisiert worden, daß das Alter nicht die einzige unabhängige Variable bleiben dürfte, sondern der Altersbegriff eine schrittweise Substitution durch andere, psychologische Variablen zu erfahren hätte: "Aging may be used to refer to relationships involving chronological age with the implicit assumption that such relationships are inevitably in transition to being explained by other variables without recourse to the use of the term age" (Birren 1959, S. 8). Auf diesem Wege ließe sich auch das bereits angesprochene Dilemma lösen, daß die Altersvariable keinesfalls als erklärende Bedingung für Verhaltensänderungen im Sinne einer kausalen Erklärung angesehen werden kann. In methodischer Sicht bedeutet die systematische und kontrollierte Einbeziehung psychologischer Merkmale, z. B. von abgegrenzten Populationen (P) oder Umweltbedingungen (S) neben dem chronologischen Alter, daß der unifaktorielle Ansatz $V = f(A)$ erweitert wird zum mehrfaktoriellen Design $V = f(A, P, S)$ (s. hierzu ausführlich Kessen 1960, S. 43 ff.). Daß auch die Möglichkeit besteht, anstelle des chronologischen Alters, auf das sich unsere bisherigen Ausführungen bezogen, ein «psychologisches» Alter zu berücksichtigen – z. B. Entwicklungsalter (EA), Intelligenzalter (IA) oder Sozialalter – soll an dieser Stelle nur kurz erwähnt werden.

Besonders ausführlich hat sich Wohlwill (1970a, 1970b) mit dem theoretischen Status und den praktischen Anwendungen der Altersvariablen in der psychologischen Forschung auseinandergesetzt. Er plädiert dafür, das Alter als Bestandteil der abhängigen Variablen Verhaltensänderung und nicht als unabhängige Variable zu betrachten: "Let us view age simply as a dimension along which the behavior changes which are the concern of the developmentalist are to be studied, that is, it is incorporated into the definition of the *dependent* variable of interest to him» (1970b, S. 51). Damit hebt sich Wohlwill theoretisch deutlich von unserer Konzeption $V = f(A)$ ab. Auf die theoretischen Einzelheiten und Differenzen dieser kontroversen Standpunkte wollen wir an dieser Stelle nicht eingehen. Es bleibt festzuhalten, daß auch Wohlwills Konzeption der Altersvariablen als Bestandteil der abhängigen Variablen für die konkreten Versuchspläne in der Entwicklungspsychologie dieselbe Konsequenz hat, daß im einfachsten Falle des unifaktoriellen Ansatzes die Altersvariable systematisch variiert wird und die Änderungen von psychologischen Merkmalen registriert werden.

Zusammenfassend wiederholen wir die beiden wichtigsten Aussagen aus Abschnitt 1.1.

(1) Wir fassen unter methodischen Gesichtspunkten die Entwicklungspsychologie als jene Disziplin auf, die Verhaltensänderungen über das Lebensalter zum Gegenstand hat – kurz: $V = f(A)$. Mit fortschreitendem Kenntnisstand werden neben dem Alter inhaltlich-psychologische Variablen als unabhängige Größen in Theorie und Untersuchungen einzubeziehen sein.

(2) Aus methodischer Sicht besteht kein prinzipieller Unterschied zwischen dem Ansatz der Entwicklungspsychologie und den anderen (psychologischen) Disziplinen, die sich mit Veränderungen (des Verhaltens) befassen. Eine wechselweise Übernahme der Verfahren und Argumente ist in Erwägung zu ziehen.

1.2 Beschreibung und Kritik der konventionellen Versuchspläne

$V = f(A)$ stellt den einfachsten Ansatz entwicklungspsychologischer Versuchsplanung dar: ein unifaktorielles Design, bei dem die abhängige Verhaltensvariable (V) in Abhängigkeit von nur einer unabhängigen Variablen (A) analysiert wird. Dieser Ansatz ist bisher fast ausschließlich in zwei Arten von Versuchsplänen realisiert worden, der Querschnittmethode und der Längsschnittmethode.

Wir beschreiben und kritisieren zunächst diese traditionellen Strategien und versuchen anschließend, sie in ein allgemeines Entwicklungsmodell einzuordnen, das einerseits die Kritik systematisiert und andererseits unmittelbar zu umfassenderen Ansätzen führt. Dabei greifen wir weitgehend auf die Dissertation von Baltes (1967) zurück.

1.2.1 Die Querschnittmethode (Q-Methode)

(1) Definition.

Die Stichproben $S_1, \ldots, S_i, \ldots, S_n$ aus altersspezifischen Populationen der Altersstufen $A_1, \ldots, A_i, \ldots, A_n$ werden hinsichtlich des Merkmales V_j zu einem bestimmten Zeitpunkt T_0 mit demselben oder einem vergleichbaren Meßinstrument beobachtet (vgl. Tabelle 1)[3].

Wie man sieht, handelt es sich bei der Q-Methode (oft auch Q-Analyse genannt) um einen Versuchsplan mit unabhängigen Gruppen. Da, gemäß dem Ansatz $V = f(A)$, das Alter (A) als

Tabelle 1: Schematische Darstellung der Q-Methode
(mit Abwandlungen nach Baltes 1967, S. 27)

Stichprobe (S)	Altersstufe (A)	Erhebungszeitpunkt (T)	Beobachtetes Merkmal (V_j)
S_1	A_1	T_0	V_{1j}
S_i	A_i	T_0	V_{ij}
S_n	A_n	T_0	V_{nj}

[3] In diesem und im nächsten Abschnitt nehmen wir immer an, daß lediglich ein abhängiges psychologisches Merkmal V_j beobachtet wird. Unsere Beschreibung und Kritik der Q- und L-Methoden gilt jedoch ohne jede Beschränkung entsprechend auch für den Fall, daß mehr als eine abhängige Variable V_j betrachtet wird (z. B. die Menge der Merkmale $V_1, \ldots, V_j, \ldots, V_v$). Baltes (1967) führt zur begrifflichen Unterscheidung die Bezeichnung «univariater» und «multivariater» Ansatz (S. 12) ein. Davon sind die Termini «unifaktorielles» und «multifaktorielles» Design zu unterscheiden, die sich bei diesem Autor auf die Anzahl der unabhängigen Variablen beziehen. Es ist zu beachten, daß in der Literatur die Begriffe auch häufig in anderer Bedeutung verwendet werden.

einzige unabhängige Variable angesetzt wird, wird die Q-Methode dann voll und ganz ihren Zweck erfüllen, wenn beobachtete Unterschiede zwischen $V_{1j}, \ldots, V_{ij}, \ldots, V_{nj}$ *eindeutig* auf das variierende Alter $A_1, \ldots, A_i, \ldots, A_n$ zurückgeführt werden können, d. h. Störvariablen nicht vorhanden oder kontrolliert sind.

(2) Beispiel.

Um die bekannte These vom «Altersabbau der Intelligenz» zu prüfen, werden im Jahre 1975 Zufallsstichproben von jeweils N = 100 30-, 40-, 50-, 60- und 70-jährigen Pbn mit demselben Intelligenztest (z. B. Intelligenzstrukturtest IST nach Amthauer) untersucht. Die beobachteten Intelligenzleistungen werden protokolliert und nach entsprechender statistischer Aufbereitung verglichen. Die Resultate dieses Vergleiches werden – je nachdem – als Stützung oder Widerlegung der These vom Altersabbau der Intelligenz interpretiert.

(3) Unzulänglichkeiten und Kritik.

(a) Vergleichbarkeit der Stichproben. Bezüglich der Stichprobenerhebung ist zu fordern, daß für die verschiedenen Altersstufen Zufallsstichproben aus vergleichbaren Populationen gezogen werden. Schwierigkeiten ergeben sich dabei durch die «selektive Populationsveränderung». Unter einer Populationsveränderung ist der Sachverhalt zu verstehen, daß die den verschiedenen Altersstichproben zugrunde liegenden Populationen durch den Einfluß bestimmter Faktoren, die parallel zum Alternsprozeß auftreten (z. B. Krankheit, Tod) verändert werden. Selektiv nennt man die Populationsveränderung dann, wenn die Bedingungen für die Veränderung mit dem untersuchten Merkmal korrelieren. In diesem Falle ist die Vergleichbarkeit der Altersgruppen nicht mehr gewährleistet. – Hingegen dürfte die Erhebung einer repräsentativen Stichprobe aus der gegebenen Population bei Q-Analysen keine Schwierigkeiten bereiten.

(b) Vergleichbarkeit der Meßinstrumente. Wenn Aussagen über die Veränderungen des psychologischen Merkmales V_j über die verschiedenen Altersstufen $A_1, \ldots, A_i, \ldots, A_n$ getroffen werden, so impliziert dieses Vorgehen, daß die Messungen der abhängigen Variablen für den gesamten untersuchten Lebensabschnitt vergleichbar sind; d. h. es muß eine Skala vorliegen, die ohne Einschränkung für alle Altersstufen vergleichbare Reliabilitäten und Validitäten besitzt. Diese Vergleichbarkeit der Anwendungen von Skalen über verschiedene Altersstufen dürfte, in Abhängigkeit vom untersuchten Merkmalsbereich, nur mehr oder weniger ungenügend gewährleistet werden können. Wie Wohlwill vermerkt, muß die Anwendbarkeit einer Skala über alle untersuchten Altersstufen aufgefaßt werden als "a joint function of the attributes of the task utilized – e. g., its suitability for eliciting meaningful responses across the age spectrum – and of the measuring instrument employed – particularly its power to discriminate among individuals over all portions of the age spectrum" (1970a, S. 153).

(c) Konfundierung von Alters- und Generationseffekten. In der schematischen Darstellung der Q-Methode in Tabelle 1 (s. S. 130) ist bereits ein Problem angedeutet, das sich bei der Rückführung der Verhaltensänderungen auf die Altersdifferenzen ergibt. Neben dem Alter (A) variiert auch die Stichproben- bzw. Populationszugehörigkeit, denn die Pbn aus verschiedenen Altersstufen stammen auch aus verschiedenen unabhängigen Stichproben (Populationen) $S_1, ..., S_i, ..., S_n$. Diese Unterschiede, die mit den Altersdifferenzen vermischt («konfundiert») sind, bezeichnen wir als Generationsunterschiede. Bestehen zwischen zwei oder mehr Generationen (G) signifikante Differenzen in dem untersuchten Merkmal, so spricht man von «*Generationseffekten*» oder «Kohorteneffekten». Tabelle 2 zeigt an einem fiktiven Beispiel, daß es aufgrund der Verquickung von Alters- und Generationsunterschieden prinzipiell ungerechtfertigt ist, die Ergebnisse von Q-Analysen ohne zusätzliche Information im Sinne von Alterseffekten zu interpretieren.

Tabelle 2: Fiktives Beispiel zur Veranschaulichung der Konfundierung von Alters- und Generationseffekten bei der Q-Methode

Stichprobe	Altersstufe	Erhebungszeitpunkt	Generation (Jahrgang)	Beobachtetes Merkmal (Mittelwert $\bar{X}_v$)
S_1	30 Jahre	1975	1945	17
S_2	40 Jahre	1975	1935	15
S_3	50 Jahre	1975	1925	15
S_4	60 Jahre	1975	1915	13
S_5	70 Jahre	1975	1905	12

Beispielsweise liegt zwischen den Stichproben S_1 und S_4 ein deutlicher Unterschied im Verhaltensmaß $\bar{X}_v$ vor ($\bar{X}_v$ = Stichprobenmittelwert). Aber S_1 und S_4 unterscheiden sich nicht nur in den Altersstufen (30 und 60 Jahre), sondern auch in den Geburtsjahrgängen (1945 und 1915), so daß wir aufgrund der Q-Analyse ohne weitere Information zunächst nur zu der Feststellung $V = f(A, G)$ berechtigt sind, nicht aber zu $V = f(A)$.

Im nächsten fiktiven Beispiel (nach Baltes 1967, S. 29 f.) wird demonstriert, wie sich Generationseffekte verfälschend auf die Ergebnisse und Vorstellungen bezüglich des Entwicklungsverlaufes auswirken können (s. Abbildung 1).

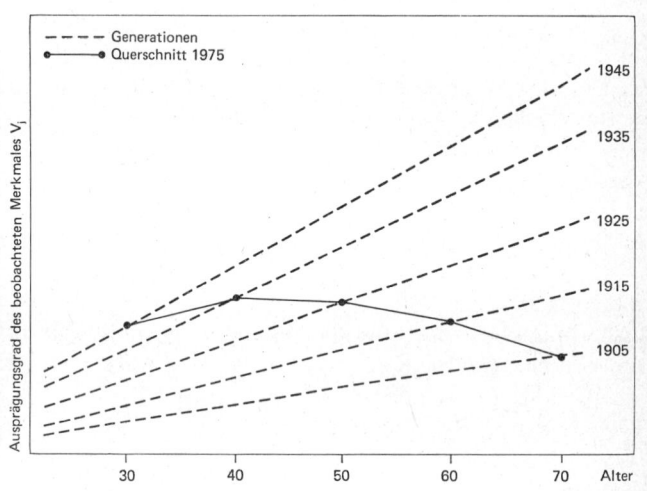

Abbildung 1: Generationsunterschiede und ihre Auswirkung auf die Ergebnisse einer Q-Analyse; fiktives Beispiel (mit Abwandlungen nach Baltes, 1967, S. 30).

Die gestrichelten Geraden in Abbildung 1 repräsentieren die hypothetisch angenommenen durchschnittlichen Entwicklungsverläufe der Geburtsjahrgänge (Generationen) 1905, 1915, 1925, 1935 und 1945, also der im Jahre 1975 30- bis 70-jährigen Personen. Diese Verlaufskurven implizieren lediglich die Annahmen, daß (a) das fragliche Merkmal mit dem Alter linear anwächst und (b) dieser Anstieg von Generation zu Generation gleichmäßig zunimmt (z. B. aufgrund der sich ändernden kulturellen, sozialen und technischen Bedingungen). Mit einer 1975 durchgeführten Q-Analyse erlangt man jedoch keine Kenntnis von diesen Entwicklungskurven, da jede Generation nur auf einer einzigen Altersstufe beobachtet wird. Für den Geburtsjahrgang 1945 etwa wird die Erhebung des Merkmales im Alter von 30 Jahren durchgeführt; die 1915 Geborenen sind 1975 60 Jahre alt, und folglich liegt für diese Generation nur die Beobachtung für die Altersstufe 60 Jahre vor. Insgesamt erhält man als Resultat der Q-Studie die durchgezogen gezeichnete Entwicklungskurve in Abbildung 1. Diese ist jedoch weder typisch für irgendeine der Verlaufskurven der einzelnen Generationen, noch stellt sie die durchschnittliche Entwicklung über alle Generationen dar. Man beachte, daß die Konfundierung von Alters- und Generationseffekten durchaus noch wesentlich komplexer (und verwirrender) sein kann als in diesem Beispiel.

Es ist offenkundig, daß die Generationszugehörigkeit als Verhaltensdeterminante besonders in unserer Zeit und in unserem Kulturkreis ständig an Einfluß gewinnen kann, wo die Veränderungen der materiellen ebenso wie der sozialen Umwelt für jede Generation ein neues Sozialisationsmilieu schaffen. Mit Hilfe der noch einzuführenden mehrfaktoriellen Modelle der entwicklungspsychologischen Versuchsplanung hat man inzwischen auch schon empirische Belege für signifikante Generationseinflüsse bei einer Reihe von psychologischen Variablen gefunden (einen ersten Überblick über mögliche Generationseffekte im Bereich der Intelligenz gibt Schaie 1970).

(d) Fehlende Angaben über individuelle Entwicklungsverläufe. Die Querschnittanalyse liefert keine individuellen Entwicklungskurven. Da jeder Pb nur einmal untersucht wird, lassen sich aus den Mittelwerten der verschiedenen Altersstichproben lediglich Aussagen über den durchschnittlichen Entwicklungsverlauf von Merkmalen gewinnen. Dieser Nachteil mag zwar nicht so ins Gewicht fallen, wenn lediglich das Verhaltensniveau (Leistungshöhe) verschiedener Altersstufen verglichen werden soll. Er wird aber schwerwiegend, wenn man Veränderungs*prozesse* in Form von *Verlaufskurven* beschreiben will. Bakan (1967) hat bewiesen, daß bei manchen Funktionstypen Rückschlüsse von Durchschnittskurven auf entsprechende individuelle Funktionsverläufe falsch sind.

1.2.2 Die Längsschnittmethode (L-Methode)

(1) Definition.

Eine Stichprobe S_s aus der Grundgesamtheit G_s wird zu den Zeitpunkten $T_1, \ldots, T_i, \ldots, T_n$, zu denen sie den Altersgruppen $A_1, \ldots, A_i, \ldots, A_n$ angehört, hinsichtlich des Merkmales V_j mit demselben oder einem vergleichbaren Meßinstrument untersucht (vgl. Tabelle 3).

Tabelle 3: Schematische Darstellung der L-Methode
(mit Abwandlungen nach Baltes 1967, S. 32)

Stichprobe (S_s)	Altersstufe (A)	Erhebungs- zeitpunkt (T)	Beobachtetes Merkmal (V_j)
S_s	A_1	T_1	V_{1j}
S_s	A_i	T_i	V_{ij}
S_s	A_n	T_n	V_{nj}

Wieder handelt es sich um ein unifaktorielles Design, dessen Güte daran abzulesen ist, inwieweit es gelingt, «Störfaktoren», die dem Alterseffekt überlagert sind, auszuschalten. Im Unterschied zur Q-Methode ist die L-Methode jedoch als ein Versuchsplan mit abhängigen Stichproben konzipiert worden (engl. within subject design), denn es werden an denselben Pbn wiederholte Messungen vorgenommen. Bezüglich der statistischen Auswertung ergibt sich daraus der Vorteil, mit statistischen Kennwerten und Tests für korrelierende Stichproben arbeiten zu können, für die der Stichprobenfehler geringer ist.

(2) Beispiel.

Wiederum besteht die Absicht, die Vermutung über den «Altersabbau der Intelligenz» zu prüfen. Aus der Altersgruppe der im Jahre 1975 30-jährigen Personen wird eine Zufallsstichprobe von $N = 100$ Pbn ausgewählt. Diese wird erstmals 1975 mit einem Intelligenztest untersucht. In den Jahren 1980, 1985, ..., 2015, also jeweils im Abstand von fünf Jahren, wird die Intelligenzprüfung an derselben Stichprobe wiederholt. Erst im Jahre 2015 liegen alle Beobachtungen für den Altersbereich 30–70

Jahre vor, und erst dann ist eine Interpretation der Befunde im Hinblick auf den Entwicklungsverlauf der Intelligenz im höheren Lebensalter möglich.

(3) Unzulänglichkeiten und Kritik.

(a) Vergleichbarkeit der Stichproben. In L-Studien werden dieselben Pbn auf verschiedenen Altersstufen untersucht, so daß sich das Problem der *Auswahl* vergleichbarer Stichproben aus verschiedenen Alterspopulationen, das bei der Q-Methode Schwierigkeiten bereitet (s. S. 131), erst gar nicht stellt. Jedoch kann die Vergleichbarkeit der Beobachtungsdaten dadurch beeinträchtigt werden, daß der Stichprobenumfang im Laufe der Untersuchung, die sich – siehe Beispiel! – über einen langen Zeitraum hinziehen kann, sich in systematischer Weise verändert. Baltes (1967, S. 22) spricht hier, in Analogie zur selektiven Populationsveränderung bei der Q-Methode, von einer «selektiven Stichprobenveränderung». Die Abnahme des Stichprobenumfanges (engl. attrition rate) kann verschiedene Ursachen haben. Zu den «vermeidbaren» Ursachen werden gezählt: mangelnde Bereitschaft der Pbn zu wiederholter Mitarbeit und Wohnortwechsel, zu den «unvermeidbaren»: Krankheit und Tod.

Wie schwerwiegend Stichprobenveränderungen in L-Studien sein können, zeigen die folgenden Angaben (nach Baltes 1967, S. 22 f.) zu zwei klassischen L-Studien. Der Umfang der Stichprobe der «Berkeley Growth Study» verkleinerte sich in 18 Jahren von $N=61$ auf $N=40$ Pbn, und die Stichprobe der «Harvard Growth Study» nahm in 11 Jahren (Alter 6–17 Jahre) gar um 75 % ab. Wie zu kontrollieren ist, ob diese «experimentelle Mortalität» selektiv ist, haben Baltes et al. (1971) ausführlich diskutiert.

(b) Vergleichbarkeit der Meßinstrumente. Bezüglich der Meßinstrumente gelten dieselben Argumente, die wir schon für die Q-Analyse angeführt haben. Wenn die Entwicklung ein und desselben Merkmals über verschiedene Altersstufen hinweg beschrieben werden soll, so muß man voraussetzen, daß die Messungen allesamt vergleichbar sind. Die Frage der Äquivalenz von Messungen und Meßinstrumenten wird ausführlicher von Eckensberger (1973) und Gulliksen (1968) diskutiert.

(c) Generalisierbarkeit der Resultate über mehrere Generationen hinweg. Bei der L-Methode können keine Überlagerungen von Alterseffekten durch Generationseffekte auftreten, da über alle Altersstufen hinweg dieselbe Stichprobe (d. h. dieselbe Generation) untersucht wird. Die Grenzen der L-Analyse werden jedoch dann sichtbar, wenn man die Ergebnisse über Entwicklungsvorgänge benutzen will, um zukünftiges Verhalten zu prognostizieren. Diese Prognosen, deren Aufstellung letztlich das Ziel einer nomothetisch orientierten Entwicklungspsychologie ist, beziehen sich zwangsläufig nicht auf jene Generation, an der die L-Analyse durchgeführt wurde, sondern auf nachfolgende Geburtsjahrgänge. Eine solche Generalisierung auf andere Populationen ist nur dann berechtigt, wenn keine Differenzen in den Entwicklungsgesetzen zwischen verschiedenen Generationen bestehen, d. h. keine Generationseffekte vorliegen. Aber gerade diese Annahme scheint, wie oben ausgeführt, heute weniger berechtigt denn je. In Abbildung 1 (s. S. 133) sind gestrichelt die unterschiedlichen Entwicklungsverläufe für fünf verschiedene Generationen eingezeichnet. Der Generationseffekt besteht hier darin, daß der lineare Anstieg von Generation zu Generation größer wird; eine Verallgemeinerung des Entwicklungsverlaufes von einer Generation auf eine andere würde hier zu Fehlprognosen führen.

(d) Testungseffekte. Von Testungseffekten spricht man dann, wenn die Ergebnisse von Wiederholungsuntersuchungen durch die Tatsache der Erstuntersuchung beeinflußt werden. Da bei der L-Analyse mindestens zwei, in der Regel aber wesentlich mehr Untersuchungen an denselben Pbn vorgenommen werden, muß man mit der Wirksamkeit dieser Fehlerquelle besonders bei in relativ kurzen Abständen aufeinanderfolgenden Untersuchungen rechnen.

Üblicherweise unterscheidet man an Testungs- oder Untersuchungseffekten die aufgabenspezifische Leistungsänderung bei Wiederholungen infolge von Übung oder Lernerfahrung von der Entstehung einer allgemeinen Testerfahrung (engl. test sophistication), die sich auch bei nachfolgenden Tests mit anderen Aufgaben im Sinne einer Leistungserhöhung auswirken kann. Schließlich muß im Zusammenhang mit L-Studien bei Kindern noch auf die Möglichkeit der Verfälschung durch gezieltes Training durch die Eltern der Pbn (engl. coaching) hingewiesen werden. Während die genannten Testungseffekte im allgemeinen leistungsfördernd wirken, können sich bei oftmaliger Teilnahme an psychologischen Untersuchungen auch Leistungsminderungen durch abnehmende Testmotivation («Sättigungseffekte») einstellen.

Bei der L-Analyse handelt es sich, in Termini der Versuchsplanung, um ein einfaches «one group pretest-posttest design» mit mehrfacher Wiederholungsuntersuchung. Um das Auftreten von Testungseffekten zu kontrollieren, ist es erforderlich, durch die Einführung von mehreren Kontrollgruppen den Versuchsplan zu einer erweiterten Variante des «posttest-only control group design» (s. Campbell und Stanley 1970[6], S. 25) zu verändern, bei der die Zahl der Untersuchungen über die Kontrollgruppen systematisch variiert. Wenn man allerdings die verschiedenen Testungseffekte voneinander trennen und quantitativ abschätzen will, so werden Design und Untersuchungsaufwand entsprechend komplizierter und umfangreicher.

(e) Mangelnde Ökonomie. Bei Sichtung der entwicklungspsychologischen Literatur wird man feststellen, daß sehr oft zuerst die theoretische Überlegenheit der L-Methode betont und anschließend die Q-Analyse angewendet wird. Dieser Widerspruch löst sich auf, wenn man den Untersuchungsaufwand der beiden Strategien vergleicht. Während bei der Q-Methode zu *einem* Zeitpunkt die gesamte Untersuchung abgewickelt wird, müssen bei der L-Analyse die Pbn *mehrmals* aufgesucht und beobachtet werden. Die Ergebnisse der Q-Analyse sind bereits nach Abschluß der Auswertung der ersten und einzigen Untersuchung verfügbar, während L-Analysen gerade längerfristiger Veränderungen sich sogar über einen Zeitraum von 60 oder 70 Jahren hinziehen können. Nunnally weist pointiert auf die motivationalen Probleme hin, die für Forscher bei L-Studien entstehen können: "However, very few investigators are motivated to undertake research that might not be completed even in their own lifetimes" (1973, S. 92).

(4) Zusammenfassung von Abschnitt 1.2.

(a) Um gemäß dem Ansatz $V = f(A)$ die Veränderung von Merkmalen über das Lebensalter zu untersuchen, sind in der Entwicklungspsychologie Querschnitt- und Längsschnittuntersuchungen durchgeführt worden. Beide Ansätze stellen unifaktorielle Designs dar. Bei der Q-Methode handelt es sich um ein Design mit unabhängigen Gruppen, bei der L-Methode um einen Plan mit Wiederholungsmessungen an derselben Stichprobe.

(b) Beide Strategien weisen eine Reihe von Unzulänglichkeiten auf. Gegen die Q-Methode spricht vor allem das theoretische Argument, daß hier der Ansatz $V = f(A)$ insofern nicht realisiert wird, als per Definition der Q-Methode nicht nur das Alter, sondern mit dem Alter auch die Generationszugehörigkeit systematisch variiert wird. Daraus ergibt sich prinzipiell die Möglichkeit der Konfundierung von Alters- und Generationseffekten, so daß etwaige Verhaltensänderungen ohne zusätzliche Informationen nicht als Funktion des Alters interpretiert werden dürfen.

Überlagerungen von Alters- und Generationseffekten können bei der L-Methode nicht auftreten, da über alle Altersstufen hinweg dieselbe Generation beobachtet wird. Problematisch ist jedoch die Verallgemeinerung der Resultate auf andere Generationen, zumal inzwischen auch empirische Anhaltspunkte für Generationseffekte bei psychologischen Variablen vorliegen.

(c) Neben diesen theoretischen Haupteinwänden sind eine Reihe weiterer die Validität der Ergebnisse mindernder Faktoren genannt worden. Sowohl bei der Q- als auch bei der L-Analyse stellt sich das Problem der Vergleichbarkeit der Messungen bzw. Meßinstrumente für die verschiedenen Altersstufen. Ebenso ist in beiden Fällen die Vergleichbarkeit der Stichproben auf den verschiedenen Altersstufen nur schwer zu gewährleisten, da bei der Q-Analyse selektive Populationsveränderungen, bei der L-Analyse selektive Stichprobenveränderungen auftreten können. Da bei der L-Analyse wiederholte Messungen an denselben Pbn vorgenommen werden, muß mit dem Auftreten von Testungseffekten gerechnet werden, die jedoch durch die Erweiterung des Designs kontrolliert werden können. Bei der Q-Analyse können nur Angaben über die Entwicklung von Merkmalen auf Gruppenebene gemacht werden, jedoch keine individuellen Entwicklungsvorgänge beobachtet werden. Der durchschnittliche Entwicklungsverlauf ist in der Regel aufgrund der interindividuellen Differenzen keinesfalls typisch für alle individuellen Verlaufskurven; er muß nicht einmal irgendeiner der individuellen Entwicklungen entsprechen.

(d) Trotz der offenkundigen theoretischen Nachteile ist die

Q-Analyse ungleich häufiger verwendet worden, da sie zeitökonomischer und weniger sachaufwendig ist als die L-Analyse.

(e) Die Nachteile beider Designs zu vermeiden ist das Ziel der sog. multifaktoriellen entwicklungspsychologischen Versuchspläne, die auf dem «allgemeinen Entwicklungsmodell» (s. Abschnitt 1.3) basieren und die in Abschnitt 1.4 beschrieben werden.

1.3 *Das allgemeine Entwicklungsmodell von Schaie (1965) als theoretischer Bezugsrahmen für die entwicklungspsychologische Versuchsplanung*

Die Unzufriedenheit mit der Q- und L-Methode hat einige Autoren zu alternativen Strategien der Datenerhebung bewogen. Miles hat schon 1934 erstmals durch Kombination der Q- mit der L-Methode einen erweiterten entwicklungspsychologischen Versuchsplan aufgestellt. Solche Verknüpfungen – vor allem mit dem Ziel, den Durchführungszeitraum von L-Studien zu verkürzen – sind wiederholt versucht worden; der bekannteste systematische Ansatz ist Bells Konvergenzmodell (1953). Aber erst Schaie (1965) formulierte mit dem allgemeinen Entwicklungsmodell einen *grundlegenden* theoretischen Bezugsrahmen für die entwicklungspsychologische Versuchsplanung, der die gezielte Ableitung weiterführender Designs erlaubte.

(1) Die Grundzüge des allgemeinen Entwicklungsmodells.

Die Komponenten des allgemeinen Entwicklungsmodells gewinnt man bei dem Versuch, den Begriff des Alters zu präzisieren. Nach Schaie ist es eine ungenaue Redeweise, wenn man von der Datenerhebung an Pbn bestimmten Alters (A) spricht. Vielmehr muß man ausführen, daß es sich um Beobachtungen an Pbn im Alter A handelt, die der Generation G angehören und zum Zeitpunkt T untersucht werden. Der unifaktorielle Ansatz $V = f(A)$ wird durch die Einbeziehung der Variablen G und T als zusätzliche unabhängige Größen zu einem dreifaktoriellen Design $V = f(A, G, T)$ erweitert. Dabei werden die Konzepte Alter, Generation und Erhebungszeitpunkt von Schaie folgendermaßen definiert:

Alter (A): = Anzahl der Zeitintervalle (Jahre, Tage, Monate) zwischen der Geburt eines Pb und dem Erhebungszeitpunkt.

Generation (G)[4]: = Population derjenigen Individuen, die zu

einem bestimmten Zeitpunkt (d. h. in einem begrenzten Zeitintervall) geboren werden.
Erhebungszeitpunkt (T): = Zeitpunkt der Messung bzw. Untersuchung des psychologischen Merkmals (Verhalten).
Tabelle 4 zeigt den Zusammenhang zwischen den unabhängigen Variablen A, G und T. Man sieht, daß es in der Tat mehrdeutig ist, von *den* 50-jährigen Pbn zu sprechen, da man es mit dieser Gruppe einmal zu tun hat, wenn man die «Generation 1925» im Jahre 1975 untersucht, zum anderen aber auch, wenn man den Geburtenjahrgang 1935 im Jahre 1985 beobachtet usw.

Generation

Alter									
1965					30	40	50	60	70
1955				30	40	50	60	70	
1945			30	40	50	60	70		
1935		30	40	50	60	70			
1925	30	40	50	60	70				
	1955	1965	1975	1985	1995	2005	2015	2025	2035

Erhebungszeitpunkt

Tabelle 4: Exemplarische Veranschaulichung des allgemeinen Entwicklungsmodells von Schaie (mit Abwandlungen nach Baltes 1967, S. 54)

Variiert das Verhaltensmerkmal (V_j) signifikant in Abhängigkeit von Alter, Generation und/oder Erhebungszeitpunkt, so verwendet man entsprechend die Begriffe Alterseffekt, Generationseffekt und Erhebungszeitpunkteffekt. Die inhaltliche Bedeutung dieser Effekte als Bedingungsfaktoren für Entwicklungsprozesse wird von Schaie (nach Baltes 1967, S. 55) wie folgt charakterisiert: Alterseffekte beziehen sich auf Verhaltensänderungen, die auf «neurophysiologische Reifungsprozesse» der Individuen während des Untersuchungszeitraumes zurückgehen [5];

---

[4] Die von Baltes für engl. "cohort" (nach Schaie) verwendete Übersetzung «Kohorte» ist ein sehr ungebräuchlicher Ausdruck. Wir gebrauchen deshalb lieber die Bezeichnung «Generation».
[5] Schaies Konzept der Reifung ist offensichtlich sehr weit gefaßt. Darunter werden auch Verhaltensänderungen im Laufe der Entwicklung eingeordnet, die universell auftreten, auch wenn sie offensichtlich das Produkt bestimmter Umweltinteraktionen und Lernerfahrungen sind.

Generationseffekte betreffen jene Verhaltensänderungen, die auf unterschiedliche Umweltbedingungen vor dem ersten Erhebungszeitpunkt zurückzuführen sind oder auf genetische Unterschiede zwischen den Generationen;

Erhebungszeitpunkteffekte deuten auf Verhaltensänderungen hin, die in den für alle Individuen gemeinsamen Umweltbedingungen oder Änderungen der Umwelt liegen.

(2) Die Einordnung der Q- und der L-Methode in das allgemeine Entwicklungmodell.

Wie man aus Tabelle 5 ersieht, lassen sich die Q- und die L-Methode als eingegrenzte Ansätze innerhalb des allgemeinen Entwicklungsmodells identifizieren.

Generation

Alter				Q-Studie				ZW-Studie
1965				30	40	50	60	70
1955			30	40	50	60	70	
1945		30	40	50	60	70	L-Studie	
1935	30	40	50	60	70			
1925	30	40	50	60	70			
	1955	1965	1975	1985	1995	2005	2015	2025	2035

Erhebungszeitpunkt

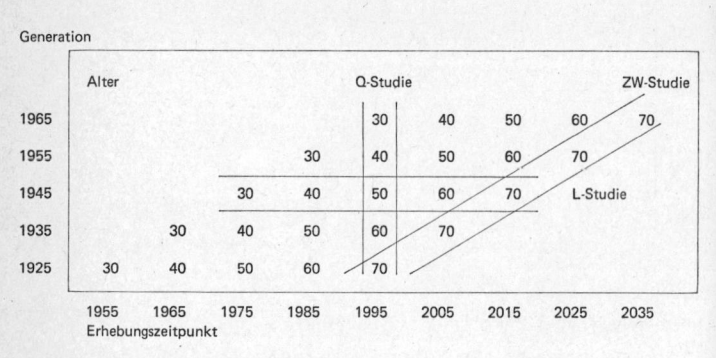

Tabelle 5: Einordnung der Q- und der L-Methode in das allgemeine Entwicklungsmodell von Schaie; fiktive Daten
(mit Abwandlungen nach Baltes 1967, S. 58)

Jede Spalte in Tabelle 5 stellt eine Q-Studie dar, jede Zeile repräsentiert eine L-Studie. Auch die Konfundierung von Alters- und Generationseffekten im Falle der Q-Methode läßt sich anhand dieser schematischen Darstellung nochmals verdeutlichen. Jeder signifikante Effekt Q_d innerhalb einer Q-Analyse – repräsentiert durch Differenzen zwischen den Elementen einer Spalte – kann sowohl auf die Variation des Alters als auch auf die Variation der Generationszugehörigkeit zurückzuführen sein. Nimmt man an, daß eventuelle Alterseffekte (A_d) und Generationseffekte (G_d) additiv [6] zusammenwirken, so kommt man zu der Beziehung

(1) $Q_d = A_d + G_d$

für die Resultate einer Q-Analyse. Daraus ersieht man leicht, daß die übliche Interpretation: $Q_d = A_d$ nur in dem Sonderfall berechtigt ist, daß $G_d = 0$, d. h. daß keine Generationseffekte auftreten.

Auch die Effekte L_d von L-Analysen sind nicht ohne weiteres eindeutig interpretierbar, denn – siehe Tabelle 5 – neben dem Alter (A) variiert auch der Erhebungszeitpunkt (T). Geht man wieder von der Additivität möglicher Effekte aus, so gilt für die Ergebnisse von L-Studien

(2) $L_d = A_d + T_d$.

Es ist also nur dann angemessen, die Beziehung $L_d = A_d$ zu behaupten, wenn $T_d = 0$, d. h. wenn Verhaltensänderungen, die auf für alle Pbn gemeinsame Umweltbedingungen bzw. Bedingungsänderungen zurückgehen, nicht auftreten. Dieser Sachverhalt wird bei der gängigen Interpretation der L-Methode oft übersehen – vielleicht deshalb, weil die Wirksamkeit von Erhebungszeitpunkteffekten (T_d) nicht so unmittelbar einsichtig ist wie die von Generationseffekten.

In Tabelle 5 ist noch eine dritte konventionelle Strategie der Versuchsplanung eingetragen, die durch jede der Diagonalen repräsentiert wird. Dieses von Baltes (1967, S. 60) als «Zeitwandelmethode» (ZW-Methode; engl. time-lag method) bezeichnete Vorgehen besteht darin, daß Gruppen gleichaltriger Pbn verglichen werden, z. B. die 1975 30jährigen Personen mit den 1985 30jährigen. Dieser Ansatz ist dann zu wählen, wenn man den Einfluß sich wandelnder kultureller, sozialer oder historischer Bedingungen auf das Verhalten prüfen will. Wenn z. B. der Effekt der veränderten Lebensbedingungen auf die Intelligenzausprägung erkundet werden soll, so wird man etwa die Intelligenzleistung der heute 50jährigen Pbn mit jener vergleichen, die man vor 10, 20, 30 ... Jahren an 50jährigen Pbn gemessen hat. Für die Entwicklungspsychologie ist dieses Design insofern uninteressant, als die Altersvariable konstant gehalten wird. Da die ZW-Methode jedoch bei den theoretischen Überlegungen für weiterführende entwicklungspsychologische Versuchspläne eine Rolle spielt, bemerken wir, daß auch bei diesem Verfahren signifi-

---

[6] Die Additivitätsannahme ist keinesfalls zwingend. So ist es prinzipiell durchaus möglich, daß eine multiplikative Verknüpfung $Q_d = A_d \cdot G_d$ vorliegt. Für die Additivitätsannahme spricht lediglich, daß nur sie die Anwendung der gängigen komplexeren statistischen Verfahren erlaubt (z. B. Faktorenanalyse, Varianzanalyse), die im allgemeinen ein linearadditives Grundmodell des Zusammenwirkens verschiedener Faktoren implizieren. Man sollte sich jedoch immer dessen bewußt sein, daß es sich hierbei um eine unüberprüfte Modellannahme handelt.

kante Ergebnisse (ZW_d) nicht eindeutig in bezug auf die unabhängige Variable Erhebungszeitpunkt (T) interpretiert werden können, da auch die Generationszugehörigkeit variiert. Unter der Annahme additiver Wirkung ergibt sich die folgende Beziehung:

(3) $ZW_d = T_d + G_d$.

(3) Die Isolierung der Komponenten Alter, Generation und Erhebungszeitpunkt im allgemeinen Entwicklungsmodell.

Die vorhergehenden Überlegungen zeigten, daß es mit den konventionellen Ansätzen der Q-, L- und ZW-Methode nicht möglich ist, «unverfälschte» Schätzungen des Einflusses von Alter, Generation und Erhebungszeitpunkt vorzunehmen. Unter unverfälschten Alterseffekten werden dabei die signifikanten Merkmalsdifferenzen zwischen Stichproben verschiedenen Alters verstanden, die in bezug auf die Variablen Generation und Erhebungszeitpunkt kontrolliert bzw. vergleichbar sind. Unverfälschte Generationseffekte bzw. Erhebungszeitpunkteffekte werden entsprechend definiert. Wie gezeigt wurde, kann das Zustandekommen der Resultate der konventionellen Methoden, unter der Annahme der additiven Wirkweise der Bedingungsfaktoren A, G und T, durch diese drei Gleichungen beschrieben werden:

(1) $Q_d = A_d + G_d$
(2) $L_d = A_d + T_d$
(3) $ZW_d = T_d + G_d$

Löst man die Gleichungen durch wechselweise Substitution nach A_d, G_d und T_d auf, so erhält man als Ergebnis die Bestimmung der Effekte auf der Grundlage der konventionellen Methoden:

– Alterseffekt A_d durch (4) $A_d = \dfrac{Q_d + L_d - ZW_d}{2}$

– Generationseffekt G_d durch (5) $G_d = \dfrac{Q_d + ZW_d - L_d}{2}$

– Erhebungszeitpunkteffekt T_d durch (6) $T_d = \dfrac{L_d + ZW_d - Q_d}{2}$

Diese von dem allgemeinen Entwicklungsmodell theoretisch abgeleiteten Bestimmungsgleichungen zeigen, daß es bei entsprechender Kombination der herkömmlichen Q-, L- und ZW-Methoden möglich ist, zu besseren Abschätzungen der Effekte zu gelangen als durch die konventionellen Methoden. Allerdings kommt man auch bei Versuchsplänen, die auf dem dreifaktoriellen Entwicklungsmodell basieren, nicht zu «reinen» Effekten, da wegen der wechselweisen Abhängigkeit der Variablen Alter (A), Generation (G) und Erhebungszeitpunkt (T) jeweils eine der drei Größen nicht kontrollierbar ist. – Um die erforderlichen Daten für die obigen Bestimmungsgleichungen zu gewinnen, hat Schaie drei «sequentielle» Strategien der Stichprobenerhebung vorgeschlagen, die systematische Erweiterungen der bekannten unifaktoriellen Designs darstellen (s. Abschnitt 1.4).

Baltes (1967, S. 81 ff.) hat die Tatsache, daß zwei der drei Parameter A, G und T in Schaies allgemeinem Entwicklungsmodell den dritten eindeutig determinieren – aufgrund der Definition von A, G, T gilt nämlich: $A = T - G$, $G = T - A$ und $T = A + G$ – zum Anlaß genommen, ein alternatives zweifaktorielles allgemeines Entwicklungsmodell vorzuschlagen. Schaie (1970, S. 486 f.) hat sich mit Baltes' Einwänden und Alternativmodell auseinandergesetzt. Er teilt zwar dessen Auffassung, daß jeder der drei Parameter im allgemeinen Entwicklungsmodell eindeutig bestimmt ist, sobald die beiden anderen festgelegt sind, aber er kann auch zeigen, daß für die Strategien der Datenerhebung "it does not follow at all that it is immaterial which two of the three parameters are chosen independently" (1970, S. 487). Neben weiterer Kritik am zweifaktoriellen Entwicklungsmodell kommt Schaie zu der Schlußfolgerung: "Moreover, at the operational level, Baltes has recently conceded the necessary consequences of a three-dimensional model..." (S. 488). Da wir aber gerade an der Darstellung *praktisch bedeutsamer* Prinzipien der entwicklungspsychologischen Versuchsplanung interessiert sind, können wir hier auf eine nähere Darstellung von Baltes' Entwicklungsmodell verzichten und verweisen auf die genannte Literatur.

(4) Zusammenfassung von Abschnitt 1.3.

(a) Schaie (1965) hat das methodische Paradigma $V = f(A)$ dadurch zum allgemeinen Entwicklungsmodell erweitert, daß er neben der Altersvariablen die Generation (G) und den Erhebungszeitpunkt (T) systematisch in die Betrachtung von Entwicklungsprozessen als Bedingungsfaktoren einbezieht: $V = f(A, G, T)$.

(b) Das allgemeine Entwicklungsmodell zeigt die Begrenztheit der Q- und der L-Methode auf, die sich als Sonderfälle einordnen lassen. Für die Q-, L- und die ZW-Methode gelten die folgenden Konfundierungen:
(1) $Q_d = A_d + G_d$
(2) $L_d = A_d + T_d$
(3) $ZW_d = T_d + G_d$

(c) Durch Verknüpfung der drei vorstehenden Beziehungen kommt man zu Bestimmungsgleichungen für die Effekte der Parameter A, G und T:

(4) $A_d = \dfrac{Q_d + L_d - ZW_d}{2}$

(5) $G_d = \dfrac{Q_d + ZW_d - L_d}{2}$

(6) $T_d = \dfrac{L_d + ZW_d - Q_d}{2}$

Auf dieser theoretischen Grundlage lassen sich sequentielle Strategien der Versuchsplanung formulieren, die bei Erfüllung bestimmter Grundannahmen Daten liefern, welche die Schätzung der unverfälschten Effekte erlauben.

1.4 *Sequentielle Versuchspläne für die entwicklungspsychologische Forschung*

Die Anwendung der Gleichungen (4)–(6) zur Bestimmung der Effekte des Alters, der Generation und des Erhebungszeitpunktes setzt voraus, daß die Ergebnisse aller drei konventionellen Methoden vorliegen. Um diese in möglichst ökonomischer Weise zu erheben, hat Schaie (1965; 1970) drei Strategien der Versuchsplanung bzw. Datenerhebung vorgeschlagen:

– die Generations-Sequenz-Methode (G-S-Methode; engl. cohort-sequential method)[7], bei der mindestens zwei Generationen auf mindestens zwei entsprechenden Altersstufen untersucht werden,

– die Erhebungszeitpunkt-Sequenz-Methode (E-S-Methode; time-sequential method), bei der mindestens zwei Altersstufen an mindestens zwei Erhebungszeitpunkten beobachtet werden, und

– die Quer-Sequenz-Methode (Q-S-Methode; cross-sequential method), bei der mindestens zwei Generationen an mindestens zwei Erhebungszeitpunkten untersucht werden.

Die Bezeichnung «Sequenzmodelle» hat von daher ihre Berechtigung, daß es sich um die sequentielle bzw. wiederholte

---

[7] Wir haben uns bei der Übersetzung der Benennungen bewußt nicht an die von Baltes (1967) vorgeschlagene Terminologie gehalten, sondern jene Begriffe verwendet, die mit den zuvor eingeführten Termini (Erhebungszeitpunkt, Generation) stimmig sind.

Anwendung von traditionellen Strategien handelt. In diesem Sinne stellt die Generations-Sequenz-Methode eine Verallgemeinerung der L-Methode dar, die Erhebungszeitpunkt-Sequenz-Methode kann als Generalisierung der Q-Analyse aufgefaßt werden, und die Quer-Sequenz-Methode ist der allgemeine Fall der ZW-Methode.

Wie Tabelle 6 zeigt, reicht bei geeigneter Auswahl bereits ein Versuchsplan von sechs Stichproben (S_1–S_6) aus, um die drei Sequenzmodelle zu enthalten.

Generation

```
         Alter
G_1    | S_1(A_1)         \
                           \
G_2    |\ S_2(A_2)   S_3(A_1)  |
       |                       |
G_3    | S_4(A_3)\  S_5(A_2)   | S_6(A_1)
       |_____|
         T_1      \ T_2       T_3
       Erhebungszeitpunkt
```

——— = G-S-Methode
— — — = E-S-Methode
—·—·— = Q-S-Methode

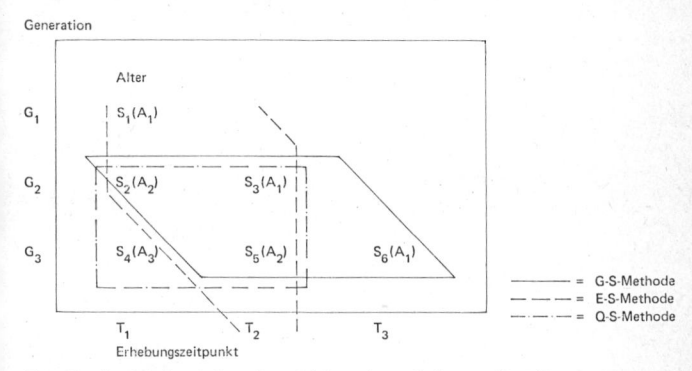

Tabelle 6: Minimalplan der Stichprobenerhebung für die simultane Anwendung aller drei Sequenzmodelle; fiktives Beispiel

Die simultane Anwendung aller Sequenzmodelle bedeutet offensichtlich nur einen geringfügigen Mehraufwand gegenüber der Durchführung der Untersuchung nach nur einem sequentiellen Design. Werden für eine gegebene Fragestellung Untersuchungen mittels aller drei Designs durchgeführt, so ist die wechselseitige Überprüfung der einschränkenden Grundannahmen der Sequenzmodelle möglich.

Es ist zu beachten, daß weder die G-S-Methode (verallgemeinertes L-Design) noch deren theoretische Grundlage, das allgemeine Entwicklungsmodell, Beobachtungen an abhängigen Stichproben erfordern (durch Wiederholungsuntersuchungen an denselben Pbn); vielmehr ist es durchaus mit dem Modell vereinbar, mit vergleichbaren unabhängigen Stichproben zu arbeiten. Das ändert allerdings nichts daran, daß für die statistische Auswertung «within subject designs» (wie bei der unifaktoriellen L-Methode üblich) wesentliche Vorteile aufweisen.

Die sequentiellen Strategien können auch als multifaktorielle Ansätze bezeichnet werden, da sie Operationalisierungen des dreifaktoriellen Paradigmas V = f(A, G, T) darstellen und mit jeder von ihnen mindestens zwei der drei Faktoren unabhängig von einander bestimmt werden können. Die Bezeichnung «mixed designs» (z. B. Nunnally 1973, S. 93) bezieht sich zumeist auf die spezifische Verknüpfung von L- und Q-Methode mit dem Ziel, den Verlauf longitudinaler Entwicklungskurven aus Daten abzuschätzen, die partiell aus Q-Analysen stammen.

Wir werden bei der Beschreibung der Sequenzmodelle die rechnerische Bestimmung der Parameter A, G und T auf der Grundlage der erhobenen Daten nur für die G-S-Methode ausführlicher darstellen; detaillierte Angaben hierzu s. Schaie 1965, S. 97 ff. und Baltes 1967, S. 65 ff.

(1) Die Generations-Sequenz-Methode (G-S-Methode).

Bei der Anwendung des G-S-Designs werden im einfachsten Fall zwei Generationen über zwei Altersstufen hinweg beobachtet, so daß der minimale Erhebungsplan nur vier Stichproben, im folgenden mit a, b, c, d bezeichnet, umfaßt (s. Tabelle 7).

Generation

	Alter		
1945	a 30	b 40	
1955		c 30	d 40
	1975	1985	1995

Erhebungszeitpunkt

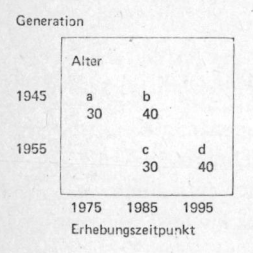

Tabelle 7: Beispiel eines minimalen Erhebungsplanes für die G-S-Analyse (mit Abwandlungen nach Baltes 1967, S. 66)

Durch Einsetzung in die Gleichungen (4)–(6) ergeben sich für die Bestimmung von Alters- und Generationseffekten in diesem Sonderfall die folgenden Beziehungen:

– für den Alterseffekt
$$A_d = \frac{Q_d + L_d - ZW_d}{2}$$
$$= \frac{(c-b) + (c-d) - (c-a)}{2}$$

(7)
$$= \frac{(a-b) + (c-d)}{2}$$

– für den Generationseffekt $G_d = \dfrac{Q_d + ZW_d - L_d}{2}$

$\phantom{\text{– für den Generationseffekt } G_d} = \dfrac{(c-b) + (c-a) - (c-d)}{2}$

(8) $\phantom{\text{– für den Generationseffekt } G_d} = \dfrac{(c-a) + (d-b)}{2}$

Gleichung (7) besagt, daß der Einfluß der Altersvariablen auf das untersuchte Merkmal geprüft wird, indem für jede der beiden Generationen die Altersdifferenz (d. h. der Effekt der Altersvariablen pro Generation) berechnet und anschließend gemittelt wird. Zur Berechnung des Generationseffektes (8) wird die Differenz zwischen den Generationen für jede der Altersstufen berechnet, und diese Differenzen werden anschließend gemittelt.

Eine eindeutige Berechnung der Erhebungszeitpunkteffekte (T_d) hingegen ist beim G-S-Design nicht möglich, da die Konfundierungen sowohl in bezug auf das Alter als auch in bezug auf die Generationszugehörigkeit auftreten. Daß diese Konfundierung zwangsläufig ist, ergibt sich daraus, daß es logisch unmöglich ist, zwei Generationen über dieselben Altersstufen hinweg zu denselben Erhebungszeitpunkten zu beobachten. Zieht man das varianzanalytische Modell mit den Haupteffekten Alter (A) und Generation (G) heran, so ergibt sich die Konsequenz, daß die Interaktionseffekte A X G nicht eindeutig interpretierbar sind. Sie können sowohl bedeuten, daß die Alterseffekte über die Generationen variieren (bzw. die Generationseffekte von den Altersstufen abhängen), als auch, daß Konfundierungen des Alters und/oder der Generation mit dem Erhebungszeitpunkt vorliegen. Deshalb hat die Beschränkung der G-S-Methode bezüglich der Variablen Erhebungszeitpunkt auch Restriktionen für die Interpretation etwaiger Alters- und Generationseffekte zur Folge. Zwar werden Alters- und Generationseffekte jeweils unabhängig voneinander bestimmt, sind also nicht wechselweise konfundiert, doch können Konfundierungen mit signifikanten Einflüssen des Erhebungszeitpunktes nicht prinzipiell ausgeschaltet werden. Die aus G-S-Analysen extrahierten Effekte A_d und G_d sind daher nur unter der Annahme, daß $T_d = 0$, eindeutig als unverfälschte Effekte zu interpretieren. Nach Schaie (s. S. 142) deuten Erhebungszeitpunkteffekte auf Veränderungen in der kulturellen, sozialen oder materiellen Umwelt des Individuums hin, die für das untersuchte Merkmal relevant sind. Setzt man $T_d = 0$, so geht man von der Konstanz bzw. Irrelevanz dieser Lebensbedingungen für die psychische Entwicklung aus – eine Annahme, die uns wenig berechtigt erscheint.

In der Regel wird man nicht mit einem minimalen Versuchsplan arbeiten, sondern in die G-S-Analyse mehr als zwei Generationen auf mehr als zwei Altersstufen einbeziehen. Durch Verallgemeinerung von (7) und (8) ergeben sich für die Parameter Alters- (A_d) und Generationseinfluß (G_d) die Bestimmungsgleichungen

$$(9) \quad A_d = \frac{1}{N_G} \sum_{g=1}^{N_G} (A_n - A_m)$$

mit N_G = Anzahl der Generationen,
A_n, A_m = die zu vergleichenden Altersstufen und

$$(10) \quad G_d = \frac{1}{N_A} \sum_{a=1}^{N_A} (G_j - G_i)$$

mit N_A = Anzahl der Altersstufen,
G_j, G_i = die zu vergleichenden Generationen.

Auch die Alters- und Generationseffekte in diesem allgemeinen Fall unterliegen nur bei $T_d = 0$ keinen Konfundierungen mit dem Erhebungszeitpunkt. Zusätzlich gilt, daß der Erhebungszeitpunkteffekt um so bedeutungsloser wird, je mehr Generationen (bei der Ermittlung von Alterseffekten) bzw. Altersstufen (bei der Prüfung von Generationseffekten) in der Versuchsplan einbezogen werden. Allerdings dürfte sich hier kaum eine *realisierbare* Möglichkeit der Kontrolle von Konfundierungen mit dem Erhebungszeitpunkt ergeben, da der materielle und zeitliche Untersuchungsaufwand bei entsprechender Ausweitung des G-S-Designs nicht tragbar ist.

Schaie schlägt für den Fall, daß die Modellanforderungen erfüllt sind, sowohl für die G-S-Methode als auch für die beiden anderen sequentiellen Versuchspläne als adäquates statistisches Auswertungsverfahren die zweifaktorielle Varianzanalyse vor. Die Haupteffekte bei einer Untersuchung nach dem G-S-Design sind die Parameter Alter und Generationszugehörigkeit; eine signifikante Wechselwirkung hingegen ist – siehe oben – nicht eindeutig zu interpretieren.

(2) Die Erhebungszeitpunkt-Sequenz-Analyse (E-S-Analyse).

Bei der E-S-Methode, die darin besteht, daß zwei oder mehr Altersstufen an zwei oder mehr aufeinanderfolgenden Erhebungszeitpunkten gleich häufig beobachtet werden, lassen sich als Haupteffekte die Wirkung des Alters und des Erhebungszeitpunktes bestimmen, während der Generationseffekt (G_d) lediglich im Interaktionsterm A X T erfaßt werden kann. Die Berechnung von A_d und T_d erfolgt dabei mit Hilfe der Beziehungen

(11) $A_d = \dfrac{1}{N_T} \sum\limits_{t=1}^{N_T} (A_n - A_m)$

mit N_T = Anzahl der Erhebungszeitpunkte T

und

(12) $T_d = \dfrac{1}{N_A} \sum\limits_{a=1}^{N_A} (T_l - T_k)$

mit T_l, T_k = die zu vergleichenden Erhebungszeitpunkte.

Auch bei der E-S-Analyse unterliegt die Interpretation der Effekte A_d und T_d der Einschränkung, daß sie nur dann unverfälscht sind, wenn $G_d = 0$, da die Alterseffekte nur hinsichtlich der Erhebungszeitpunkte kontrolliert sind und vice versa. Die Annahme $G_d = 0$ wird nach Schaie inhaltlich so interpretiert, daß keine genetischen Änderungen zwischen den Generationen oder generationsspezifischen Umweltveränderungen die Entwicklungsvorgänge beeinflussen. Sie dürfte, abgesehen von der Untersuchung physischer Merkmale, im allgemeinen nicht erfüllt sein, besonders dann nicht, wenn kurzfristige gravierende Umweltveränderungen auftreten.

(3) Die Quer-Sequenz-Methode (Q-S-Methode).

Bei der Q-S-Methode werden mindestens zwei Generationen an zwei oder mehr Erhebungszeitpunkten gleich oft untersucht. Für die Bestimmung der Effekte der Parameter Erhebungszeitpunkt (T_d) und Generation (G_d) gilt

(13) $T_d = \dfrac{1}{N_G} \sum\limits_{g=1}^{N_G} (T_l - T_k)$

und

(14) $G_d = \dfrac{1}{N_T} \sum\limits_{t=1}^{N_T} (G_j - G_i)$

Die Erhebungszeitpunkteffekte sind zwar hinsichtlich der Variablen Generationszugehörigkeit ausbalanciert, nicht jedoch bezüglich des Alters. Ebenso ist der Generationseffekt lediglich vom Erhebungszeitpunkt unabhängig, nicht jedoch vom Alter. Je mehr Erhebungszeitpunkte bzw. Generationen in die Untersuchung einbezogen werden, um so bedeutungsloser wird der Faktor Alter. Der Effekt des Alters auf die abhängige Variable ist nur als Interaktion zwischen Erhebungszeitpunkt und Generation zu ermitteln. $A_d = 0$, was die eindeutige Interpretation der bei der Q-S-Analyse berechneten Effekten G_d und T_d erlauben würde, besagt nach Schaie, daß keine reifungsbedingten Veränderungen der Individuen vorliegen – eine Annahme, gegen die zumindest für die ersten Lebensjahrzehnte die empirische Evidenz spricht.

(4) Zusamenfassung von Abschnitt 1.4.

(a) Auf der Basis des allgemeinen Entwicklungsmodelles hat Schaie (1965; 1970) drei sequentielle Strategien der Datenerhebung vorgeschlagen, um die Auswirkung der Bedingungsfaktoren Alter, Generation und Erhebungszeitpunkt auf die Entwicklung psychologischer Merkmale empirisch prüfen zu können. Bei der G-S-Analyse handelt es sich um eine Ausweitung der traditionellen L-Methode. Es wird verlangt, daß mehrere Generationen in vergleichbarer Weise über mehrere Altersstufen hinweg beobachtet werden. Die E-S-Methode erfordert die Beobachtung von mindestens zwei Altersstufen zu zwei oder mehr Erhebungszeitpunkten; die Beziehung zur Q-Methode (mindestens zwei Altersstufen werden an einem bestimmten Erhebungszeitpunkt erfaßt) ist offenkundig. Beim dritten Sequenzmodell, der Q-S-Methode, wird in Erweiterung der ZW-Analyse gefordert, daß mehrere Generationen über mehrere Erhebungszeitpunkte hinweg beobachtet werden.

Tabelle 8: Grundannahmen und Interpretationsmöglichkeiten der Sequenzmodelle (mit Abwandlungen nach Baltes 1967, S. 76)

Methode	G-S-Methode	E-S-Methode	Q-S-Methode
Grundannahme	$T_d = 0$	$G_d = 0$	$A_d = 0$
Interpretation	A_d und G_d	A_d und T_d	T_d und G_d

(b) Tabelle 8 zeigt, welche der Entwicklungsbedingungen jeweils durch das mehrfaktorielle Design geprüft werden. Sie enthält auch den Hinweis darauf, daß eine eindeutige Interpretation der Ergebnisse nur dann zulässig ist, wenn bestimmte Vorannahmen gemacht werden. Die Ursache für die Einschränkungen liegt in der wechselseitigen Abhängigkeit zwischen Alter, Generation und Erhebungszeitpunkt. Zwei dieser Faktoren determinieren den dritten eindeutig, so daß er mit ersteren zwangsläufig konfundiert ist. Schaie (1965; 1970) hat die Möglichkeiten der wechselweisen Kontrolle der Grundannahmen der Sequenzmodelle beschrieben.

(c) Trotz dieser Restriktion stellen die sequentiellen Versuchspläne einen Fortschritt gegenüber den traditionellen Strategien dar. Sie gestatten es, jeweils zwei der drei Parameter unabhängig voneinander zu bestimmen, sie erlauben es unter Umständen, auch die Wirkung des dritten Faktors abzuschätzen, und sie bilden schließlich einen ersten Ansatz, um systematisch den Einfluß biologischer (Generationseffekte) und kultureller (Erhebungszeitpunkteffekte) Wandlungsprozesse zu prüfen.

1.5 Einige übergeordnete Anmerkungen zur entwicklungspsychologischen Versuchsplanung

In unserer bisherigen Darstellung unterlagen die entwicklungspsychologischen Designs, trotz sonstiger Verschiedenheit, allesamt zwei Beschränkungen. Erstens wurde auf Seiten der abhängigen Variablen nur *ein* Verhaltensmerkmal (V_j) beobachtet, und zweitens wurden auf Seiten der unabhängigen Variablen nur Parameter berücksichtigt, die als Präzisierung des Alterskonzeptes anzusehen sind. Diese Restriktionen sind keinesfalls notwendig. Vielmehr wird es mit fortschreitendem theoretischen Erkenntnisstand der Entwicklungspsychologie notwendig werden, Entwicklungsprozesse nicht an isolierten Merkmalen, sondern an Merkmalskombinationen und -mustern zu untersuchen. Auch für den so erweiterten Ansatz $(V_1, \ldots, V_j, \ldots, V_v) = f(A)$ bzw. $(V_1, \ldots, V_j, \ldots, V_v) = f(A, G, T)$ gelten die meisten Argumente, die für die Versuchsplanung im univariaten Fall angeführt wurden; unterschiedliche Strategien der Datenerhebung zur Realisierung des multivariaten Ansatzes mit mehr als einer abhängigen Variablen sind bei Nunnally (1973, S. 95 f.) angedeutet. Für die statistische Analyse ergibt sich bei gleichzeitiger Einbeziehung von mehreren Verhaltensmerkmalen der Vorteil, die Verfahren der Korrelationsstatistik zur Untersuchung der Interdependenzen innerhalb der Änderungsprozesse einsetzen zu können. Es ist auch auf diesem Wege der Betrachtung der Relationen zwischen sich ändernden Merkmalen versucht worden, das für die Entwicklungspsychologie zentrale Konzept der *strukturellen* Veränderung (engl. structural change) angemessen operational zu definieren. Ansätze in dieser Richtung liegen z. B. von Buss (1974) und von Nesselroade (1970) vor.

Kessen (1960) hat an psychologischen Bedingungsfaktoren, die neben dem Alter (A) in entwicklungspsychologische Untersuchungen einzubeziehen sind, äußere (Stimulus-) Bedingungen (S) und populationsspezifizierende Charakteristika (P) unterschieden. Sein Forschungsparadigma V = f(A, P, S) besagt dann, daß Verhaltensänderungen über das Lebensalter unter spezifizierten äußeren Bedingungen (S) und für abgegrenzte Populationen (P) zu studieren sind. Beispielsweise sind dann in der Intelligenzforschung sehr globale Untersuchungen über *die allgemeine* Entwicklung der Intelligenz im zweiten und dritten Lebensjahrzehnt abzulösen durch spezifische Studien zur Intelligenzentwicklung an Populationen von Pbn, die die Stufe der formalen Denkoperationen sehr frühzeitig (sehr spät) erreicht haben; zusätzlich sind etwa die Milieubedingungen im Untersuchungszeitraum, z. B. Schulbildung und sozio-ökonomische Verhältnisse, zu kontrollieren und über verschiedene Versuchsgruppen zu variieren.

Berücksichtigt man all diese Möglichkeiten entwicklungspsychologischer Versuchsplanung, so kommt man zu folgendem Klassifikationssystem (siehe Tabelle 9).

Die konventionellen Methoden der Q- und L-Analyse zur Realisierung des Ansatzes V = f(A) sind in Tabelle 9 in das äußere Feld links oben einzuordnen, die sequentiellen Versuchspläne in der von uns referierten Form gehören in das Feld rechts daneben.

Bei aller Betonung der Vorzüge sequentieller Versuchspläne gegenüber den konventionellen Strategien sollte man nicht vergessen, daß sie lediglich in einem Aspekt – wenn auch dem entscheidenen – Verbesserungen erbringen: Das Problem der mög-

Tabelle 9: Schema zur Klassifikation entwicklungspsychologischer Versuchspläne. Es bedeuten:
V = Verhalten, A = Alter, G = Generation, T = Erhebungszeitpunkt, P = Population, S = (Stimulus-) Bedingungen

	unabhängige Variable (UV)			
	Alter (A)			A, P, S
	«einfacher Alters-begriff» A	präsisiertes Alter A, G, T		
V_j	$V_j = f(A)$	$V_j = f(A, G, T)$	$f(A, P, S)$	$(A, G, T), P, S$
abhängige Variable (AV) $V_1, \ldots, V_j, \ldots, V_v$	$(V_1, \ldots, V_j, \ldots, V_v)$ $= f(A)$	$(V_1, \ldots,) =$ $f(A, G, T)$	$(V_1, \ldots,) =$	$V_j = f([A, G, T], P, S)$
			$V_j = f(A, P, S)$ A, P, S	$(V_1, \ldots,) =$ $f([A, G, T], P, S)$

lichen Konfundierung von Alterseffekten mit Generationseffekten und Erhebungszeitpunkteffekten ist durch Erweiterung des Forschungsansatzes konzeptuell berücksichtigt, zwei der drei Parameter können unabhängig voneinander erfaßt werden, sind also mit Sicherheit nicht konfundiert, und unter bestimmten Voraussetzungen kann auch geprüft werden, ob Konfundierungen mit dem jeweils dritten unkontrollierten Faktor vorliegen (s. hierzu Schaie 1965; Baltes 1967). Daneben sind erstmals systematische Strategien für die Erforschung der Entwicklungsbedingungen Generationszugehörigkeit und Erhebungszeitpunkt bereitgestellt worden. Hingegen können die anderen Fehlerquellen, die die interne und externe Validität einer Untersuchung mindern, wie falsche Rückschlüsse von Gruppen- auf Individualprozesse im Falle unabhängiger Stichproben, Testungseffekte bei abhängigen Stichproben, selektive Stichproben- und Populationsveränderung und irrepräsentative Stichprobenerhebung (s. zu diesen Fehlerquellen ausführlich Abschnitt 1.2), bei sequentiellen Versuchsplänen in gleicher Weise wirksam sein.

In Übereinstimmung mit der Schwerpunktsetzung innerhalb der Disziplin der psychologischen Versuchsplanung hat sich unsere bisherige Diskussion vornehmlich um die Frage gedreht, wie man Versuche anzulegen hat, um *signifikante Effekte* eindeutig auf die Bedingungsfaktoren zurückführen zu können. Das theoretische Interesse der Entwicklungspsychologie ist aber viel weniger auf signifikante Differenzen, z. B. zwischen verschiedenen Altersstufen, ausgerichtet, als auf die Beschreibung von Entwicklungs*prozessen* (-verläufen, -kurven). Zweifellos kann man dieselben Daten einmal inferenzstatistisch auf signifikante Differenzen hin analysieren und zum anderen versuchen, die Parameter von Entwicklungskurven abzuschätzen; insofern ist die genannte Fehlorientierung der Versuchsplanung im Zusammenhang zu sehen mit der bisherigen Präferenz der Inferenzstatistik für Signifikanztests (erst in letzter Zeit ist in der psychologischen Statistik eine verstärkte Hinwendung zur Parameterschätzung festzustellen; s. hierzu z. B. Bush 1963). Ob eine Untersuchung überhaupt *individuelle* Entwicklungsbeschreibungen liefern kann, hängt allerdings *vor* jeder statistischen Analyse davon ab, ob Wiederholungsuntersuchungen an abhängigen Stichproben vorgenommen wurden. Dieser Punkt ist das stärkste

Argument für L- bzw. generalisierte L-Studien und gegen Q-Analysen, denn es ist das Anliegen der Entwicklungspsychologie, *intra*-individuelle Veränderungen zu beschreiben und zu erklären.

Häufig wird für die psychologische Versuchsplanung die Unterscheidung zwischen experimentellen und nicht-experimentellen Untersuchungen (Quasi-Experiment, Feldexperiment) als fundamental angesehen. Entwicklungspsychologische Untersuchungen können aber keinesfalls als Experimente aufgefaßt werden, wenn man etwa die Definition der experimentellen Methode bei Merz («planmäßige Manipulation von Variablen zum Zwecke der Beobachtung», 1971, S. 556) oder bei Traxel («absichtliche, planmäßige Auslösung eines Vorganges zum Zweck seiner Beobachtung», 1964, S. 90) zugrundelegt, da die Altersvariable nicht der Manipulierbarkeit und willkürlichen Veränderung unterliegt. Sämtliche Untersuchungen in der Entwicklungspsychologie, sofern sie die Altersfunktion erforschen, sind nach der Unterscheidung von Merz unter die empirischen (differentiellen) Methoden einzuordnen, «bei welchen eine spezielle Konstellation von Variablen zum Zwecke der Beobachtung (Messung) aufgesucht wird» (1971, S. 577). Nach Campbell und Stanley (1970[6], S. 34 ff.) sind für diese Kategorie von Versuchen quasi-experimentelle Designs aufzustellen. Die von ihnen genannten Kriterien zur Überprüfung der internen und externen Validität von Untersuchungen sind hier mit besonderer Sorgfalt anzuwenden. Besonders jene Faktoren, die die interne Validität herabsetzen können, indem sie als Störvariablen den Beziehungen zwischen unabhängigen und abhängigen Variablen überlagert sind, können im Vergleich zum echten Experiment nur ungleich schwerer kontrolliert und ausgeschaltet werden. Unseres Erachtens sollte der Forscher bei jeder einzelnen Untersuchung durch Beachtung der bei Campbell und Stanley (1970[6], S. 5 f.) aufgezählten validitätsmindernden Faktoren die Eindeutigkeit und Generalisierbarkeit der Resultate abzuschätzen versuchen.

Zusammenfassend kommen wir zu den folgenden generellen Aussagen über die entwicklungspsychologische Versuchsplanung.

(1) Zusätzlich zu der Unterscheidung, ob die Generations-

zugehörigkeit und der Erhebungszeitpunkt systematisch im Versuchsplan berücksichtigt wurden oder nicht, kann man entwicklungspsychologische Designs anhand der einbezogenen unabhängigen und abhängigen Variablen charakterisieren. Je nach der Anzahl der als abhängige Größen beobachteten Verhaltensmerkmale unterscheidet man univariate und multivariate, je nach der Anzahl der unabhängigen Faktoren unifaktorielle und multifaktorielle Versuchspläne.

(2) Sequentielle Versuchspläne stellen zwar einen Fortschritt bezüglich der Isolierung von reinen Alterseffekten dar, unterliegen aber ansonsten derselben Kritik wie die konventionellen Versuchspläne.

(3) Entwicklungspsychologische Untersuchungen der beschriebenen Art können nicht als Experimente im strengen Sinne aufgefaßt werden. In jedem konkreten Einzelfall sollte der Versuchsplan anhand der von Campbell und Stanley angegebenen Gesichtspunkte auf seine interne und externe Validität hin geprüft werden.

2 Entwicklungspsychologische Versuchsplanung und die Prüfung von Entwicklungssequenzen

Die Konfundierung der Altersvariablen (A) mit der Generationszugehörigkeit (G) und dem Erhebungszeitpunkt (T) liegt dann besonders nahe, wenn erstens Entwicklungsprozesse über größere Zeitabschnitte hinweg untersucht werden und zweitens zwischen den einzelnen Erhebungen größere Zeiträume liegen (bei L-Studien) bzw. die Altersdifferenzen zwischen den berücksichtigten Populationen relativ groß sind (bei Q-Studien). So ist es nicht verwunderlich, daß die entwicklungspsychologische Methodenlehre und insbesondere die Überlegungen zum Status der Altersvariablen fast ausschließlich im Rahmen einer auf längerfristige Veränderungsprozesse hin orientierten «life-span developmental psychology» (Baltes und Goulet 1970) vorangetrieben wurden. Bei den Entwicklungspsychologen, die sich primär mit dem ersten Lebensjahrzehnt befassen, stellt Schaie eine weitgehende methodische Ignoranz fest: "Unfortunately, however, it is clear that many workers interested in childhood and adolescence are still behaving as if they were quite ignorant of the issues involved, even though they have certainly been raised as well in the child developmental context" (1970, S. 486). Doch auch die Untersuchungen der Veränderungen im Kindesalter unterliegen ohne Einschränkungen denselben Kritikpunkten, die in Abschnitt 1 aufgewiesen wurden. Solange keine gegenteiligen Befunde vorliegen – und bisher sind entsprechende methodisch stringente Studien noch gar nicht durchgeführt worden! – muß auch bei der Analyse kurzfristiger Entwicklungsprozesse mit der Beeinflussung der Ergebnisse durch Generationszugehörigkeit und Erhebungszeitpunkt gerechnet werden. – Ebensowenig wie bestimmte Altersbereiche a priori aus den methodischen Erwägungen zur Versuchsplanung ausgeklammert werden können, ist dieses Vorgehen für bestimmte Merkmalsbereiche legitim.

In Piagets Invariabilitätsannahme wird postuliert, daß für jedes Individuum an jedem Punkt seiner Entwicklung gilt, daß diese in einer logischen, theoretisch vorhersagenden Sequenz verläuft. Wird eine bestimmte Stufe beherrscht, so werden mit Sicherheit auch die logisch einfacheren beherrscht, weil sie in der ontogenetischen Entwicklung notwendig eher aufgetreten sind. Den letzteren Sachverhalt bezeichnet van den Daele (1969) in seiner Übersicht über die qualitativen Modelle der Entwicklung als das «kumulative Konzept der Entwicklung» (S. 307 f.). Piaget hat das Postulat der Universalität und Generalität der Invariabilität der Entwicklung im Rahmen seines theoretischen Ansatzes abgeleitet. Doch sind unseres Erachtens innerhalb einer Erfahrungswissenschaft Ableitbarkeit und Einheitlichkeit zwar notwendige, aber keinesfalls hinreichende Kriterien für die Gültigkeit von Theorien oder theoretischen Aussagen (vgl. zu den Kriterien empirischer Forschung ausführlich Herrmann 1969, S. 42/43). Gerade Aussagen mit einem solchen Geltungsanspruch wie Piagets Invariabilitätspostulat sind immer wieder der adäquaten empirischen Bewährung zu unterziehen. Für den Generalitätsaspekt bedeutet das, daß die Prüfung auf möglichst viele unterschiedliche kognitive Funktionen auszudehnen ist. Der Universalitätsanspruch, d. h. die Behauptung der uneingeschränkten Gültigkeit über alle Individuen, findet eine angemessene Operationalisierung u. a. durch die systematische Variation des Faktors Generationszugehörigkeit und des Faktors Erhebungszeitpunkt; denn wenn die Invariabilität von Entwicklungssequenzen universell gelten soll, dann muß sie insbesondere auch für alle Generationen gelten, und es muß bedeutungslos sein, wann die Untersuchungen durchgeführt wurden. Also sind gerade im Zusammenhang mit der Prüfung der *universellen* Invariabilität von Entwicklungssequenzen die Überlegungen zur entwicklungspsychologischen Versuchsplanung mittels sequentieller Designs anzuwenden.

Um das Invariabilitätspostulat zu falsifizieren, reicht es streng genommen aus – wenn man von der Berücksichtigung von Meßfehlern einmal absieht – einen einzigen Pb beliebigen Alters zu finden, der eine logisch höhere Stufe beherrscht, eine im Vergleich dazu niedrigere aber nicht. In Verbindung mit dem kumulativen Konzept der Entwicklung kann man aus diesem Sachverhalt nämlich folgern, daß eine andere Sequenz der Stufenentwicklung vorliegt als die vorhergesagte. Andererseits kann man jedoch nicht folgern: Wenn ein Individuum in einem bestimmten Alter ein vorhergesagtes Muster von erworbenen und nicht erworbenen Entwicklungsstufen aufweist, so haben sich die Stufen in der postulierten Reihenfolge entwickelt. Denn Vertauschungen in der Entwicklungsreihenfolge sind zu einem späteren Zeitpunkt unter Umständen nicht mehr zu erkennen. Werden z. B. zum Erhebungszeitpunkt T_0 die Stufen A und B beherrscht, die Stufe C aber noch nicht, so ist zwar der Schluß berechtigt, daß hier C auf A und B folgt, jedoch muß offenbleiben, ob zuerst A und dann B, oder ob umgekehrt A auf B folgt. Diese Sachlage spricht dafür, bei der Prüfung von Entwicklungssequenzen mit oftmaligen Wiederholungsmessungen an denselben Stichproben zu arbeiten, d. h. als Versuchspläne Verallgemeinerungen der L-Analyse (longitudinale Designs) anzuwenden.

Noch ein weiteres Argument ist für die wiederholte Beobachtung derselben Stichproben anzuführen. Unter Heranziehung der theoretischen Erörterungen van den Daeles (1969) schlagen wir vor, für methodische Zwecke im Zusamenhang mit der invariablen Entwicklung zwei Annahmen zu unterscheiden:
– die Annahme, daß es eine universell invariable Abfolge des *Erwerbs* der Entwicklungsstufen gibt; diese *Invariabilitätsannahme im engeren Sinne* steht normalerweise im Mittelpunkt der Betrachtung, und

- die Annahme, daß Stufen bzw. die zugehörigen Leistungen im Verhaltensrepertoire *vorhanden bleiben,* sobald sie einmal erworben sind. In Abwandlung der Terminologie von van den Daele wollen wir von der «*Kumulativitätsannahme*» sprechen.

Aufgrund der Daten, die mit abhängigen Stichproben gewonnen werden, läßt sich sowohl die Annahme der kumulativen Entwicklung als auch die Annahme der Invariabilität im engeren Sinne überprüfen. Dabei ist der kumulative Verlauf der Entwicklung nicht mehr notwendige Voraussetzung für die Prüfung der Invariabilitätsannahme im engeren Sinne. Jedoch gilt auch in diesem Zusammenhang die übliche Einschränkung für die L-Methoden, daß für die Resultate Konfundierungen mit dem Erhebungszeitpunkt auftreten und deshalb die Generalisierbarkeit eingeschränkt ist (s. Abschnitt 1, S. 137).

Der Inhalt von Abschnitt 2 läßt sich im wesentlichen in der These zusammenfassen, daß die allgemeinen Prinzipien der entwicklungspsychologischen Versuchsplanung ohne Einschränkung auch bei der empirischen Prüfung von Entwicklungssequenzen zu berücksichtigen sind. Die behauptete Universalität des Invariabilitätspostulates sollte auch durch die systematische Einbeziehung verschiedener Generationen und Erhebungszeitpunkte getestet werden. Da Piagets These sich auf die intraindividuelle Stufenabfolge bezieht, sind Versuchspläne mit abhängigen Stichproben vorzuziehen.

3 Verfahren der Datenanalyse zur Prüfung der Invariabilität von Entwicklungssequenzen

3.1 *Übersicht über die Fragestellungen und methodischen Ansätze*

Die Invariabilitätsannahme (s. auch Kapitel 1, S. 23 und Kapitel 2, S. 70–71) stellt eine Behauptung über einen spezifischen Aspekt qualitativer Entwicklung dar. Piaget postuliert für die von ihm untersuchten psychischen Funktionen, daß die Entwicklung bei *allen* Individuen in *derselben* theoretisch ableitbaren Stufenfolge verläuft. Zwei Aspekte dieses Postulates haben unmittelbare Konsequenzen für die Methodik empirischer Überprüfungen:

1. In Piagets Hypothese wird eine Allaussage mit universellem Geltungsanspruch getroffen. Folglich ist es nicht ausreichend, mit anfallenden Stichproben von nur geringem Umfang zu arbeiten, sondern die Beobachtungen sind an repräsentativen Stichproben aus wohldefinierten, hinsichtlich psychologisch bedeutsamer Merkmale variierenden Populationen vorzunehmen. Insbesondere sind auch Populationen in die Untersuchung einzubeziehen, die sich hinsichtlich der Bedingungen kognitiver Entwicklung extrem unterscheiden, z. B. aus verschiedenen Kulturen stammen, besonders hemmenden oder fördernden Einflüssen ausgesetzt worden sind, oder sehr unterschiedlichen Generationen angehören.

2. Das Invariabilitätspostulat bezieht sich auf die *intra-individuelle* Entwicklung der einzelnen Individuen. Deshalb sind jene Auswertungen völlig unzureichend, in denen – z. B. aufgrund des prozentualen Anteils der Pbn, die die jeweilige Stufe beherrschen – eine «durchschnittliche» Entwicklungssequenz errechnet und mit der vorhergesagten Reihenfolge verglichen wird. Stimmen beide überein, so können dennoch einige oder viele der individuellen Sequenzen von der postulierten Reihenfolge abweichen, da keine Übereinstimmung zwischen der durchschnittlichen und den individuellen Sequenzen bestehen muß (s. hierzu ausführlich Bakan 1967). Bei der statistischen Auswertung kommen also nur jene Strategien und Techniken in Frage, die die Hypothese der Invariabilität anhand der Einzelsequenzen zu prüfen gestatten.

Der uneingeschränkte Geltungsanspruch des Invariabilitätspostulates über alle Individuen hat zur Folge, daß ein einziges Gegenbeispiel, d. h. eine einzige Entwicklungssequenz, die von der vorhergesagten abweicht, bereits ausreicht, um das Postulat in dieser strikten Form empirisch zu falsifizieren. Hieraus folgt, daß die Verwendung zusätzlicher Auswertungsverfahren und -strategien zur Prüfung der Invariabilität besonders zu begründen ist; denn vordergründig scheint es so zu sein, daß die empirische Validierung der Invariabilitätsbehauptung zwar einigen Aufwand hinsichtlich der Versuchsplanung und -durchführung erfordert (repräsentative Stichprobenauswahl aus wohldefinierten Populationen, L-Designs, Berücksichtigung der Parameter Generation und Erhebungszeitpunkt), die Auswertung der Beobachtungen jedoch darauf reduziert werden kann, daß die Entwicklungssequenzen auf Übereinstimmung untereinander und mit der theoretisch abgeleiteten Sequenz verglichen werden.

Wenn die empirisch beobachteten Entwicklungssequenzen voneinander verschieden sind und folglich dem Invariabilitätspostulat nicht entsprechen, so gibt es im wesentlichen vier deutlich unterscheidbare Modellannahmen, die einander nicht ausschließen, um das Zustandekommen der Beobachtungsdaten zu erklären:

1. Die vorgefundene Abweichung von der Invariabilität ist auf «Meßfehler», d. h. Ungenauigkeiten bei der Datenerhebung und Beobachtung, die die Reliabilität der Ergebnisse mindern, zurückzuführen. Berücksichtigt man diese bei der statistischen Auswertung, so erweisen sich die Entwicklungssequenzen als invariabel. Meßfehler bedeuten bei qualitativen Daten, daß aufgrund fehlerhafter Beobachtungen das Vorhandensein bzw. Fehlen von Entwicklungsstufen im individuellen Verhaltensrepertoire falsch beurteilt wurde. – Für den Fall quantitativer Daten ist die theoretische Annahme und operationale Erfassung von Meßfehlern in der Psychologie selbstverständlich; beispielsweise sind in der klassischen Testtheorie und der Testanwendung in diesem Zusammenhang die Konzepte der Fehlervarianz, der Testreliabilität und des Standardmeßfehlers gebräuchlich. Murray et al. (1971) schlagen vor, in analoger Weise auch für qualitative Daten die Möglichkeit von Fehlklassifikationen anzunehmen und durch eine entsprechende Maßzahl zu quantifizieren.

2. Die Abweichung von der Invariabilität kann bei Daten aus der Q-Analyse allein darauf zurückzuführen sein, daß die Kumulativitätsannahme (s. ausführlich S. 161) falsch ist. Berücksichtigt man aber, daß einmal erworbene Stufen auch wieder aus dem Fähigkeitsrepertoire verlorengehen können, so findet man die Annahme der invariablen Reihenfolge des Erwerbs der Entwicklungsstufen – von uns als die Invariabilitätsannahme im engeren Sinne bezeichnet (s. S. 160) – bestätigt.

3. Die Invariabilitätsannahme ist falsch hinsichtlich der Annahme der Eindimensionalität der Entwicklung. Die berücksichtigten Stufen gehören nicht zu einer, sondern zu mehreren Entwicklungsdimensionen. Betrachtet man jede der Dimensionen getrennt, so findet man jeweils die Invariabilitätsannahme

bestätigt. Man kann zur Charakterisierung des Sachverhaltes den Begriff der «mehrdimensionalen Invariabilität» einführen.

4. Die Invariabilitätsannahme trifft auch dann nicht zu, wenn die Annahmen unter 1.–3. berücksichtigt werden. Selbst wenn man also annimmt, daß Fehlklassifikationen vorkommen, daß ein multidimensionales Modell der qualitativen Entwicklung angemessen ist und/oder daß die Kumulativitätsannahme falsch ist, so stimmen die beobachteten Entwicklungssequenzen dennoch nicht mit dem theoretisch postulierten Modell der invariablen Entwicklung überein.

Die unter 1.–3. aufgezählten Modellannahmen können nur dann geprüft werden, wenn man adäquate Verfahren der statistischen Auswertung verwendet. Nur bei Annahme der Eindimensionalität der Invariabilität und des kumulativen Konzeptes der Entwicklung und bei gleichzeitigem Ausschluß der Möglichkeit von Meßfehlern darf die Datenanalyse auf die Suche nach *der einen* abweichenden Entwicklungssequenz beschränkt werden. Für jedes der modifizierten Invariabilitätsmodelle (1.–3.) sind aufwendigere Auswertungstechniken erforderlich.

Wenn die Invariabilitätsanahme falsifiziert worden ist, so wird man darüberhinaus häufig noch an der Frage des Ausmaßes der Variabilität interessiert sein. Handelt es sich bei der Stufenabfolge um eine Zufallssequenz, oder treten bestimmte Konstellationen gehäuft auf? Es kann unter Umständen theoretisch vorteilhaft sein, die Pbn a posteriori in Gruppen mit identischen Entwicklungssequenzen einzuteilen und aufgrund der spezifischen Charakteristika bzw. diskriminierenden Merkmale dieser Gruppen zu Hypothesen über jene Bedingungsfaktoren zu kommen, die die Stufenabfolge determinieren (vgl. auch Kapitel 1).

Wir werden zuerst mit der Skalogrammanalyse jenes Verfahren referieren, das in der Vergangenheit häufig Anwendung bei der Prüfung der Invariabilitätsannahme gefunden hat, dessen Wert jedoch in Zweifel zu ziehen ist, da es von einem sehr eingeschränkten Entwicklungsmodell ausgeht. Der Skalogrammanalyse sehr ähnlich ist das Konzept der Homogenitätsbestimmung einer Skala. Eine Erweiterung gegenüber der Skalogrammanalyse stellt das Entwicklungsmodell von Leik und Matthews (1968) dar, denn es baut auf einer sehr viel schwächeren Annahme als der Kumulativitätshypothese auf. Probabilistische

Modelle der qualitativen Entwicklung, die als Modellannahme auch einen oder mehrere Terme für Meßfehler enthalten, liegen von Proctor (1970) und Murray et al. (1971) vor. Zuletzt gehen wir auf die Auswertungsmöglichkeiten zur Prüfung multidimensionaler invariabler Entwicklungssequenzen ein.

3.2 *Deterministische Modelle zur Prüfung eindimensionaler Invariabilitätspostulate. Die Skalogrammanalyse (SA) und verwandte Verfahren*

(1) Die Beziehung zwischen der perfekten Guttman-Skala und dem Invariabilitätspostulat.

Zwar sind die Anwendungen der Skalogrammanalyse (engl. scalogram analysis) zur Prüfung qualitativer Entwicklungsmodelle durchweg jüngeren Datums, doch die Grundlagen des Verfahrens hat Guttman bereits in der 40er Jahren erarbeitet (s. z. B. Guttman 1950). Das Ziel dieses Forschers war die Konstruktion von Einstellungstests, die dem Kriterium der «Skalierbarkeit» (engl. scalability) genügten. Tests, die diese Anforderung erfüllen, nennt man heute «Guttman-Skalen» oder «perfekte Guttman-Skalen».

Eine Guttman-Skala liegt dann vor, wenn alle Pbn mit demselben Gesamtpunktwert dasselbe Antwortmuster aufweisen. Ordnet man die Items nach der Schwierigkeit (bei Fähigkeitstests) bzw. nach der «Popularität» (bei Einstellungsskalen, Persönlichkeitstests usw.) und die Pbn nach dem Gesamtpunktwert an, so hat die Matrix der Itemantworten («das Antwortmuster») für eine perfekte Guttman-Skala immer die folgende typische Form wie in Tabelle 10.

Bei näherer Betrachtung von Tabelle 10 sieht man leicht die Beziehung zwischen dem Kriterium der Skalierbarkeit und der Invariabilität von Entwicklungssequenzen. Ersetzt man die Items durch Piagets Entwicklungsstufen, so erhält man als Matrix das «Stufenmuster», wie es im Falle der invariablen Stufenfolge vorliegt. Daher läßt sich der Grundgedanke der Anwendung der Guttman-Skalierung zur Überprüfung der Invariabilitätsannahme folgendermaßen formulieren: Wenn Piagets Annahme der universellen Invariabilität der Entwicklungssequenz richtig ist, so bilden die nach der Schwierigkeit geordneten Entwicklungsstufen eine perfekte Guttman-Skala. Sowohl in

Tabelle 10: Die Matrix der Itemantworten bei einer perfekten Guttman-Skala; Beispiel mit N = 10 Pbn und n = 8 Items

Pbn	1	2	3	4	5	6	7	8
			Items					
1	+	+	+	+	+	+	+	−
2	+	+	+	+	+	+	−	−
3	+	+	+	+	+	+	−	−
4	+	+	+	+	+	−	−	−
5	+	+	+	+	+	−	−	−
6	+	+	+	−	−	−	−	−
7	+	+	−	−	−	−	−	−
8	+	+	−	−	−	−	−	−
9	+	+	−	−	−	−	−	−
10	+	−	−	−	−	−	−	−

der perfekten Guttman-Skala als auch unter der Voraussetzung der Invariabilität gibt es keine Person, in deren Antwortmuster eine «−+»-Abfolge auftritt.

(2) Ein Rechenverfahren zur Durchführung der Skalogrammanalyse.

(a) Die Mängel in Guttmans Version der SA. Das Verfahren, mit dem Guttman die Skalierbarkeit für eine gegebene Menge von Items prüft, ist die Skalogrammanalyse (SA). Das zentrale Konzept der SA ist die Ermittlung der «Fehler». Fehler liegen dann vor, wenn in der Matrix der Itemantworten − wobei die Items nach ansteigender Schwierigkeit geordnet sind − eine «−+»-Sequenz, eine «+−−++»-Sequenz oder eine ähnliche Vertauschung auftritt, die in einer perfekten Guttman-Skala niemals vorkommt.

In ihrer ursprünglichen Fassung wies die SA eine Reihe von Mängeln auf, die ihre Anwendung wenig attraktiv machten:

1. Die SA bei Guttman liefert als Ergebnis die Einordnung der geprüften Items in das dichotome Kategoriensystem «skalierbar» vs. «nicht skalierbar» oder in die Trichotomie «skalierbar» vs. «quasi-skalierbar» vs. «nicht skalierbar». Dieses kategoriale System ist unbefriedigend angesichts des Wunsches, im Falle der Nicht-Skalierbarkeit eine quantitative Angabe über das Ausmaß der Abweichung von der perfekten Guttman-Skala

zu erhalten – vergleichbar etwa dem Reliabilitätskoeffizienten in der klassischen Testtheorie.

2. Die SA in der frühen Version ist kein statistisches Verfahren im üblichen Sinne. Die Schlußfolgerungen über die Skalierbarkeit basieren nicht auf der Wahrscheinlichkeitstheorie und statistischen Tests, sondern lediglich auf einer Menge von Faustregeln.

3. Die Durchführung der SA erfolgte im Frühstadium ihrer Entwicklung mittels der technisch und zeitlich sehr aufwendigen Benutzung von «scalogram boards» (s. hierzu Stouffer et al. 1950, Kapitel 4).

Inzwischen gibt es jedoch eine Reihe von Modifikationen und Erweiterungen der SA, für die diese Kritikpunkte zumindest teilweise nicht mehr gelten (Green 1956; Sagi 1959; Goodman 1959). Wir gehen im folgenden auf Greens Algorithmus ausführlicher ein, da diese Methode in der Vergangenheit wiederholt bei der Prüfung von Entwicklungssequenzen angewendet worden ist (Wohlwill 1960; Kofsky 1963; s. auch Kapitel 4 in diesem Band). Daran anschließend werden einige statistische Prüfverfahren für die in der SA berechneten Maßzahlen referiert.

(b) Die «Methode der summativen Kennwerte» nach Green. Greens Vereinfachung der SA beruht darauf, daß er nicht alle möglichen Kombinationen von Itemantworten in seine Berechnungen einbezieht, sondern nur die Kombinationen der in der Schwierigkeitsreihenfolge benachbarten Items. Er verwendet also nicht die gesamte Information; dieser Gewinn an Rechenökonomie wird zwangsläufig mit einem Verlust an Exaktheit erkauft. Deshalb stellen seine Maßzahlen Rep_A und Rep_B für das Ausmaß der Skalierbarkeit nur eine Annäherung an den exakten Reproduzierbarkeitskoeffizienten CR (engl. coefficient of reproducibility) dar – allerdings eine sehr gute, wie Green anhand empirischer Vergleiche zwischen CR und Rep_A bzw. Rep_B demonstriert (1956, S. 86).

Die ersten Schritte bei Greens Methode der summativen Kennwerte dienen der Ermittlung einer Maßzahl Rep für den Grad der Reproduzierbarkeit in der Menge der zu untersuchenden Stufen (Items) [8].

---

[8] Da wir den Algorithmus der SA im Hinblick auf die Anwendung in der Entwicklungspsychologie angeben, sprechen wir gleichrangig sowohl von Items als auch von Stufen, die der SA unterzogen werden.

1. *Schritt:* Die «Anfangsmatrix» der SA enthält die Angaben über die vorhandenen/fehlenden Stufen (Itemantworten) über alle k Stufen (Items) und alle N Pbn. Die Informationen über die Stufen (Itemantworten) sind dichotom, z. B. vorhandene (+) und nicht vorhandene (−) Stufen.
2. *Schritt:* Bestimme für jede Stufe i die Anzahl n_i der Pbn, die diese Stufe beherrschen (+).
3. *Schritt:* Bringe die Stufen gemäß der Anzahl n_i in eine absteigende Rangreihe. Eine beliebige Stufe in der Rangreihe der geordneten Stufen trägt den Laufindex g.
4. *Schritt:* Bestimme die Anzahl der Pbn, die die Stufe g+1 beherrschen und die Stufe g nicht beherrschen, für g=1, 2, ..., k−1. Diese Anzahl symbolisieren wir $n_{g+1, \overline{g}}$.
5. *Schritt:* Es bestehen zwei Möglichkeiten.

    a. Bestimme die Anzahl der Pbn, die die Stufe g+1 und die Stufe g+2 beherrschen, zugleich jedoch die Stufen g und g−1 nicht beherrschen für g=2, 3, ..., k−2. Diese Anzahl nennen wir $n_{g+2, g+1, \overline{g}, \overline{g-1}}$. Man erhält dann einen Schätzwert Rep_A für den «Coefficient of Reproducibility» CR durch

$$(15) \quad Rep_A = 1 - \frac{1}{Nk} \sum_{g=1}^{k-1} n_{g+1, \overline{g}} - \frac{1}{Nk} \sum_{g=2}^{k-2} n_{g+2, g+1, \overline{g}, \overline{g-1}}$$

    b. Ermittle die Anzahl der Pbn, die die Stufe g+2 beherrschen und die Stufe g nicht beherrschen für g=1, 2, ..., k−2. Diese Anzahl nennt man $n_{g+2, \overline{g}}$. Der Schätzwert Rep_B wird dann berechnet nach

$$(16) \quad Rep_B = 1 - \frac{1}{Nk} \sum_{g=1}^{k-1} n_{g+1, \overline{g}} - \frac{1}{N^2 k} \sum_{g=2}^{k-2} n_{g+2, \overline{g}} \cdot n_{g+1, \overline{g-1}}$$

Die Bedeutung eines errechneten Schätzwertes Rep für eine gegebene Menge von Stufen (Items) kann allerdings erst dann beurteilt werden, wenn man diesen Wert mit dem Ausmaß der Skalierbarkeit vergleicht, daß bei *zufälliger* Verknüpfung entsprechender Stufen, d. h. von Stufen mit denselben Schwierigkeiten, zustande kommt.

6. *Schritt:* Berechne den Schätzwert Rep_I für dieselben Stufen unter der Annahme, daß diese zufällig aneinandergereiht werden, d. h. unabhängig sind, nach

$$(17) \quad \text{Rep}_I = 1 - \frac{1}{N^2 k} \sum_{g=1}^{k-1} n_{g+1} n_{\overline{g}} - \frac{1}{N^4 k} \sum_{g=2}^{k-2} n_{g+2} n_{g+1} n_{\overline{g}} n_{\overline{g-1}}$$

Der Vergleich der beobachteten und der nach Zufall erwarteten Reproduzierbarkeiten wird durch die Bestimmung der Maßzahl «Index of Consistency» I durchgeführt.

7. Schritt: Berechne den «Index of Consistency» I nach

$$(18) \quad I = \frac{\text{Rep}_{A(B)} - \text{Rep}_I}{1 - \text{Rep}_I}$$

Wenn $\text{Rep}_{A(B)} = I = 1$, so bilden die Items eine perfekte Guttman-Skala; im anderen Extremfall, daß $I = 0$, sind die Stufen (Items) voneinander unabhängig. Nur wenn $\text{Rep}_{A(B)} = I = 1$, dann liegt bei allen Pbn dieselbe Stufensequenz vor; jedoch gilt es zu bedenken, daß die beobachtete invariante Stufensequenz keinesfalls die von Piaget vorhergesagte sein muß. Im zweiten Schritt des Algorithmus' nach Green (s. oben) wird verlangt, daß die Items nach der Schwierigkeit angeordnet werden. Die empirisch ermittelte Schwierigkeitsreihenfolge muß aber nicht mit der von Piaget postulierten Sequenz identisch sein. Insofern ist $\text{Rep}_{A(B)} = I = 1$ wohl eine notwendige, aber keinesfalls eine hinreichende Bedingung für die Richtigkeit eines spezifischen Invariabilitätspostulates.

(c) Das Konfidenzintervall für die Reproduzierbarkeit in der Population nach Goodman. Da die Maßzahlen Rep_A, Rep_B und I Kennwerte auf der Basis von Beobachtungen an Stichproben von Pbn sind, ist beim Rückschluß auf die Skalierbarkeit der Items in der Population – wie bei allen statistischen Schlußfolgerungen – Stichprobenvariabilität in Rechnung zu stellen. Goodman (1959, S. 34 ff.) hat für verschiedene Reproduzierbarkeitskoeffizienten, unter anderem auch für Greens Rep_A, statistische Prüfverfahren angegeben.

Will man auf der Grundlage der Statistik Rep_A den Populationskennwert (Parameter) Rep_{pop} schätzen, so muß man in der folgenden Weise verfahren [9].

1. Schritt: Als gegeben wird Rep_A angenommen. Berechne

$$(19) \quad s^2_{\text{Rep}} = \frac{(1 - \text{Rep}_A)\ (\text{Rep}_A - .50)}{N}$$

---

[9] Die angeführten Schritte sind bei Goodman nicht so explizit angegeben, inhaltlich gehen wir aber nicht über seine Darstellung hinaus.

s^2_{Rep} gibt die obere Grenze für die exakte Varianz (Stichprobenfehler) von Rep_A an.

2. *Schritt:* Entscheide, ob die Fragestellung einseitig oder zweiseitig ist, und lege das Signifikanzniveau k (Konfidenzzahl) fest. Wähle dann aus der Tabelle für die Standardnormalverteilung («z-Verteilung») den zugehörigen Wert der Standardnormalverteilung aus. Dieser wird mit z_k symbolisiert.

3. *Schritt:* Als Konfidenzintervall für den Parameter Rep_{pop} ergibt sich
   - im Falle der zweiseitigen Fragestellung:
   - (20) $Rep_A - z_k \cdot s_{Rep} < Rep_{pop} < Rep_A + z_k \cdot s_{Rep}$
   - im Falle der einseitigen Fragestellung
   - (21) $Rep_{pop} < Rep_A + z_k \cdot s_{Rep}$ bzw.
     $Rep_{pop} > Rep_A - z_k \cdot s_{Rep}$.

Dieses Verfahren zur Bestimmung von Konfidenzintervallen beruht auf der Tatsache, daß nach Goodmann der Quotient

$$z = \frac{Rep_A - Rep_{pop}}{s_{Rep}}$$ mit wachsendem N (N → unendlich) approximativ standardnormalverteilt ist. Deshalb ist zur angemessenen Bewertung der Konfidenzintervalle zu berücksichtigen, daß man nur in dem Fall, daß N genügend groß ist, einigermaßen verläßliche Konfidenzgrenzen erhält. Ebenso ist bei der Interpretation davon auszugehen, daß es sich bei diesem statistischen Schluß auf Rep_{pop} um ein konservatives Verfahren handelt, da s^2_{Rep} einen Maximalwert angibt für die tatsächliche Varianz.

(3) Kritik an der Verwendung der SA zur Prüfung der Invariabilitätshypothese.

Wir haben oben bereits betont, daß eine einzige abweichende Entwicklungssequenz ausreicht, um die Invariabilitätsannahme in ihrer deterministischen eindimensionalen Form zu widerlegen. Die Anwendung der Guttman-Skalierung bzw. der SA auf qualitative Entwicklungsprozesse impliziert aber gerade, daß die Beobachtungen an einem eindimensionalen deterministischen Modell geprüft werden. Daher bringt die Skalogrammanalyse für die Entscheidung über die strenge Formulierung der Invariabilitätsannahme keine anderen Informationen, als man sie schon bei einem simplen Vergleich der Entwicklungssequenzen auf Übereinstimmung hin erhält. Zusätzliche Erkenntnisse gewinnt man durch die SA nur in dem Falle, daß die strikte Invariabilität nicht gegeben ist. Unter dieser Voraussetzung bietet die SA die Möglichkeit, das Ausmaß der Variabilität durch verschiedene Indices quantitativ abzuschätzen; insbesondere der «Index of Consistency» I stellt ein Maß für die Variabilität dar, das die zufällige Übereinstimmung der individuellen Entwicklungssequenzen berücksichtigt. Mit Hilfe des inferenzstatistischen Verfahrens nach Goodman ist es zudem möglich, Konfidenzintervalle für das Ausmaß der Variabilität in der Population anzugeben. Man sollte auch für verschiedene Untermengen von Stufen prüfen, ob die Übereinstimmung hier größer ist als in der Gesamtmenge aller Stufen. Ebenso kann es theoretisch sinnvoll sein, das Ausmaß der Variabilität in Abhängigkeit von spezifizierten Untersuchungsbedingungen (z. B. Versuchsmaterial) oder für ausgewählte Populationen zu analysieren.

Nimmt man dagegen an, daß die Entwicklung der untersuchten Merkmale auch als mehrdimensionaler und/oder probabilistischer Prozeß verstanden werden kann, so ist die Skalogrammanalyse als Verfahren zur Prüfung der Invariabilität unangemessen. Modelle für diese Bedingungen werden in Abschnitt 3.3 und 3.4 dargestellt.

Die Anwendung der SA auf Daten aus Q-Analysen impliziert zusätzlich, daß Entwicklung als ein kumulativer Prozeß aufgefaßt wird. Stufen, die ins Verhaltensrepertoire aufgenommen werden, bleiben in diesem erhalten und gehen nicht mehr verloren. Will man diese Annahme nicht a priori akzeptieren sondern testen, so bietet entweder das Entwicklungsmodell von Leik und Matthews (s. unten S. 172–74) die entsprechende Erweiterung, oder man ist zu longitudinalen Datenerhebungsstrategien gezwungen.

(4) Loevingers Konzept der Testhomogenität.

Das Testgütekriterium der Skalierbarkeit und die Technik der SA sind von Guttman primär für den Bereich der Attitüdenmessung entwickelt worden und haben dort auch relativ starke Verbreitung gefunden. Für die Fähigkeitstests ist die Beziehung zwischen Gesamtpunktwerten und Antwortmustern unter der Fragestellung nach der Homogenität eines Testes in klassischer Weise von Loevinger (1948) untersucht worden. Legt man Loevingers eigene Definition der perfekten Homogenität eines Tests zugrunde, so zeigt sich, daß Homogenität und Skalierbarkeit nach Guttman identische Eigenschaften eines Meßinstrumentes sind: "For homogenous tests, two people with the same score will have about the same pattern of pluses... In a perfectly homogenous cumulative test when the items are arranged in order of the decreasing popularity, each person from some defined population will score plus up to an item characterizing him and minus on all subsequent items" (1948, S. 508). Auch das Antwortmuster bei einer völlig homogenen Skala entspricht also dem Stufenmuster im Falle der Invariabilität, so daß Loevingers Methode der Homogenitätsbestimmung zur Prüfung der Invariabilitätsannahme verwendet werden kann. Auf diese Anwendung der Testhomogenität hat Loevinger selbst schon 1948 aufmerksam gemacht: "Where such item patterns are found, they will usually reflect developmental sequences, normal or pathological" (S. 509).

Während die SA lediglich einen Reproduzierbarkeitskoeffizienten für die Gesamtmenge aller Items liefert, baut Loevingers Homogenitätsindex H_t für den Gesamttest auf der paarweisen Homogenität je zweier Items auf, gemessen als Inter-Item-Korrelation. Statistische Kriterien zur zufallskritischen Absicherung von H_t sind vorhanden. Die beiden wichtigsten Nachteile der SA, die Mißachtung einer möglichen Multidimensionalität der Invariabilität der Entwicklungsstufen und die deterministische Annahme fehlerfreier Beobachtungen, werden auch bei Loevingers Methode nicht vermieden. Ein wesentlicher Vorzug besteht zweifellos darin, daß die Kenntnis der paarweisen Homogenität je zweier Items es erlaubt, inhomogene Items zu eliminieren, um jene Menge von Items (Stufen) zu finden, die noch am ehesten dem Invariabilitätspostulat genügen. Eine detaillierte Beschreibung und Kritik des Verfahrens nach Loevinger gibt Bentler (1971b, S. 222 f.).

(5) Die Analyse qualitativer Entwicklungsprozesse nach Leik und Matthews.

Ausgangspunkt für Leik und Matthews (1968) ist die Erfahrung, daß die Anwendung der SA bei der Prüfung qualitativer Entwicklungsprozesse auf einer Voraussetzung aufbaut, die häufig nicht erfüllt ist. Sofern die SA auf Daten aus Q-Analysen zurückgreift, wird implizit angenommen, daß Entwicklungsstufen, die einmal erworben worden sind, nicht wieder verloren gehen und später ständig verfügbar sind. Diese Anahme haben wir oben als Kumulativitätshypothese bezeichnet. Leik und Matthews glauben, daß empirische Beobachtungen oftmals besser beschrieben werden können, wenn man auch nicht-kumulative Formen der Entwicklung zuläßt. Formuliert in bezug auf die Analyse von Entwicklungsprozessen, enthält ihr Modell gegenüber dem Rationale der Skalenanalyse nach Guttman die folgenden Erweiterungen als Modellannahmen (1968, S. 64/65):

1. Stufen, die einmal erworben worden sind, können wieder verloren gehen.
2. Der Erwerb und der Verlust der Stufen verlaufen in derselben Reihenfolge.
3. Der Erwerb und der Verlust der Stufen können in unterschiedlichem Tempo ablaufen.

Es ist zu ergänzen, daß Leik und Matthews ihr Verfahren für die Fragestellung der Entwicklungssoziologie vorgesehen haben und daß sie die soeben explizit formulierten Modellannahmen nicht in dieser Ausführlichkeit angegeben haben.

In Tabelle 11 sind zum Vergleich die «zulässigen» (fehlerfreien) Stufenmuster der perfekten Guttman-Skala und der Entwicklungsskala von Leik und Matthews gegenübergestellt. Wie man sieht, ist die Anzahl der mit dem Invariabilitätspostulat stimmigen Stufenmuster stark angewachsen.

Tabelle 11: Exemplarischer Vergleich der «zulässigen» Stufenmuster bei n = 5 Stufen
a) in der perfekten Guttman-Skala und
b) im Entwicklungsmodell von Leik und Matthews

a) Zulässige Stufenmuster (Antwortmuster) in der perfekten Guttman-Skala

Items				
1	2	3	4	5
+	+	+	+	+
+	+	+	+	−
+	+	+	−	−
+	+	−	−	−
+	−	−	−	−
−	−	−	−	−

b) zulässige Stufenmuster (Antwortmuster) im Entwicklungsmodell von Leik und Matthews (1968)

Items				
1	2	3	4	5
+	+	+	+	+
+	+	+	+	−
+	+	+	−	−
+	+	−	−	−
+	−	−	−	−
−	−	−	−	−
−	+	+	+	+
−	+	+	+	−
−	+	+	−	−
−	+	−	−	−
−	−	+	+	+
−	−	+	+	−
−	−	+	−	−
−	−	−	+	+
−	−	−	+	−
−	−	−	−	+

Beim Ansatz von Leik und Matthews kann die Invariabilitätsforderung auch dann erfüllt sein, wenn «−+»-Abfolgen vorkommen. Weiterhin ist es nicht mehr möglich, von der Anzahl der bewältigten Stufen eindeutig darauf zurückzuschließen, welche Stufen beherrscht werden, was dazu führt, daß es bei der Prüfung der Skalierbarkeit bzw. Invariabilität nach Leik und Matthews ungleich schwerer ist, die Items in eine optimale Reihenfolge zu bringen. Wie dieses Problem gelöst werden kann, ist ebenso wie die Berechnung eines Maßes der Skalierbarkeit und des zugehörigen Signifikanztests ausführlich bei Leik und Matthews (1968) beschrieben.

Aufgrund der schwächeren Voraussetzungen bezüglich des kumulativen Modells der Stufenentwicklung stellt das Auswertungsverfahren nach Leik und Matthews gegenüber der SA sicherlich eine wertvolle Erweiterung der methodischen Möglichkeiten zur Prüfung des Invariabilitätspostulates dar. Dieser Fortschritt wird aber sehr relativiert, wenn man bedenkt, daß alle sonstigen Einwände gegen die SA uneingeschränkt auch auf die Technik nach Leik und Matthews übertragen werden müssen.

3.3 Probabilistische Modelle qualitativer Entwicklungsprozesse

(1) Das Grundmodell.

Bei quantitativen Daten geht man heute in der Psychologie im allgemeinen davon aus, daß die Messungen (Beobachtungen) fehlerhaft sein können. Daß Meßfehler auch bei qualitativen Daten auftreten können, scheint im allgemeinen weniger Beachtung gefunden zu haben. Ein Meßfehler bei qualitativen (kategoriellen) Daten liegt dann vor, wenn die Einordnung einer Beobachtung in eine falsche Kategorie erfolgt. Murray et al. (1971) bezeichnen diesen Meßfehler als Fehlklassifikation (engl. misclassification error). Als Index für das Ausmaß des Meßfehlers bei qualitativen Daten schlagen sie die Fehlklassifikationswahrscheinlichkeit vor.

Auf die Notwendigkeit, gerade bei qualitativen Modellen in der Entwicklungspsychologie Fehlklassifikationen als Modellannahmen (Parameter) zuzulassen und damit Entwicklung als *probabilistischen* und nicht als deterministischen Vorgang aufzufassen, hat auch Wohlwill hingewiesen: "... developmental change during a transition period is best conceived of as a probabilistic affair; thus where a finegrained analysis of the steps of a developmental sequence is desired, some considerable departure from perfect scalability is probably to be expected" (1970a, S. 159).

(2) Proctors probabilistische Formulierung der SA.

Proctor (1970, S. 73) bezeichnet Guttmans SA als vor-statistisches Verfahren. "Such methods provide a transformation from complicated descriptions of a subject's responses to a more easily understood score". Besonders kritisiert er, daß die Angemessenheit des Modelles der Guttman-Skalierung auf der Basis von Erfahrungen und Eindrucksurteilen, nicht aber anhand statistischer Kriterien entschieden wird. Diese Kritik ist der Ausgangspunkt für seine probabilistische Formulierung der Guttman-Skalierung: "In order to take advantage of statistical technology it is necessary to formulate a probabilistic representation of the observed data, and in order to exploit latent trait theory the parameters should be chosen in accord with this formulation".

Proctor trifft die folgenden Modellannahmen, die wir bereits in bezug auf die Anwendung des Modelles zur Prüfung der Invariabilitätsannahme umformuliert haben:

Die Sequenz jedes Individuums entspricht in Wirklichkeit einer mit dem Invariabilitätspostulat zu vereinbarenden Abfolge. Bei k Stufen gibt es $k+1$ verschiedene zulässige individuelle Stufenmuster. Deren Wahrscheinlichkeiten betragen $\Theta_1, \Theta_2, \ldots, \Theta_{k+1}$. Die beobachteten Sequenzen weichen aufgrund von Fehlklassifikationen von den wahren Sequenzen ab. Die Wahrscheinlichkeit für eine Fehlklassifikation sei mit α bezeichnet.

Die Wahrscheinlichkeit Π_i einer beobachteten Sequenz i ($i = 1, 2, \ldots, 2^k$) beträgt dann

(22) $\Pi_i = \Sigma \, \alpha^{D_{il}} \cdot (1-\alpha)^{k-D_{il}} \cdot \Theta_l$

mit $l = 1, 2, \ldots, k+1$ und

D_{il} = Anzahl der Stufen, die verändert werden müssen, um eine beobachtete Sequenz i in eine zulässige Sequenz l zu überführen.

Da Proctor zusätzlich annimmt, daß die Wahrscheinlichkeiten Π_i der beobachteten Sequenzen für die gegebene Stichprobe multinormalverteilt sind, ist es mit Hilfe der Maximum-Likelihood-Methoden möglich, die gesuchten Parameter $\Theta_1, \Theta_2, \ldots, \Theta_{k+1}$ und α abzuschätzen. Durch Anwendung eines Signifikanztests auf die Fehlklassifikationswahrscheinlichkeit α läßt sich prüfen, ob das Guttman-Modell den Daten angepaßt werden kann oder nicht. Sollte sich ergeben, daß α signifikant größer 0 ist, so sind mehrere Interpretationen möglich:

1. Durch besonders ungünstige Beobachtungsbedingungen sind die Meßfehler besonders groß, und/oder
2. die Entwicklungssequenz genügt nicht der Invariabilitätsforderung.

Für die Entscheidung zwischen diesen beiden Alternativen kann keine allgemeine Regel angegeben werden, doch dürfte im allgemeinen der signifikante Fehlerparameter zum Anlaß genommen werden, die Invariabilitätsforderung als falsifiziert anzusehen.

Nach Proctor besteht eine sinnvolle Erweiterung der probabilistischen Formulierung der SA darin, den allgemeinen Fehlerparameter α durch spezifische Fehlklassifikationswahrscheinlichkeiten $\alpha_1, \alpha_2, \ldots, \alpha_k$ zu ersetzen (engl. differential error rate).

(3) Das qualitative Entwicklungsmodell von Murray und Wiley und Wolfe.

Ein ähnliches probabilistisches Modell stammt von Murray

et al. (1971). Die Autoren haben ihren Ansatz speziell mit dem Ziel entwickelt, die Sequenzen qualitativer Entwicklungsprozesse zu beschreiben. Dabei gehen sie allerdings von der einschränkenden Voraussetzung aus, daß abhängige Beobachtungen (longitudinale Daten) vorliegen. In diesem Falle wird es möglich, Parameter für die Wahrscheinlichkeit des Überganges von einer Entwicklungsstufe zu einer anderen einzuführen. Daneben berücksichtigt das Modell die Möglichkeit von Fehlklassifikationen. Maximum-Likelihood-Verfahren erlauben es, aus den gegebenen Wahrscheinlichkeiten der beobachteten Sequenzen die theoretischen Übergangswahrscheinlichkeiten und die Fehlerparameter abzuschätzen.

Sowohl die probabilistische Variante der SA als auch das Entwicklungsmodell von Murray et al. bauen auf der «latent structure analysis» von Lazarsfeld auf. In beiden Fällen werden Fehlerparameter zur Grundlage für die Entscheidung über das Invariabilitätspostulat gemacht. Die Grundannahme des Modelles ist es jeweils, die beobachteten Sequenzen als Funktion der wahren Sequenzen und der Meßfehler zu betrachten. Schwierigkeiten entstehen dann, wenn es die mangelnde Validität der Untersuchung nicht gestattet, signifikante Fehlklassifikationsparameter inhaltlich eindeutig als Widerlegung der Modellannahme der Invariabilität zu interpretieren.

3.4 Mehrdimensionale Ansätze

Mehrdimensionale Ansätze, die speziell für die Prüfung der Hypothese der Invariabilität von Entwicklungssequenzen entwickelt worden sind, sind uns nicht bekannt. Zwar dienen die Multiple Skalogrammanalyse (MSA) und die Monotonizitätsanalyse (MA), die wir im folgenden beschreiben, der Dimensionsanalyse für eine gegebene Menge von Items (Stufen), doch ist die Fragestellung eine andere. Mit Bentlers Monotonizitätsanalyse, die dem faktorenanalytischen Modell sehr ähnlich ist, wird, wie bei den meisten dimensionsanalytischen Verfahren in der Psychologie üblich, eine Zerlegung der Kovarianz empirischer Daten in eine Minimalzahl latenter Komponenten, die als Dimensionen des euklidischen Raummodelles abgebildet werden, vorgenommen. Die Analyseeinheiten der MA sind nicht mehr die «Fehler» in dem Antwortmuster, sondern die Differenzen im Antwortverhalten aller möglichen Pbn-Paare. Die Multiple Skalogrammanalyse nach Lingoes ist von der Zielsetzung her unserer Fragestellung angemessener, denn sie dient der Zerlegung einer Menge von Items (Stufen) in Teilmengen unter Anlegung der Kriterien der Guttman-Skalierung. Inhaltlich ist sie jedoch auf die Belange der Konstruktion von Attitüdenskalen zugeschnitten und deshalb für unsere Zwecke nicht ohne weiteres verwendbar.

Wir haben daher versucht, auf der Grundlage der Logik der MSA die Grundzüge eines Auswertungsalgorithmus anzugeben, der speziell zur Prüfung der Hypothese der mehrdimensionalen Invariabilität angemessen ist. Um die Anlehnung an die MSA zu dokumentieren, werden wir ihn als «Mehrdimensionale Skalogrammanalyse für Entwicklungssequenzen» (MSA-E) bezeichnen. Unsere bisherigen Ergebnisse bei der Erstellung des MSA-E-Algorithmus stellen wir im Anschluß an die Beschreibung der MSA und der MA dar.

(1) Die multiple Skalogrammanalyse (MSA).

Die multiple Skalogrammanalyse (engl. multiple scalogram analysis) nach Lingoes (1963) stellt einen Suchalgorithmus bereit, um eine gegebene Menge von Items in eine minimale Anzahl von Untermengen zu zerlegen, die perfekte Guttman-Skalen bilden. Diese Untermengen werden von Lingoes als Dimensionen bezeichnet. Das Modell der MSA sieht vor, daß jede Stufe immer nur zu einer der Dimensionen gehören kann.

Folgende Idee liegt dem MSA-Verfahren zugrunde: Wenn man eine perfekte Guttman-Skala näher analysiert, so stellt man fest, daß die Items mehreren Kriterien genügen. Die «Verbindungskriterien» beschreiben, wie die Items in einer perfekten Guttman-Skala aneinandergereiht werden müssen. Lingoes (1963, S. 514) unterscheidet vier Verbindungskriterien, mittels derer er die Items in der MSA in eine Sequenz bringt, die den Erfordernissen einer perfekten Guttman-Skala entspricht.

Die Verbindungskriterien sind keine hinreichende Bedingung dafür, daß die Items eine Guttman-Skala bilden. Das «Reproduzierbarkeitskriterium» gibt an, welches Ausmaß an Fehlern («−+»-Abfolgen) zwischen zwei aufeinanderfolgenden Items in einer Guttman-Skala bestehen darf. Lingoes' Koeffizient der Reproduzierbarkeit Rep ist von einer Maßzahl Goodenoughs abgeleitet worden und wird für je zwei Items bestimmt. Wie sich zeigen läßt, weist er eine sehr enge Beziehung zum Punktvierfelderkoeffizienten r_p auf. Man kann ein bestimmtes Ausmaß der Reproduzierbarkeit als Mindestwert für eine perfekte Guttman-Skala vorgeben und dann über die Formel für Lingoes' Koeffizienten Rep die Anzahl der zulässigen Fehler bestimmen. Zur Entscheidung der Frage, ob die mit Hilfe der Verbindungs- und Reproduzierbarkeitskriterien konstruierte Skala signifikant von einer Skala unabhängiger Items verschieden ist, wird abschließend eine statistische Unterschiedsprüfung durchgeführt. Dieses Verfahren bildet das «statistische Kriterium».

Zu Beginn der Durchführung einer MSA wird zur «Skaleneröffnung» ein beliebiges Item ausgewählt; es ist vorteilhaft, sich für das Item mit der geringsten Schwierigkeit (maximale Anzahl richtiger Lösungen) zu entscheiden. Mit Hilfe der genannten Kriterien werden alle anderen Items daraufhin überprüft, ob sie in Verbindung mit dem ersten Item eine Guttman-Skala bilden. Für alle Items, die die Kriterien nicht erfüllen, wird nach «Abschluß» der ersten Skala auf demselben Wege geprüft, welche von ihnen sich zu einer zweiten Guttman-Skala verbinden lassen. Aus der Menge der verbleibenden Items wird eine dritte Guttman-Skala konstruiert, usw.

Lingoes hat bei der Formulierung des MSA-Algorithmus weniger die Anwendung bei der Untersuchung von Entwicklungssequenzen im Auge gehabt. Einige Operationen des von ihm vorgeschlagenen Rechenkalküles und die empfohlenen Werte für das Reproduzierbarkeits- und das statistische Kriterium sind in unserem Kontext unzweckmäßig oder sogar unzulässig.

Wenn man die MSA für die Prüfung der Invariabilität von Entwicklungssequenzen nutzbar machen will, so sind gegenüber der ursprünglichen Version von Lingoes vor allem die beiden folgenden Änderungen vorzunehmen:

1. Im Anschluß an die Itemmatrixvorbereitung folgt in der MSA-Fassung bei Lingoes (1963, S. 511) die «Matrix Reflection». Dabei wird die Bewertung jener Items vertauscht – d. h. aus «+» wird «–» und aus «–» wird «+» –, die weniger als N/2 richtige Lösungen aufweisen (N = Anzahl der Pbn). Dieses Vorgehen ist bei unserer Fragestellung – anstelle der Items stehen Entwicklungsstufen – nicht anwendbar. Die Richtung der Itembewertung ist keine Konvention, die sich beliebig ändern läßt, sondern ist theoretisch begründet. Welche fatalen Konsequenzen die Matrix Reflection in der Anwendung auf unser Problem

haben könnte, kann man leicht an einfachen Beispielen demonstrieren (Hoppe 1974).

2. Wenn in einer 2 × 2-Tafel zweier Items i und j sich ergibt, daß AC < BD, wobei A, B, C und D die verbundenen Häufigkeiten [10] bezeichnen, so ist die Interkorrelation zwischen den beiden Aufgaben negativ. Um ausschließlich positive Item-Interkorrelationen ("positive manifold") für die Items der Guttman-Skala zu erhalten, behandelt Lingoes vom 3. Schritt (Itemreihung) des Algorithmus' an das rechnerische Vorgehen für die Fälle AC < BD und AC > BD gesondert. Bei AC < BD ist das Rechenkalkül im Hinblick auf die abschließende Item Reflection abgewandelt, die aus negativen positive Interkorrelationen macht. — Daß die Item Reflection bei unserer Fragestellung nicht durchgeführt werden darf, wurde soeben unter 1. besprochen. Wir sehen zudem auch gar keinen Sinn darin, negative Item-Interkorrelationen bei den Stufen einer

Tabelle 12: Negative Korrelation und Invariabilität zweier Items; fiktives Beispiel

Vp	Stufe A	Stufe B
1	+	+
2	+	+
3	+	−
4	+	−
5	+	−
6	+	−
7	+	−
8	+	−
9	+	−
10	+	−
11	+	−
12	+	−
13	−	+
14	−	−
15	−	−

---

[10] A, B, C und D bezeichnen die folgenden Häufigkeiten:

	Item j −	Item j +
Item i +	B	A
Item i −	C	D

invariablen Entwicklungssequenz auf jeden Fall zu verhindern. Denn auch bei der folgenden Datenkonstellation in Tab. 12 ist die Korrelation negativ, die Daten sind aber recht gut mit der Invariabilitätsannahme vereinbar.

Deshalb kann bei der MSA-E (s. unten, S. 182 ff.) ohne Verlust darauf verzichtet werden, durch separate Auswertung für den Fall AC < BD und anschließende Item Reflection das Verbindungskriterium ausschließlich positiver Item-Interkorrelationen zu wahren.

Die Besonderheiten bei der Prüfung des Invariabilitätspostulates sind auch bei der Festlegung des Reproduzierbarkeits- und statistischen Kriteriums zu beachten. Auf diese Frage gehen wir erst bei der Beschreibung der Anforderungen an die MSA-E ein (s. unten S. 183).

(2) Die Monotonizitätsanalyse (MA).

Die Monotonizitätsanalyse (engl. monotonicity analysis) nach Bentler (1971a, 1971b) kann als Ausweitung des Konzeptes der Testhomogenität von Loevinger auf ein mehrdimensionales Grundmodell interpretiert werden. Bei der MA geht man ebenso wie bei der Homogenitätsbestimmung nach Loevinger von der Inter-Item-Konsistenz aus. Als Maßzahlen des Zusammenhanges je zweier Items werden Monotonizitätskoeffizienten m berechnet, die keine metrischen Daten voraussetzen und damit dem Skalenniveau der untersuchten Entwicklungsprozesse eher entsprechen als die üblichen Korrelationsmaße. m stellt einen Sonderfall des allgemeinen Konkordanzkoeffizienten von Kruskal dar und basiert auf dem Verhältnis von konkordanten zu diskordanten Beobachtungen. Ausgehend von der Matrix aller Monotonizitätskoeffizienten wird mit Hilfe einer speziellen Variante der Faktorenanalyse versucht, die latenten Dimensionen aufzudecken, die die vorliegenden Zusammenhänge zwischen den Items zu reproduzieren gestatten. Die technischen Details des Verfahrens sind bei Bentler (1971b) ausführlich beschrieben worden.

Das Problem der Mehrdimensionalität ist bei den MA durch Anwendung des multivariaten linear-additiven Grundmodelles der Faktorenanalyse gelöst worden. Die Analyseeinheiten bei der MA sind jedoch nicht mehr die individuellen Stufensequenzen, sondern die paarweisen Inter-Item-Homogenitäten, gemessen als Verhältnis von konkordanten und diskordanten Beobachtungen; die MA hat das Ziel, die minimale Anzahl der Dimensionen aufzudecken, die die Differenzen zwischen den Pbn zu reproduzieren gestatten. Es ist daher fraglich, inwieweit diese Dimensionsanalyse als Ergebnis tatsächlich Entwicklungsdimensionen liefert, die invariabel sind. "It is thus less appropriate to the determination of sequential invariance for some postulated developmental sequence than to the verification of dimensional homogeneity (or departure from it) of responses to a set of stimuli or tasks assumed to represent a developmental continuum" (Wohlwill 1970a, S. 163).

(3) Die Mehrdimensionale Skalogrammanalyse für Entwicklungssequenzen (MSA-E). Vorüberlegungen und Skizzierung eines Verfahrens.

(a) Anforderungen an des Verfahren. Das Postulat der mehrdimensionalen Invariabilität der qualitativen Entwicklung besagt: Wenn man die Menge der Entwicklungsstufen eines untersuchten Merkmales in optimaler Weise in Teilmengen (Untermengen) zerlegt, so genügt jede dieser Teilmengen der Invariabilitätsforderung. Diese Teilmengen bezeichnen wir als invariable (Entwicklungs-) *Dimensionen*.

An ein statistisches Verfahren zur Prüfung der Hypothese der mehrdimensionalen Invariabilität von Entwicklungssequenzen sind dann die folgenden Anforderungen zu stellen.

1. Das Verfahren muß eine Menge von Entwicklungsstufen unter dem Gesichtspunkt der Invariabilität in Teilmengen zerlegen, d. h. die Teilmengen müssen dem Invariabilitätspostulat genügen.

Ausführlich formuliert besagt diese Forderung, daß zwischen allen möglichen Kombinationen von je zwei Stufen einer Dimension (kurz: Stufenpaaren) – beim deterministischen Modell – keine bzw. – bei der Tolerierung von Meßfehlern – keine unzulässsig vielen «Fehler» («–+»-Abfolgen im Stufenmuster; s. S. 166) auftreten sollen. Diesen Sachverhalt der Fehlerbegrenzung bezeichnen wir in Anlehnung an Sagi (1959, S. 20) als *Fehlerkriterium* oder in Anlehnung an Lingoes (1963, S. 504) als *Reproduzierbarkeitskriterium*. Die Notwendigkeit, die Fehlergrenze für *jedes* Stufenpaar einer Dimension einzuhalten, wollen wir das *Vollständigkeitskriterium* nennen. – Fehler («–+»-Abfolgen) können nur dann aufgedeckt werden, wenn die Stufen nach der Lösungshäufigkeit (Schwierigkeit) geordnet worden sind. Folglich impliziert die 1. Forderung für das prospektive

Verfahren auch, daß die Stufen in der Schwierigkeitsreihenfolge angeordnet werden. Lingoes (1963, S. 503) bezeichnet diesen Sachverhalt als *Monotonizitätskriterium*.

2. Die Zerlegung der Gesamtmenge der Stufen muß «optimal» sein, d. h.

a) welche Untermengen und welche Anzahl von Stufen auch immer dem Invariabilitätspostulat genügen – diese invariablen Stufenkombinationen müssen durch das Verfahren aufgedeckt werden;

b) die zur Beschreibung der Invariabilität benötigte Anzahl der Dimensionen soll minimal sein;

c) jede Stufe soll höchstens einer Dimension zugeordnet werden.

3. Das Verfahren muß gewährleisten, daß die invariablen Dimensionen nicht durch «zufällige» Kombination der Stufen zustande kommen, d. h. das Verfahren muß ein *statistisches Kriterium* (Lingoes 1963, S. 509) enthalten, um die Signifikanz des invariablen Stufenmusters der Dimensionen gegenüber dem Zustandekommen dieses Stufenmusters bei der «zufälligen» Kombination (statistisch gesehen) unabhängiger Stufen zu sichern.

Als Fazit aus den Forderungen 1.–3. ergibt sich, daß ein Auswertungsverfahren zur Prüfung der mehrdimensionalen Invariabilität von Entwicklungssequenzen die folgenden Kriterien berücksichtigen muß:

– das Monotonizitätskriterium,
– das statistische Kriterium,
– das Reproduzierbarkeitskriterium (Fehlerkriterium) und
– das Vollständigkeitskriterium.

Ausgehend von diesen Kriterien haben wir versucht, die erste Skizze eines zugehörigen Verfahrens anzugeben, das wir «Mehrdimensionale Skalogrammanalyse für (die Prüfung von) Entwicklungssequenzen», kurz MSA-E, nennen. Ein Algorithmus für die MSA-E müßte unseres Erachtens die folgenden Schritte umfassen.

(b) Ablauf des Verfahrens (Algorithmus).

1. Schritt: Wähle das statistische Kriterium und das Reproduzierbarkeitskriterium.

Das Reproduzierbarkeitskriterium gibt die für jedes Stufenpaar innerhalb einer Dimension zulässige Fehlerzahl an. Wir bezeichnen diese Fehlerzahl mit C_{krit}. Das statistische Kriterium α gibt das Signifikanzniveau für die Entscheidung über die Nullhypothese der Unabhängigkeit (im statistischen Sinne) zweier Stufen an. α ist die Signifikanzzahl, falls der χ^2-Test angewendet wird, bezeichnet man den kritischen Wert als $\chi^2 \alpha$.

2. *Schritt:* Monotonizitätskriterium. – Bringe die Stufen in die Schwierigkeitsrangfolge mit $i < j$ (d. h. i vor j), wenn $P_i > P_j$ (wobei $P_i = R_i$ mit R = Anzahl richtiger Lösungen). Wenn $P_i = P_j$, so ist die Reihenfolge beliebig.

3. *Schritt:* Bilde die 2×2-Tafeln aller möglichen Stufenpaare i, j in der in Tabelle 13 gezeigten Weise. Insgesamt gibt es $\frac{m(m-1)}{2}$ 2×2-Tafeln bei m Stufen.

Tabelle 13: 2 × 2-Tafel der Stufen i, j in der MSA-E
Anmerkungen: Es gilt $P_i > P_j$. A, B, C, D bezeichnen die «verbundenen» Häufigkeiten. C bezeichnet die Fehlerhäufigkeit

	Stufe j +	Stufe j −
Stufe i +	A	B
Stufe i −	C	D

4. *Schritt:* Reproduzierbarkeitskriterium. – Bestimme alle Stufenpaare, für die $C \leqslant C_{krit}$. Nur diese werden im folgenden berücksichtigt.

5. *Schritt:* Statistisches Kriterium. – Bestimme aus der Menge der verbleibenden Stufenpaare all jene, die *auch* das statistische Kriterium erfüllen; d. h. bei Anwendung des χ^2-Tests, daß für die 2×2-Tafeln $\chi^2 > \chi^2 \alpha$ erfüllt sein muß. Nur jene Stufenpaare, die auch das statistische Kriterium erfüllen, werden im folgenden berücksichtigt.

Beachte: Gilt für irgendeine der erwarteten Häufigkeiten E für die 2×2-Tafeln, daß $5 \leqslant E \leqslant 10$, so ist die Yates-Korrektur für Kontinuität auf den χ^2-Test anzuwenden. Ist $E < 5$, so sind die «exakten Wahrscheinlichkeiten nach Fisher» (s. z. B.

McNemar, 1962, S. 236) zu berechnen, um die Nullhypothese der Unabhängigkeit zu prüfen.

6. *Schritt:* Vollständigkeitskriterium. – Wähle aus der Menge der verbliebenen Stufenpaare dasjenige Paar i, j aus, für das P_i und P_j maximal sind. Diese beiden Stufen bilden den Anfang der ersten invariablen Entwicklungsdimension.

Wähle sodann diejenige Stufe k aus, die sowohl in Kombination mit i als auch in Kombination mit j in der Menge der verbliebenen Stufenpaare vorhanden ist und für die P_k maximal ist für alle verbliebenen Stufen k, l, m, ...

7. *Schritt:* Verfahre entsprechend wie bei der Auswahl von k für die Auswahl aller weiteren Stufen. D. h.: Wähle aus der Menge der verbliebenen Stufen diejenige Stufe l aus, die in Kombination mit i, mit j und mit k vorhanden ist und für die in der Menge der verbliebenen Stufen P_l maximal ist; usw.

8. *Schritt:* Wenn keine Items mehr existieren, die mit *allen* bereits in die Dimension aufgenommenen Stufen in der Menge der zu berücksichtigenden Stufenpaare vorkommen, so ist die erste Entwicklungsdimension abgeschlossen.

9. *Schritt:* Berechne für die im 8. Schritt abgeschlossene Entwicklungsdimension die Maße der (In-) Variabilität wie Rep_A, I, usw.

10. *Schritt:* Sind keine Stufenpaare mehr in der Menge der zu berücksichtigenden Stufenpaare vorhanden, so ist die MSA-E abgeschlossen. Ansonsten gehe zurück zum 6. Schritt und fahre dort fort mit der Menge der nach Abschluß der ersten Entwicklungsdimension verbliebenen Stufenpaare.

Nach Abschluß der zweiten, dritten, ... Entwicklungsdimension ist entsprechend zu verfahren.

(c) Offene Fragen und Probleme. Wir haben eine erste Anwendung dieses mehrdimensionalen Verfahrens bei der Auswertung einer eigenen Untersuchung zur Invariabilität der Entwicklungssequenz des Klassifikationsverhaltens vorgenommen. Die Ergebnisse werden in Kapitel 4, Abschnitt 3.1.2 referiert. Als ein bisher unbefriedigend gelöster Schritt des Verfahrens erwies sich dabei eine begründete und unstrittige Festlegung des statistischen und des Reproduzierbarkeitskriteriums.

Für das Reproduzierbarkeitskriterium C_{krit} gilt, daß es eindeutig bestimmt ist, sobald man vom deterministischen Invariabilitätspostulat Piagets ausgeht. Da nach Piaget die Entwicklungssequenz universell «fehlerlos» sein soll, ist $C_{krit} = 0$ zu wählen. Wie aber soll man sich bei der Wahl von C entscheiden, wenn man möglichen Meßfehlern und Ungenauigkeiten bei der Datenerhebung Rechnung tragen will? Die probabilistischen Modelle (s. Abschnitt 3.3.) lösen dieses Problem zunächst durch die Einführung von Fehlerparametern, doch ist auch damit die Schwierigkeit nur vordergründig ausgeräumt, denn es muß zu einem späteren Zeitpunkt anhand der Höhe der Fehlerklassifikationswahrscheinlichkeit entschieden werden, ob die Nullhypothese der Invariabilität beibehalten oder abgelehnt wird.

Auch die folgende Strategie nach Lingoes (1963, S. 506) bringt nur eine Verlagerung des Problems. Lingoes zeigt, daß zwischen den Fehlern C jedes Stufenpaares und der Reproduzierbarkeit Rep der Menge aller m Stufen die folgende Beziehung besteht: $Rep_{min} = 1 - \frac{2\varepsilon(m-1)}{m}$, mit $\varepsilon = \frac{C}{N}$. Wenn zusätzlich angenommen wird, daß m → unendlich, so ergibt sich: $Rep_{min} = 1 - 2\varepsilon$ als Näherungswert für die untere Grenze (Minimalwert) der Reproduzierbarkeit Rep. Implizit mußte wieder vorausgesetzt werden, daß über alle betrachteten Stufenpaare von einem konstanten Fehler C ausgegangen werden kann. – Mit Hilfe dieses Ansatzes nach Lingoes wird es zwar möglich, für eine vorgegebene «gerade noch zulässige Variabilität» für eine Entwicklungsdimension (reflektiert durch Rep_{min}) die paarweise zulässigen Fehler zu bestimmen (genügend großes m vorausgesetzt) – doch ist uns wiederum nicht bei der Beantwortung der Frage geholfen, wie groß die «gerade noch zulässige Variabilität» einer Entwicklungsdimension sein darf, um mit dem Invariabilitätspostulat verträglich zu sein.

Derselbe Autor (Lingoes 1963, S. 510) verwendet zur statistischen Absicherung der beobachteten und zugelassenen Fehler C gegenüber den bei zufälliger Verknüpfung der Stufen entstehenden Fehler den χ^2-Test und schlägt als statistisches Kriterium das Signifikanzniveau $\alpha = 0.1 \%$ vor. Eine Begründung für die Wahl gerade dieses Kriteriumswertes wird jedoch nicht gegeben. Es muß an dieser Stelle erwähnt werden, daß es sich bei der Beliebigkeit bzw. Unsicherheit bezüglich der Wahl des statistischen Kriteriums nicht um ein spezielles Problem der MSA und

MSA-E handelt, sondern daß sich die Frage «Welches Signifikanzniveau wähle ich?» für *alle* Anwendungen statistischer Prüfverfahren gleichermaßen stellt und mit dem üblichen allgemeinen Hinweis, diese Wahl sei in Abhängigkeit von der inhaltlichen Relevanz und den Konsequenzen der Entscheidung über H_0 zu treffen, nur unzureichend beantwortet wird.

Für unser Beispiel zeigte es sich, daß $\alpha = 0.1\%$ zu hoch angesetzt war, da es bei diesem Signifikanzniveau und für die gegebene geringe Beobachtungsbasis (z. B. im ungünstigsten Fall $N = 16$) kaum möglich war, H_0 zu falsifizieren – selbst wenn $C_{krit} = 0$ gewählt wurde.

Abschließend ist anzumerken, daß die MSA-E, wie sie bisher konzipiert und hier referiert wurde, einen eher intuitiven Ansatz darstellt. Inwieweit dieses Verfahren von der Theorie der mathematischen Statistik her legitim ist, konnte noch nicht geklärt werden.

(4) Zusammenfassung von Abschnitt 3.

(a) Die Invariabilitätsannahme bezieht sich auf die Reihenfolge des Erwerbs qualitativ verschiedener Entwicklungsstufen. Folglich kommen zu ihrer Prüfung nur jene Auswertungsverfahren in Frage, die Konstellationen (Muster) erworbener und fehlender Stufen analysieren. Es läßt sich zeigen, daß eine formale Korrespondenz zwischen der Fragestellung der Invariabilität und dem Ziel der Guttman-Skalierung bzw. dem Problem der Testhomogenität besteht. Daher kommen zur Prüfung der Invariabilitätshypothese prinzipiell die Skalogrammanalyse und ähnliche Techniken in Frage.

(b) Weil man gerade bei entwicklungspsychologischen Untersuchungen kognitiver Funktionen mit dem Auftreten von Meßfehlern rechnen muß, ist es nicht sinnvoll, das Invariabilitätspostulat bereits durch ein einziges Gegenbeispiel einer abweichenden Sequenz als widerlegt anzusehen. Präzisierungen des Invariabilitätspostulates, z. B. durch explizite Berücksichtigung von Verfälschungen der Beobachtungsdaten durch Meßfehler oder die Einbeziehung der Mehrdimensionalität der Entwicklungssequenzen, machen es erforderlich, anstelle der bisher fast ausschließlich verwendeten eindimensionalen deterministischen Ansätze probabilistische und/oder mehrdimensionale Modelle bei der empirischen Überprüfung der Invariabilitätshypothese anzulegen.

(c) Probabilistische Modelle wurden bisher von Proctor (1970) und Murray et al. (1971) vorgelegt. Zentraler Bestandteil dieser Modelle ist die Berücksichtigung von Meßfehlern als Modellannahme in der Form eines oder mehrerer Fehlerparameter. In Abhängigkeit von der Größe des Fehlerparameters kann die Nullhypothese der Invariabilität beibehalten oder verworfen werden.

(d) Die Hypothese der mehrdimensionalen invariablen Entwicklung besagt, daß die betrachteten Entwicklungsstufen zwar nicht invariabel erworben werden, wenn man sie zu nur einer Dimension zusammenfaßt; zerlegt man jedoch die Menge aller Stufen in geeigneter Weise in Untermengen (Dimensionen), so findet man die Invariabilitätsforderung für die einzelnen Dimensionen bestätigt. – Entsprechende Auswertungsverfahren stehen bisher nicht zur Verfügung. Es wurde versucht, erste Überlegungen für eine «Mehrdimensionale Skalogrammanalyse für Entwicklungssequenzen» (MSA-E) vorzulegen.

4. Kapitel

Empirische Prüfung der Invariabilität der Klassifikationsfähigkeit Möglichkeiten ihrer pädagogischen Beeinflussung

Die Bedeutung empirischer Untersuchungen für die Validierung und Weiterentwicklung entwicklungspsychologischer Theorien ist ausführlich im 1. Kapitel dieses Buches diskutiert worden (s. besonders S. 38–39). Es wurde einerseits aufgezeigt, daß die empirische Prüfung von Theorien und Postulaten nur eine von mehreren notwendigen Kontrollinstanzen ist. Andererseits gilt jedoch, daß «ohne ein empirisches Korrektiv ... jede Form der Theorienbildung der Gefahr ausgesetzt ist, sich in einseitigen und willkürlichen Spekulationen zu verfahren, ungerechtfertigte oder nur beschränkt gültige Interpretationen absolut zu setzen» (Kapitel 1 in diesem Band, S. 38). Neben dieser Prüffunktion haben systematische empirische Beobachtungen aber auch noch die Bedeutung, daß sie den kreativen Akt der Generierung von Hypothesen und Postulaten beeinflussen können.

Die zu referierende Untersuchung ist im Rahmen einer Diplomarbeit durchgeführt worden. Daher waren sowohl die zeitlichen als auch die materiellen Möglichkeiten begrenzt. Diese Tatsache hat eine Reihe von Unzulänglichkeiten methodischer Art nach sich gezogen, die sichtbar werden, wenn man die Untersuchung an den von uns selbst im 3. Kapitel gesetzten Standards mißt. Wir werden auf diesen Punkt unten (s. S. 225–27) im einzelnen zu sprechen kommen. Wir glauben, daß es die Untersuchung trotz dieser Mängel wert ist, kurz referiert zu werden, da erstens die empirische Prüfung invariabler Sequenzen unseres Wissens Neuland für die deutschsprachige Entwicklungspsychologie ist und zweitens klar die Prinzipien demonstriert werden können, nach denen bei solchen Untersuchungen zu verfahren ist. Hingegen dürfte der inhaltlich-theoretische Aspekt der Ergebnisse, eben wegen der besagten Schwächen in der Versuchsdurchführung, nur von sekundärem Interesse sein.

1 Fragestellung und Hypothesen der Untersuchung

1.1 Kurze Kennzeichnung des Problembereiches: Die Entwicklung der Klassifikationsfähigkeit [1]

An dieser Stelle werden wir auf die Darstellung und Diskussion der durch unsere Untersuchung berührten Aspekte der Theorie Piagets nur in dem Ausmaß eingehen, wie es für das Verständnis der Beschreibung der Untersuchung unerläßlich ist; *ausführlich* sind die (theoretischen) Probleme des Piagetschen Invariabilitätspostulates allgemein und der Entwicklungssequenz des Klassifikationsverhaltens im besonderen in Kapitel 2 behandelt worden (s. S. 70–120).

Piaget hat das Invariabilitätspostulat explizit oder implizit für alle von ihm untersuchten psychischen Funktionen aufgestellt. Will man aber dieses Postulat im konkreten Einzelfall irgendeiner spezifischen Funktion prüfen, stellt sich sogleich als eine der Hauptschwierigkeiten das Problem, daß Piaget kaum jemals eine systematische und detaillierte Beschreibung aller Stufen innerhalb einer Sequenz gibt und sich Operationalisierungen der einzelnen Stufen nur finden lassen, wenn man seine Darstellungen mehr oder minder großzügig interpretiert und aufgrund der eigenen Interpretationen eine Präzisierung und Operationalisierung vornimmt.

Wir haben uns deshalb bei der Auswahl jener kognitiven Funktion, für die das Invariabilitätspostulat exemplarisch geprüft werden sollte, nach dem pragmatischen Gesichtspunkt gerichtet, daß bei der Umsetzung der einzelnen Entwicklungsschritte in entsprechende Prüfaufgaben die geringste Beliebigkeit vorliegen sollte. Die Klassifikationsfähigkeit [2] schien uns am ehesten dieser Anforderung zu entsprechen, da sie erstens von

---

[1] Zum tiefergehenden Verständnis, besonders zu einer kritischen Stellungnahme, siehe Kapitel 2, Abschnitt 2, Seite 70–120.

[2] Häufig wird in Anwendung der allgemeinen Gegenüberstellung von Verhaltens- und Konstruktebene explizit zwischen Fertigkeiten und Leistungen als Verhaltensmerkmalen und den daraus erschlossenen, nicht direkt beobachtbaren Fähigkeiten unterschieden. In unserer Darstellung werden die Begriffe Klassifikationsleistung(en), Klassifikationsfertigkeit(en), Klassifikationsfähigkeit(en) und Klassifikationsverhalten synonym gebraucht und beziehen sich sowohl auf das beobachtbare Lösungsverhalten als auch auf die theoretisch angenommenen Schritte in der Entwicklungssequenz der Klassifikation.

Piaget selbst (Inhelder und Piaget 1964) in vergleichsweise ausführlicher und eindeutiger Form beschrieben worden ist und zweitens von Kofsky (1963, 1966) bereits eine nachvollziehbare objektive Operationalisierung aller Entwicklungsschritte in anwendbare Prüfaufgaben geleistet worden ist.

Die Entwicklung der Klassifikationsfähigkeiten erstreckt sich über einen längeren Zeitraum der Ontogenese (im allgemeinen 5–6 Jahre), und die Abfolge der einzelnen Klassifikationsleistungen ist von Inhelder und Piaget (1964) als Sequenz mit explikativem Anspruch konzipiert worden (vgl. Kapitel 1, S. 22). Die theoretische Begündung des Invariabilitätspostulates speziell für die Entwicklung der Klassifikation haben wir im 2. Kapitel gegeben (s. S. 70–78). Deshalb beschränken wir uns hier auf die wiederholte Erwähnung der nach Piaget den Entwicklungsprozeß der Klassifikationsfähigkeit ausmachenden bzw. diese Entwicklung steuernden Teilprozesse: den Abbau einer rein sukzessiven Verarbeitungsweise, die Möglichkeit, aufgrund früher vollzogener Einordnungen («hindsight») neue Anordnungen zu antizipieren, die gleichzeitig erfolgende Koordination von aufsteigendem und absteigendem Vorgehen und die sich aus diesen Prozessen ergebende und mit ihnen schrittweise gekoppelte Differenzierung und Koordination von Extension und Intension. Daneben wird von Inhelder und Piaget die Entwicklungssequenz der Klassifikation auch durch Bezugnahme auf Piagets allgemeines theoretisches Grundkonzept erklärt und als notwendig expliziert.

Inhelder und Piaget (1964) haben den Entwicklungsprozeß des Klassifikationsverhaltens in drei Phasen gegliedert:

I. graphische Gruppierungen,

II. nicht-graphische Gruppierungen und

III. Klassifikation im engeren Sinne (engl. true classification).

Kofsky (1963, S. 36 ff.) kommt bei ihrer Interpretation und Neuformulierung der Ausführungen von Inhelder und Piaget, mit der sie eine empirisch prüfbare Darstellung der Theorie der Klassifikationsentwicklung anstrebt, ebenfalls zu drei Gruppen von Klassifikationsleistungen:

A. Gruppierungsfertigkeiten (engl. grouping skills),

B. Beherrschung der Regeln der Mehrfachklassifikation (multiple membership rules) und

C. Beherrschung der Regeln der Klasseninklusion (inclusion rules).

Innerhalb dieser Gruppen unterscheidet Kofsky nochmals einzelne Stufen, so daß sie zu insgesamt elf qualitativen Schritten innerhalb der Entwicklungssequenz der Klassifikation kommt (s. Abbildung 1, Kapitel 2). Wir folgen Kofskys Interpretation im großen und ganzen; abweichende Auffassungen, die sich bei der Operationalisierung der Regeln niederschlagen, vertreten wir nur in zwei Punkten:
– Die Ableitung der Klassifikationsregel CON (Erhaltung der Klasse; Beschreibung dieser Regel s. S. 81) und deren punktuelle Einordnung an vierter Stelle des hierarchischen Schemas (vgl. Abbildung 1, Kapitel 2) entspricht u. E. nicht exakt den Überlegungen Inhelder und Piagets. CON bedeutet, daß ein Individuum fähig ist, nach «akzeptablen» Kategorien zu klassifizieren, d. h. daß «räumliche Nähe» als Klassifizierungsmerkmal aufgegeben und nur noch nach Ähnlichkeit gruppiert wird («Klassenzugehörigkeit» statt «Zugehörigkeit zum Ganzen»; vgl. Abschnitt 2.1.1 von Kapitel 2). Diese Fähigkeit entwickelt sich nach Inhelder und Piaget allmählich während der ganzen Phase der graphischen Gruppierungen, nur teilweise als Konsequenz, teilweise auch als Voraussetzung oder aber unabhängig von den anderen einfacheren Klassifikationsfähigkeiten, so daß eine Einordnung aufgrund eindeutiger logischer Beziehungen kaum möglich sein dürfte. Darüberhinaus ist die Kofskysche Operationalisierung dieser Klassifikationsregel durch die Verwendung sinnloser Silben als Bezeichnung für die Bauklötze problematisch (s. a. Hoppe 1974, S. 137 f.). Wir schlagen vor, diese Regel aus der Klassifikationshierarchie zu streichen.
– Die Operationalisierung der Regel VC erscheint uns nicht angemessen. Einerseits werden, wie sonst nur bei der Regel CON, sinnlose Silben verwendet, was die sprachliche Komponente dieser Leistung unnötig verstärkt, zum anderen erscheint u. E. das Erfassen des hierarchischen Aufbaus zu wenig klar herausgearbeitet. Wir hoffen, daß diese Mängel in unserer Fassung von VC (s. Abschnitt 4, S. 250–52 in diesem Kapitel) beseitigt sind.

Unter Berücksichtigung dieser Abweichungen ergab sich als theoretisches Modell der Klassifikationsentwicklung, das in unserer empirischen Untersuchung überprüft werden sollte, eine

Aufgliederung der Entwicklung der Klassifikation in zehn Stufen
(s. ausführliche Beschreibung der Stufen in Kapitel 2, S. 80–84):
1. inkonsistentes Sortieren (engl. resemblance sorting; Abk. RS),
2. konsistentes Sortieren (consistent sorting; CS),
3. erschöpfendes Sortieren (exhaustive sorting; ES),
4. Mehrfachklassifikation (multiple class membership; MM),
5. einfaches Umklassifizieren (horizontal reclassification; HR),

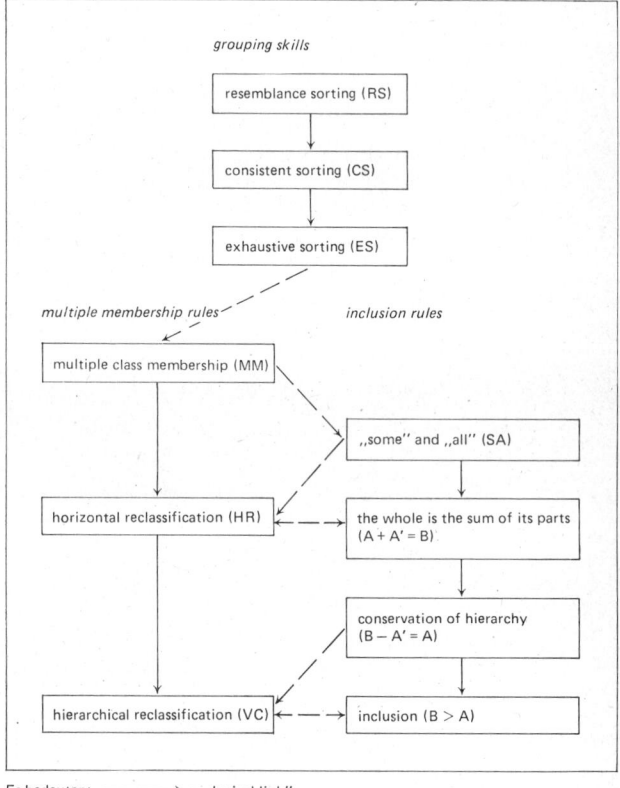

grouping skills

resemblance sorting (RS) → consistent sorting (CS) → exhaustive sorting (ES)

multiple membership rules — *inclusion rules*

multiple class membership (MM)

„some" and „all" (SA)

horizontal reclassification (HR)

the whole is the sum of its parts $(A + A' = B)$

conservation of hierarchy $(B - A' = A)$

hierarchical reclassification (VC)

inclusion $(B > A)$

Es bedeuten: ⎯⎯⎯→ = „logical link"
⎯ ⎯ ⎯→ = „probabilistic link"

Abbildung 1: Die von Kofsky postulierte Sequenz des Erwerbs der Klassifikationsstufen (CON nicht berücksichtigt). (In Anlehnung an Kofsky 1963, S. 59)

6. hierarchisches Klassifizieren (hierarchical reclassification; VC),
7. Unterscheidung von «einige» und «alle» («some» and «all»; SA),
8. Klassenaddition (the whole is the sum of its parts; $A + A' = B$),
9. Klassensubtraktion (conservation of hierarchy; $B - A' = A$),
10. Klasseninklusion (inclusion; $B > A$).

Nach Kofsky sind *diese* Stufen – also bei Weglassung von CON – in der folgenden Weise verknüpft (s. Abbildung 1):

Abbildung 1 zeigt, daß Kofskys Interpretation der Entwicklungssequenz insofern von derjenigen Piagets abweicht, als sie die Möglichkeit probabilistischer Verknüpfungen zwischen den einzelnen Stufen (bei Kofsky auch als «Regeln» bezeichnet) zuläßt und damit die strenge Invariabilitätsbehauptung aufweicht. Nach Piaget hingegen ist anzunehmen, daß die Stufen in einer streng hierarchischen Ordnung stehen, die für alle Pbn identisch ist. In Kapitel 2 (s. S. 85) haben wir außerdem darauf hingewiesen, daß wir Kofskys Annahme einer sehr engen Beziehung zwischen MM, HR und VC als eine falsche Interpretation von Inhelder und Piaget ansehen.

1.2 *Die Fragestellungen der Untersuchung*

Unsere empirische Untersuchung diente der Überprüfung der Invariabilität der Entwicklungssequenz des Klassifikationsverhaltens. Wir wollten prüfen, ob sich Piagets Postulat der logisch ableitbaren und interindividuell identischen Entwicklungssequenz für diese spezifische Fähigkeit bewähren oder falsifiziert wird. Eine empirische Falsifikation hat u. E. keinesfalls eine Verwerfung der zugrundeliegenden Theorie zur Folge, sondern führt nach der heute geübten wissenschaftlichen Praxis zu weiteren empirischen Bewährungsversuchen und/oder Modifikationen der Theorie, z. B. Präzisierungen.

Wie wir in unseren methodischen Überlegungen zur empirischen Untersuchung von Entwicklungssequenzen bereits ausgeführt haben (s. Kapitel 3, S. 163), kann man verschiedene Varianten des Invariabilitätspostulates und damit auch verschiedene Bedingungen seiner empirischen Bewährung unterscheiden. Die Invariabilitätsbehauptung kann so formuliert werden,

- daß der «zufälligen» Abweichung der beobachteten Sequenzen vom theoretischen Modell aufgrund von Meßfehlern Rechnung getragen wird (d. h. Einbeziehung eines Fehlerterms),
- daß die «Invariabilitätsannahme im engeren Sinne» (s. Kapitel 3, S. 160) von der «Hypothese der kumulativen Entwicklung» konzeptuell getrennt wird, und
- daß die Möglichkeit der Mehrdimensionalität der invariablen Entwicklung berücksichtigt wird.

Demgemäß ging es uns nicht nur um die Untersuchung der streng deterministischen unidimensionalen Invariabilitätshypothese in der ursprünglichen Fassung Piagets, sondern auch um die Bewährung der genannten Modifikationen.

Sollte sich die Invariabilitätsannahme nicht bewähren, so ist die Art der Abweichung von der hypostasierten Reihenfolge von Interesse. Es ist z. B. durchaus möglich, daß eine andere als die von Piaget behauptete Sequenz bevorzugt auftritt oder sich sogar als invariabel erweist[3]. Weiterhin waren die beobachteten Sequenzen mit dem theoretischen Modell von Kofsky (vgl. Abbildung 1, S. 193) zu vergleichen, das von einer unterschiedlichen Stärke der Bindungen zwischen den einzelnen Sequenzschritten (engl. deterministic vs. probabilistic links) ausgeht. Schließlich ist es theoretisch sinnvoll zu prüfen, ob einige Entwicklungssequenzen sich als besonders bevorzugt erweisen, oder ob es sich bei den beobachteten Abfolgen um eine Zufallsverteilung handelt.

Sowohl die Ergebnisse von Kofsky (1963, S. 130 ff.) als auch die – allerdings unsystematischen – Beobachtungen bei eigenen Vorversuchen sprachen gegen die Bewährung des Invariabilitätspostulates in der einen oder anderen Form. Deshalb hatten wir neben der systematischen und kontrollierten Überprüfung der Invariabilitätsannahme von Anfang an noch eine zweite Fragestellung in den Mittelpunkt gestellt. Ausgehend von der Beobachtung Kofskys, daß es trotz eindeutiger Widerlegung der In-

---

[3] Manche Autoren würden bereits dann das Invariabilitätspostulat als falsifiziert ansehen, wenn eine andere invariable Sequenz beobachtet wird als die postulierte. In diesem Sinne wird in einigen Passagen von Kapitel 2 die Frage der Invariabilität diskutiert, aber ansonsten schließen wir uns dieser Auffassung nicht an.

variabilitätsbehauptung einen nicht geringen Anteil von Pbn gibt, die die von Piaget postulierte Sequenz bzw. das entsprechende Muster von vorhandenen und fehlenden Stufen aufweisen, kann man es sich zum Ziel setzen, die determinierenden Bedingungen für die Variabilität der Entwicklungssequenzen aufzudecken. Es bieten sich zwei Möglichkeiten an, die sich nicht ausschließen:

1. Die Pbn werden aufgrund der Übereinstimmung ihrer Stufenmuster in homogene Gruppen eingeteilt, und es wird dann versucht, *post hoc* jene für die Klassifikationsentwicklung relevanten Bedingungen zu bestimmen, in denen sich die Gruppen unterscheiden. Man nimmt dann an, daß diese Bedingungsfaktoren einen signifikanten Einfluß auf die Entwicklungssequenz haben.

2. Man wählt bereits bei der Versuchsplanung eine «differentielle» Strategie und prüft die Invariabilitätshypothese für homogene, ausgelesene Populationen bzw. unter kontrollierten variierenden Versuchsbedingungen.

Wir haben versucht, den zweiten Weg in unserer Untersuchung zu beschreiten.

Die Bildung von Subpopulationen kann entweder anhand sehr globaler oder unter Benutzung sehr spezifischer Kriterien erfolgen. Letzteres Vorgehen ist nur dann sinnvoll, wenn bereits gezielte Hypothesen über wirksame Einflußfaktoren bestehen. Wir haben die Invariabilitätsannahme für die Kinder aus unterschiedlichem sozialem Milieu getrennt überprüft, also ein sehr «globales» Merkmal zur Bildung der Subpopulationen benutzt. Dabei folgten wir dem üblichen Vorgehen, als Indikator für das soziale Milieu die sozioökonomische Schichtzugehörigkeit anzusehen. Für die Überprüfung der Auswirkung gerade dieser Variablen auf die Entwicklung der Klassifikationsfähigkeit spricht – neben der praktischen Erwägung des geringen Erhebungsaufwandes – ihre Aktualität im Zusammenhang mit bildungspolitischen Zielsetzungen und pädagogischen Förderungsmaßnahmen. Sollten sich Differenzen aufzeigen lassen, wäre das ein Sachverhalt, der in den Konzepten zur kompensatorischen Erziehung im kognitiven Bereich unbedingt berücksichtigt werden müßte. Auf die Implikationen der Invariabilität bzw. Variabilität von Entwicklungssequenzen gehen wir unten ein (s. S. 255).

Der Einfluß variierender Untersuchungsbedingungen auf die Sequenz der Klassifikationsleistungen wurde exemplarisch für die Variable Versuchsmaterial geprüft, die wir als zweiten Bedingungsfaktor neben der Schichtzugehörigkeit systematisch berücksichtigten. Die Auswirkungen des Faktors Versuchsmaterial bedürfen u. E. in besonderem Maße einer empirischen Überprüfung, weil die bisherigen Untersuchungen zur Theorie Piagets allgemein und speziell zur Invariabilitätsannahme vornehmlich auf graphisches Material und Spielbausteine beschränkt geblieben sind. Wir nahmen an, daß gerade die von uns alternativ zu den Spielbausteinen verwendeten Kekse durch die Valenz, die ihnen häufig durch ihre Belohnungsfunktion in der alltäglichen Erfahrung der Kinder zukommt, das psychologische Feld in der Untersuchungssituation nicht unwesentlich verändern.

Neben der sozialen Herkunft und dem Versuchsmaterial wurde der Faktor Alter mit den Altersstufen 4–7 Jahre systematisch einbezogen, so daß die Entwicklungssequenz der Klassifikationsfähigkeiten insgesamt in Abhängigkeit von den folgenden drei Bedingungen untersucht wurde:

A. Alter der Pbn – 4, 5, 6 und 7 Jahre;
B. Soziale Schichtzugehörigkeit – Unterschicht vs. Mittel-/Oberschicht;
C. Versuchsmaterial – Spielbausteine vs. Kekse.

Zusätzlich zu der *Sequenz* der Klassifikationsleistungen wurde auch das *Ausmaß* der Leistung in Abhängigkeit von den genannten Bedingungsfaktoren untersucht. Es sei jedoch nochmals betont, daß die Leistungshöhe bezüglich der Entscheidung über die Invariabilität aus methodischer Sicht völlig irrelevant ist und in dieser Untersuchung nur als «Nebenprodukt» abfällt, das vor allem zu Vergleichszwecken (z. B. mit der Untersuchung von Kofsky 1963) herangezogen werden kann.

1.3   *Die Hypothesen*

Die aufgeführten Fragestellungen wurden durch die folgenden Alternativhypothesen (A_1 bzw. A_2) spezifiziert[4].

---

[4] Wir verstehen diese Hypothesen nicht als statistische Hypothesen im engeren Sinne – daher A_1 und A_2 anstelle von H_0 und H_1.

1. Hypothese.

A_1: Die in der strikten Form der Invariabilitätsannahme behauptete universelle Übereinstimmung aller beobachteten Entwicklungssequenzen der Klassifikation wird durch die Beobachtungen an der von uns gewählten Stichprobe nicht falsifiziert.

A_2: Die Invariabilitätsannahme in der strikten Form erweist sich als falsch.

2. Hypothese.

Falls Alternative A_2 der 1. Hypothese richtig ist, trifft auch eine der beiden folgenden Alternativhypothesen zu.

A_1: Die Invariabilitätsannahme in einer der oben beschriebenen (s. S. 163–64) modifizierten Fassungen trifft zu.

A_2: Die Entwicklungssequenz des Klassifikationsverhaltens ist variabel.

3. Hypothese.

Für den Fall, daß Alternative A_1 der 1. oder 2. Hypothese bestätigt wird, ist zusätzlich die folgende Alternative zu entscheiden.

A_1: Die Reihenfolge der Stufen in der invariablen Entwicklungssequenz stimmt mit der von Piaget bzw. Kofsky theoretisch abgeleiteten und vorhergesagten Abfolge überein.

A_2: Die beobachtete invariable Entwicklungssequenz weicht von der theoretisch postulierten Reihenfolge ab.

4. Hypothese.

Für den Fall, daß A_2 der 2. Hypothese zutrifft, entscheiden wir auch zwischen

A_1: Die beobachteten Entwicklungssequenzen genügen zwar zum einen nicht dem Invariabilitätspostulat; zum anderen bilden sie jedoch auch keine Zufallsverteilung, d. h. einige der möglichen Sequenzen treten bevorzugt auf; und

A_2: Es treten keine Entwicklungssequenzen überzufällig häufig auf, und es liegt eine echte Zufallsverteilung der beobachteten Sequenzen vor.

5. Hypothese.

Für den Fall, daß die Invariabilitätsannahme für die Gesamtstichprobe falsifiziert worden ist (A_2 der 2. Hypothese trifft zu), werden die folgenden Hypothesen, die sich auf spezifische Populationen bzw. Untersuchungsbedingungen beziehen, relevant.

A_1: Die Invariabilitätsannahme in der einen oder anderen Formulierung ist für eine oder mehrere «spezifische Bedingungskonstellationen» zutreffend.

A_2: Die Invariabilitätsannahme trifft auch dann nicht zu, wenn man die Gesamtstichprobe aufteilt und die Frage der Invariabilität für die Teilstichproben getrennt entscheidet.

6. Hypothese.

Für den Fall, daß A_2 der 5. Hypothese richtig ist, stellen wir zusätzlich die folgenden Alternativhypothesen auf.

A_1: Die Variabilität der Entwicklungssequenzen ist in Abhängigkeit von der jeweiligen Bedingungskonstellation (Altersstufe, Schichtzugehörigkeit, Versuchsmaterial) unterschiedlich groß.

A_2: Auch im Falle variabler Entwicklungssequenzen hat die Zugehörigkeit zu abgegrenzten Subpopulationen keinen Einfluß auf das Ausmaß der Variabilität.

7. Hypothese.

Neben diesen Hypothesen, die sich auf die *Sequenz* der Klassifikationsfertigkeiten beziehen, formulieren wir zusätzlich Alternativhypothesen über den Einfluß der Bedingungsfaktoren Alter, soziale Schichtzugehörigkeit und Versuchsmaterial bzw. deren Interaktion auf das Leistungs*niveau*.

A_1: Das Niveau der Klassifikationsleistung hängt von einem oder mehreren der Bedingungsfaktoren Alter, Schichtzugehörigkeit und Versuchsmaterial ab.

A_2: Die genannten Faktoren haben keinen Einfluß auf den Entwicklungsstand der Klassifikationsfähigkeit.

2 Planung, Durchführung und Auswertung der Untersuchung

2.1 *Der Versuchsplan*

Da der Einfluß der drei unabhängigen Variablen Alter, Schichtzugehörigkeit und Versuchsmaterial auf die abhängige Variable

Klassifikationsleistung geprüft werden sollte, legten wir die Untersuchung nach einem «mehrfaktoriellen» Design an. Der Faktor Alter wurde mit vier, die Faktoren Schichtzugehörigkeit und Versuchsmaterial wurden mit je zwei Abstufungen im Design berücksichtigt, so daß sich durch Kombination der drei unabhängigen Variablen $k = 16$ verschiedene «Treatments» (Bedingungskonstellationen) ergaben. Allein aus praktischen Erwägungen mußten wir die Anzahl der Pbn pro Treatment auf $N_k = 4$ begrenzen. Die Gesamtstichprobe umfaßte also $N = 64$ Pbn. Ein Versuchsplan dieser Form kann als «vollständiges dreifaktorielles $4 \times 2 \times 2$-Experiment mit der gleichen Anzahl von $N_k = 4$ Wiederholungen» bezeichnet werden (vgl. Edwards 1971, S. 234).

Aus der Sicht der entwicklungspsychologischen Versuchsplanung handelt es sich um eine Querschnittuntersuchung, da die Stichproben $S_1, ..., S_n$ der Altersstufen $A_1, ..., A_n$ zu einem bestimmten Zeitpunkt T_0 einmal untersucht werden (vgl. die Definition der Q-Methode, S. 130). Die Nachteile der Q-Methode sind ausführlich beschrieben worden; ebenso wurde darauf hingewiesen, daß Piagets Entwicklungstheorie sich explizit auf individuelle Entwicklungsprozesse bezieht und deshalb nur mit longitudinalen Datenerhebungsstrategien, die wir im 3. Kapitel ausführlich beschrieben haben, adäquat überprüft werden kann. Der generelle Vorteil der Q-Methode, zeitökonomisch und relativ wenig sachaufwendig zu sein, hat auch in unserem speziellen Fall den Ausschlag zugunsten ihrer Anwendung gegeben.

Ursprünglich bestand die Absicht, zusätzlich zu den drei systematisch variierten und kontrollierten Faktoren durch Parallelisierung störende Einflüsse der Variablen Geschlechtszugehörigkeit auszuschalten. Da aber nur aus einer sehr begrenzten Anzahl von Kindern ausgewählt werden konnte, mußte auf eine vollständige Parallelisierung verzichtet werden.

2.2 Das Versuchsmaterial

Um die «Testmotivation» auf einem möglichst hohen Niveau zu halten, wurde versucht, die Durchführung der Untersuchung als Spielsituation zu gestalten und die Aufgaben, in denen die einzelnen Regeln operationalisiert waren, als Teil des Spieles darzustellen.

Für die eine Hälfte der Stichprobe wurden Spielbausteine («Bauklötze») als Versuchsmaterial verwendet, für die andere

Kekse aus Mürbeteig mit einem Zuckerguß. Da wir den Einfluß speziell der Materialeigenschaft des Versuchsmaterials prüfen wollten, durften sich die verwendeten Kekse von den Bausteinen in ihren sonstigen äußeren Merkmalen nicht unterscheiden, was auch bis auf eine Ausnahme gewährleistet werden konnte: Den blauen Spielbausteinen entsprechen braune Kekse.

Klassifikationsattribute waren die Dimensionen der Farbe, Größe und Form der Objekte. Durch Kombination der Merkmalsausprägungen auf diesen Dimensionen erhält man die in unserer Studie verwendeten und in Abbildung 2 gezeigten Klassifikationsobjekte:

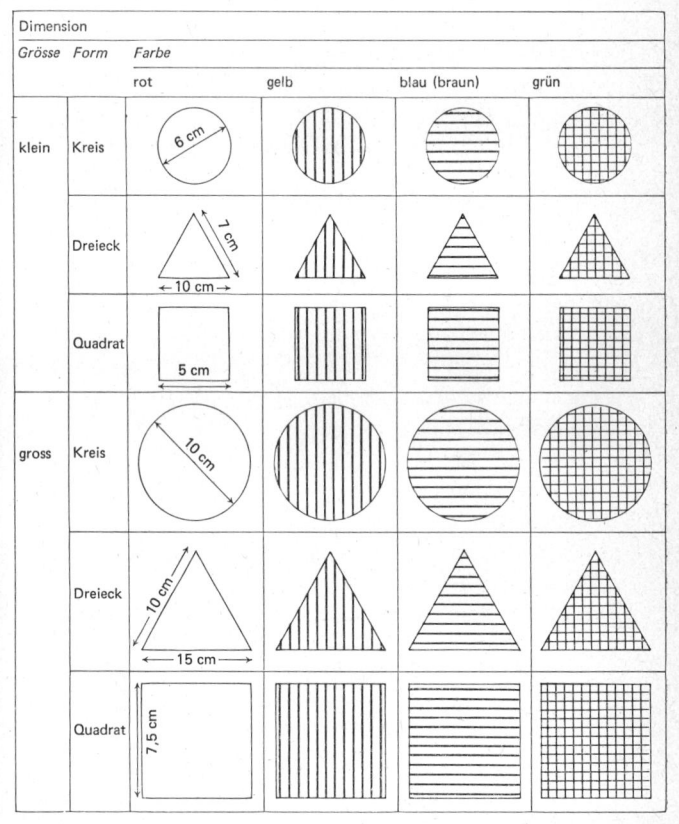

Dimension					
Grösse	Form	Farbe			
		rot	gelb	blau (braun)	grün
klein	Kreis	6 cm			
	Dreieck	7 cm / 10 cm			
	Quadrat	5 cm			
gross	Kreis	10 cm			
	Dreieck	10 cm / 15 cm			
	Quadrat	7,5 cm			

Abbildung 2: Skizze der in unserer Untersuchung verwendeten Klassifikationsobjekte

2.3 Die Aufgaben zur Erfassung der einzelnen Klassifikationsleistungen

Die 10 von uns in der Entwicklungssequenz der Klassifikationsfähigkeit unterschiedenen Stufen (s. S. 193–94 in diesem Kapitel) wurden in Klassifikationsaufgaben umgesetzt. Da jede Teilfähigkeit («Regel») in mindestens zwei Aufgaben operationalisiert wurde, war es bei der Bewertung des Lösungsverhaltens möglich, zwischen einer teilweisen und vollständigen Beherrschung der jeweiligen Klassifikationsregel zu unterscheiden.

Flavell und Wohlwill (1969, S. 71 f.) haben die in der Linguistik gebräuchliche Differenzierung von «competence» und «performance» auf den Bereich der kognitiven Entwicklung übertragen: "The distinction between competence and automaton / performance may turn out to be quite useful in thinking about cognitive-developmental phenomena". Wenn wir das Begriffspaar in unserem Kontext anwenden, so übernehmen wir allerdings nur eingeschränkt dessen Bedeutungsgehalt. Um die Unabhängigkeit der Beherrschung einer Regel der Klassifikation von den aktuellen situativen Bezügen, die beim «performance»-Aspekt angenommen wird, in ausreichender Weise zu demonstrieren, hätten wir jede Regel in eine *Vielzahl* unterschiedlicher Aufgabenstellungen umsetzen müssen, nicht nur in zwei oder drei einander sehr ähnliche Teilaufgaben.

Im folgenden werden die Teilaufgaben zu den einzelnen Klassifikationsstufen kurz beschrieben.

1. Inkonsistentes Sortieren (RS).

Klassifikationsobjekte: Den Pbn wird als Versuchsmaterial die Menge aller kleinen Klassifikationsobjekte vorgelegt, die sich bei vollständiger Kombination der Farben und Formen ergeben (sog. «12er Satz [klein]»); vgl. Abbildung 3.

Instruktion: Aus der Menge dieser 12 Objekte wählt der Vl in der
1. Teilaufgabe den grünen Kreis,
2. Teilaufgabe das rote Dreieck,
3. Teilaufgabe das gelbe Quadrat,
4. Teilaufgabe den blauen (braunen) Kreis und
5. Teilaufgabe das grüne Quadrat aus

und fragt jeweils: «Kannst du mir von den Bauklötzen (Keksen) einen geben, der so ähnlich ist wie dieser?»

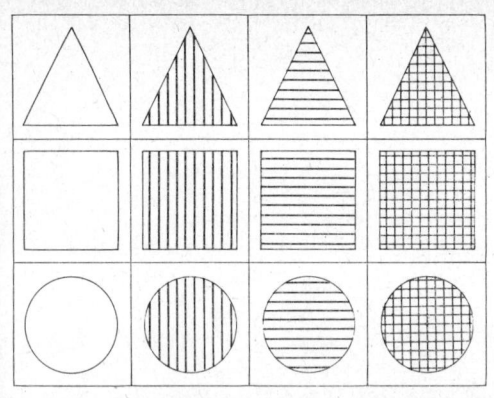

Abbildung 3: Die Klassifikationsobjekte für die Regel RS

— in der 1. Teilaufgabe:

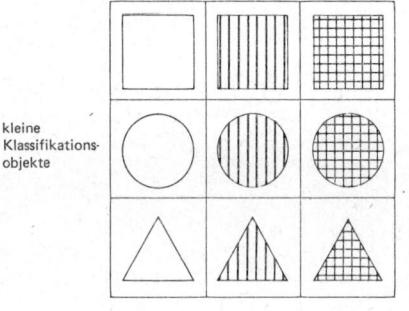

kleine
Klassifikationsobjekte

— in der 2. Teilaufgabe:

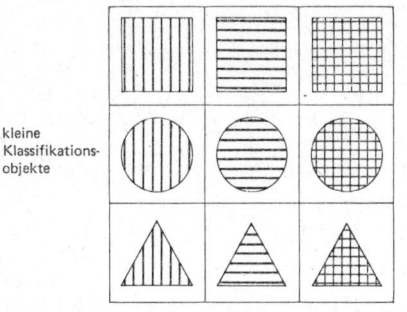

kleine
Klassifikationsobjekte

Abbildung 4: Die Klassifikationsobjekte für CS, 1. und 2. Teilaufgabe

2. Konsistentes Sortieren (CS).
   Klassifikationsobjekte:
   - in der 1. und 2. Teilaufgabe s. Abbildung 4.
   - in der 3. Teilaufgabe «12er Satz (klein)»; vgl. Abbildung 3.

   Instruktion: «Suche alle Bausteine (Kekse) heraus, die sich ähnlich sind». Wenn nur zwei einander ähnliche Bausteine herausgesucht wurden, so fragte der Vl weiter: «Und welche sind noch ähnlich?»

3. Erschöpfendes Sortieren (ES).
   Klassifikationsobjekte:
   - in der 1. Teilaufgabe «12er Satz (klein)»; vgl. Abbildung 3.
   - in der 2. und 3. Teilaufgabe s. Abbildung 5.

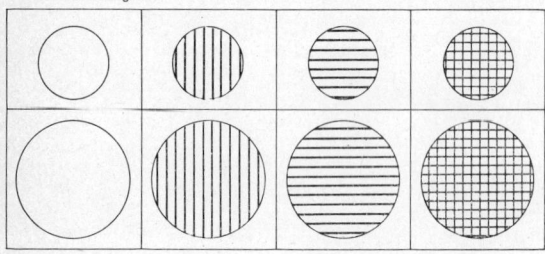

– in der 2. Teilaufgabe:

– in der 3. Teilaufgabe:

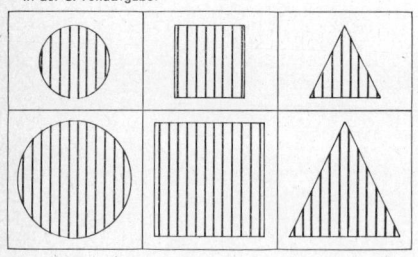

Abbildung 5: Die Klassifikationsobjekte für ES, 2. und 3. Teilaufgabe

Zusätzlich zu den Klassifikationsobjekten wird als Versuchsmaterial eine Reihe von Kästen verwendet.

Instruktion: «Suche einen Baustein (Keks) aus, der dir gefällt. Lege ihn in diesen Kasten und tue alle ähnlichen dazu». Diese Instruktion wird wiederholt, bis alle Klassifikationsobjekte in Kästen eingeordnet sind.

4. Mehrfachklassifikation (MM).
Klassifikationsobjekte s. Abbildung 6.

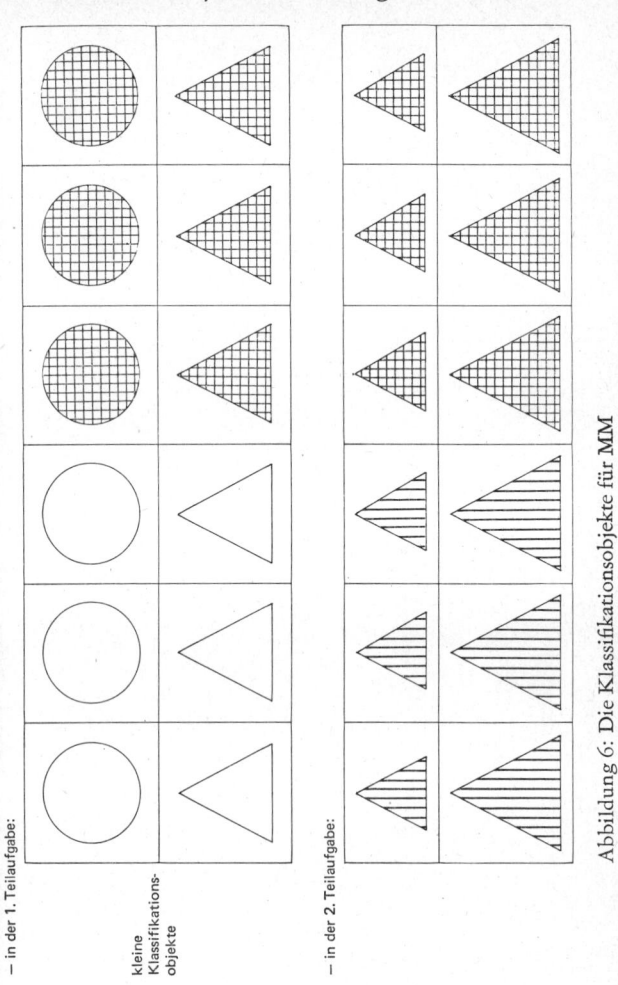

– in der 1. Teilaufgabe:
kleine Klassifikationsobjekte
– in der 2. Teilaufgabe:

Abbildung 6: Die Klassifikationsobjekte für MM

Zusätzlich zu den Klassifikationsobjekten wird als Versuchsmaterial wiederum eine Reihe von Kästen verwendet.

Instruktion:
– in der 1. Teilaufgabe: «Dieses ist ein Kasten für rote Klötze (Kekse). Kommen da auch runde (Kreise) hinein? Warum?»

Jetzt nimmt der Vl einen anderen Kasten. «Dieses ist ein Kasten für Dreiecke. Kommen da auch grüne Bausteine hinein? Warum?»

– in der 2. Teilaufgabe: «Dieses ist ein Kasten für gelbe Bausteine (Kekse). Kommen da auch kleine hinein? Warum?» Jetzt nimmt der Vl einen anderen Kasten. «Dieses ist ein Kasten für große Bausteine. Kommen da auch grüne hinein? Warum?»

5. Unterscheidung von «einige» und «alle» (SA).
   Klassifikationsobjekte s. Abbildung 7.

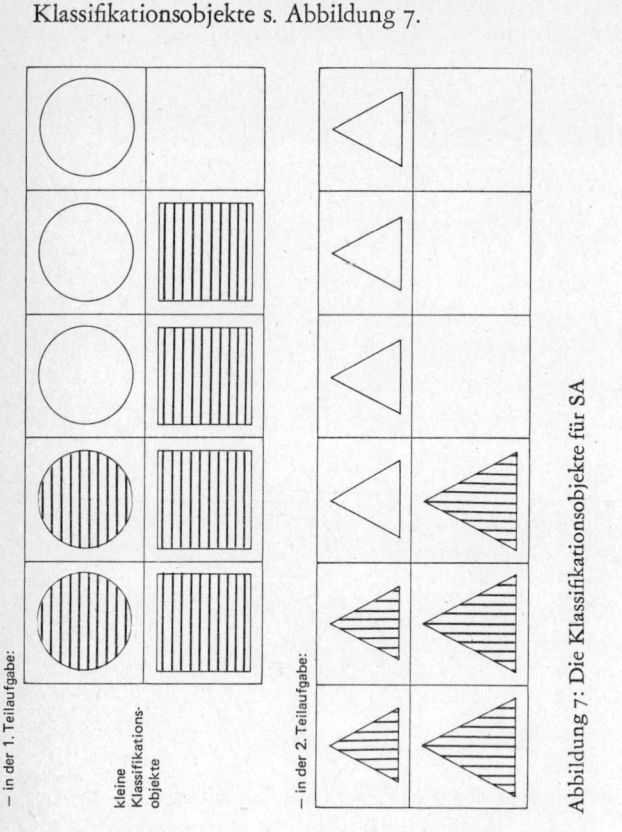

Abbildung 7: Die Klassifikationsobjekte für SA

– in der 1. Teilaufgabe:
kleine Klassifikationsobjekte
– in der 2. Teilaufgabe:

Instruktion:
– in der 1. Teilaufgabe: «Sind alle von den roten Bausteinen (Keksen) rund? Warum? Sind alle von den runden Bausteinen

rot? Warum? Sind alle von den Quadraten blau (braun)? Warum? Sind alle von den blauen (braunen) Klötzen (Keksen) quadratisch? Warum?»

– in der 2. Teilaufgabe: «Sind alle großen Bausteine (Kekse) gelb? Warum? Sind alle kleinen Bausteine rot? Warum? Sind alle roten Bausteine klein? Warum? Sind alle gelben Bausteine groß? Warum?»

6. Einfaches Umklassifizieren (HR).
Klassifikationsobjekte:
– in der 1. Teilaufgabe «12er Satz (klein)»; vgl. Abbildung 3.
– in der 2. Teilaufgabe s. Abbildung 8.

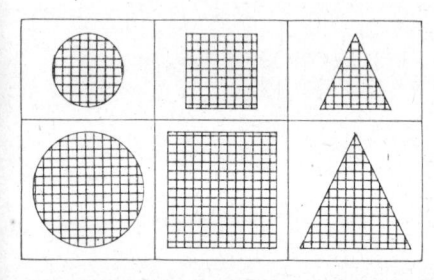

Abbildung 8: Die Klassifikationsobjekte für HR, 2. Teilaufgabe

Instruktion: «Lege jeweils alle Klötze, die sich ähnlich sind, auf einen Haufen. Mache das, bis alle Bauklötze zu irgendeinem Haufen gehören.» Nachdem die Pbn diese Aufgabenstellung erledigt haben, legt der Vl die Klassifikationsobjekte in die Ausgangsposition zurück. «Ich lege die Klötze wieder so hin, wie sie vorhin schon lagen. Kannst du die ähnlichen Klötze auch noch anders zusammentun, als du es eben gemacht hast?»

7. Hierarchisches Klassifizieren (VC).
Klassifikationsobjekte s. Abbildung 9.

Instruktion:
– in der 1. Teilaufgabe: Der Vl gibt dem Pb ein kleines grünes Dreieck. «Kannst du mir alle Klötze (Kekse) heraussuchen, die diesem ähnlich sind?» Da in der Regel die Pbn auf diese An-

weisung hin nur die anderen kleinen grünen Dreiecke aussuchten, schloß sich die Frage an: «Welche von den übriggebliebenen Bauklötzen sind den herausgesuchten noch ähnlich?» Wenn auch bei dieser Instruktion noch nicht alle Dreiecke als ähnlich herausgesucht worden waren, so fragte der Vl weiter: «Welche von den übriggebliebenen sind jetzt noch ähnlich?»

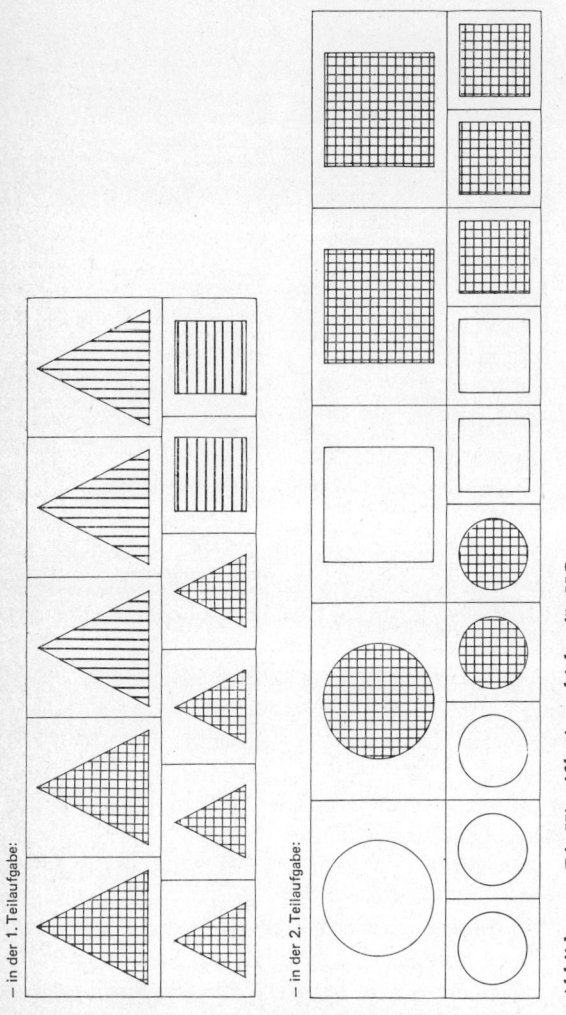

Abbildung 9: Die Klassifikationsobjekte für VC
– in der 1. Teilaufgabe:
– in der 2. Teilaufgabe:

– in der 2. Teilaufgabe: «Kannst du die ähnlichen Bausteine (Kekse) zusammentun?» Werden auf diese Anweisung hin alle Objekte, die sich in zwei Dimensionen ähnlich sind, z. B. alle kleinen Kreise, alle kleinen Quadrate, usw. zusammengefaßt, so fragt der Vl anschließend: «Und welche von diesen Bausteinen kann man zusammentun, weil sie ähnlich sind?» Ist hingegen auf die erste Frage hin eine Zusammenfassung aller Objekte erfolgt, die sich auf einer Dimension ähnlich sind, bilden also z. B.

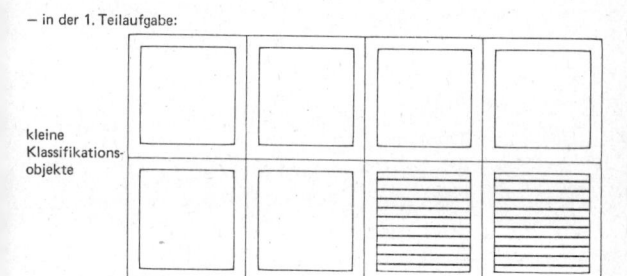

– in der 1. Teilaufgabe:

kleine Klassifikationsobjekte

– in der 2. Teilaufgabe:

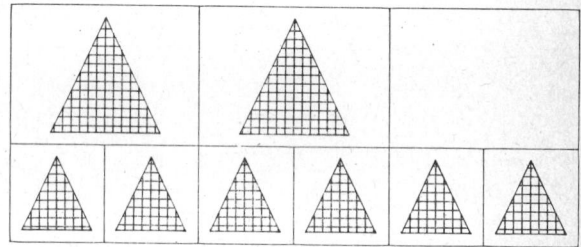

– in der 3. Teilaufgabe:

kleine Klassifikationsobjekte

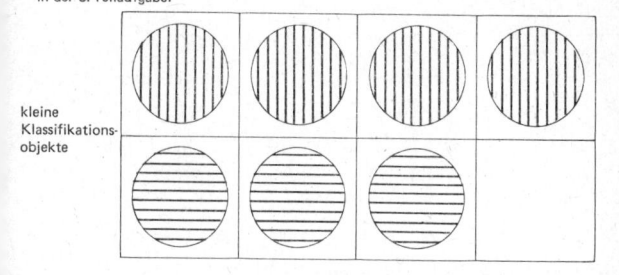

Abbildung 10: Die Klassifikationsobjekte für A + A' = B

alle großen Objekte die eine Klasse und alle kleinen die andere, so lautet die zweite Frage: «Kannst du jetzt diejenigen raussuchen, die sich am ähnlichsten sind?»

8. Klassenaddition (A + A' = B).
Klassifikationsobjekte s. Abbildung 10.

Instruktion:
– in der 1. Teilaufgabe: «Ich erzähle dir jetzt eine Geschichte von Peter und Elke. Die beiden wollten mit all diesen Klötzen (Keksen) einen hohen Turm bauen. Elke sagt, daß sie den höchsten Turm bekommt, wenn sie alle roten und blauen Klötze nimmt. Peter sagt, daß man den höchsten Turm bekommt, wenn man alle Quadrate nimmt. Wer hat Recht? Peter? Oder Elke? Oder beide? Warum?»
– in der 2. Teilaufgabe: «Jetzt nehmen Peter und Elke diese Bausteine (Kekse). Peter sagt, daß er den höchsten Turm bekommt, wenn er alle großen und kleinen Bausteine nimmt. Elke findet das nicht richtig und sagt: 'Den höchsten Turm erhält man, wenn man alle Dreiecke nimmt'. Wer hat Recht? Peter? Oder Elke? Oder beide? Warum?»
– in der 3. Teilaufgabe: «Jetzt bauen Peter und Elke einen Turm mit diesen Bauklötzen (Keksen). Peter nimmt alle Kreise und baut einen Turm. Elke nimmt für ihren Turm alle blauen und gelben Bausteine. Wer bekommt den höchsten Turm? Peter? Oder Elke? Oder beide? Warum?»

9. Klassensubtraktion (B – A' = A).
Klassifikationsobjekte s. Abbildung 11.

Instruktion:
– in der 1. Teilaufgabe: «Ich erzähle dir (wieder) eine Geschichte. Peter und Elke spielen mit diesen Bausteinen (Keksen). Zuerst benutzen sie alle Bausteine. Dann legen sie die roten weg. Was bleibt übrig? Bleiben nur blaue Bausteine übrig? Oder nur Quadrate? Oder von beiden Sorten welche? Warum?»
– in der 2. Teilaufgabe: «Jetzt spielen Peter und Elke mit diesen Klötzen (Keksen). Dann legen sie die grünen Klötze beiseite und spielen ohne sie weiter. Bleiben mehr gelbe Klötze oder

mehr Kreise übrig? Oder bleiben genausoviele gelbe Klötze wie Kreise übrig? Und warum?»
– in der 3. Teilaufgabe: «Nun dürfen Peter und Elke mit diesen Bausteinen (Keksen) spielen. Zuerst dürfen sie mit allen Bausteinen spielen, dann müssen sie die kleinen weglegen. Welche Klötze haben sie dann noch übrig? Große Bauklötze? Oder Dreiecke? Oder von beiden Sorten welche? Und warum?»

– in der 1. Teilaufgabe:

kleine Klassifikationsobjekte

– in der 2. Teilaufgabe:

kleine Klassifikationsobjekte

– in der 3. Teilaufgabe:

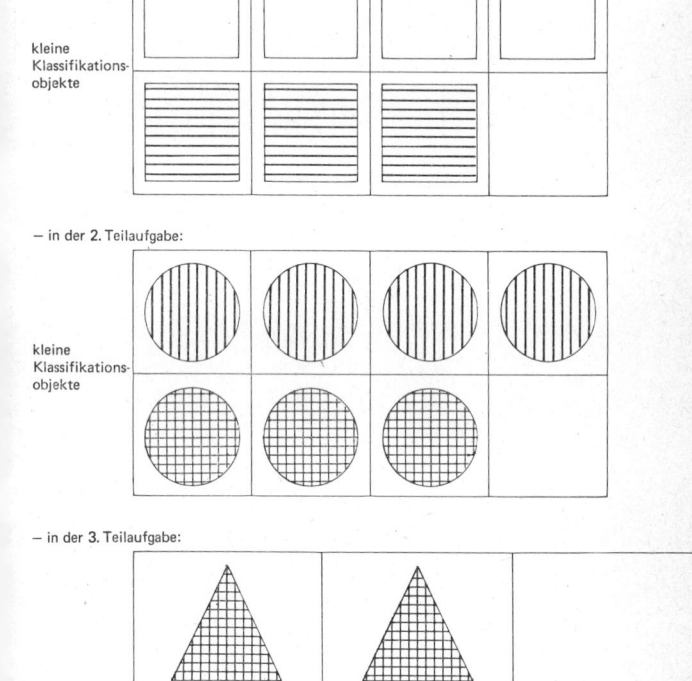

Abbildung 11: Die Klassifikationsobjekte für $B - A' = A$

10. Klasseninklusion (B > A).
Klassifikationsobjekte s. Abbildung 12.

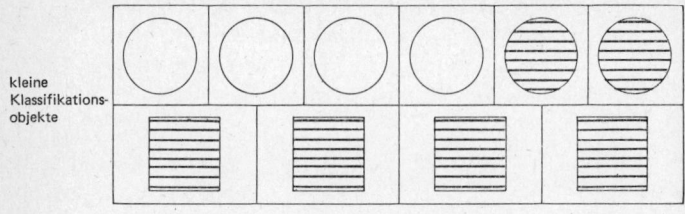

– in der 1. Teilaufgabe:

kleine
Klassifikations-
objekte

– in der 2. Teilaufgabe:

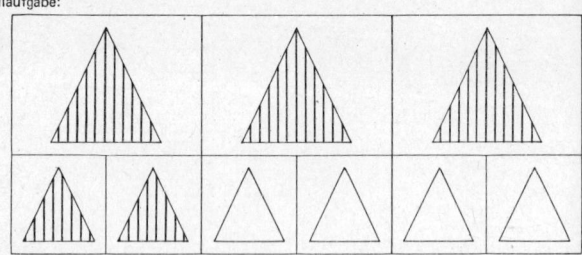

Abbildung 12: Die Klassifikationsobjekte für B > A

Instruktion:
– in der 1. Teilaufgabe: «Gibt es mehr blaue (braune) Bausteine (Kekse) oder mehr Quadrate? Warum? Gibt es mehr rote Bausteine oder mehr runde? Warum?»
– in der 2. Teilaufgabe: «Gibt es mehr kleine Bausteine oder mehr rote? Warum? Gibt es mehr gelbe Bausteine oder mehr große? Warum?»

2.4 Die Erfassung der Schichtzugehörigkeit

In der soziologischen Literatur wird immer wieder die hierarchische Gliederung in soziale Schichten als ein wesentliches Kennzeichen der modernen Industriegesellschaft genannt. Dabei werden von verschiedenen Autoren unterschiedlich viele Schichten angenommen. Am häufigsten findet man das Drei-Schichten-Modell (Ober-, Mittel- und Unterschicht), das wir auch in unserer Untersuchung verwendet haben. Wir stellten innerhalb dieses Modells die Mittel-/Oberschicht der Unterschicht gegenüber, weil wir gerade bei diesem Vergleich wegen der stark differierenden Sozialisationsmilieus am ehesten signifikante Effekte erwarteten [5].

Es ist eine Vielfalt von Maßen konstruiert worden, um die Zuweisung der Individuen zu den verschiedenen sozialen Schichten zu treffen (z. B. der ISC von Warner 1949 und der SSE von Moore und Kleining 1968). Sie basieren entweder auf einer Selbsteinschätzung hinsichtlich des Sozialstatus (sog. «subjektive Verfahren») oder auf einer Zuweisung durch Expertenrating («objektive Verfahren»). Als «objektives» Kriterium welches beim Expertenrating die Grundlage für die Schichtzuweisung bildet, hat die Berufszugehörigkeit besondere Beachtung und Verwendung gefunden.

Wir hatten für unsere Untersuchung geplant, als Kriterium für die Schichtzuweisung ebenfalls den Elternberuf zu verwenden. Da es sich jedoch bei den uns zur Verfügung stehenden Gruppen vornehmlich um Kinder aus der Mittel- und Oberschicht – im Sinne der für die Schichten typischen Berufe nach Moore und Kleining (1968) – handelte, fehlten bei Verwendung des Berufes als Schichtenindex in unserer Stichprobe Unterschichtskinder. Dieses Problem bekommt allerdings einen anderen Stellenwert, wenn man Roeders (1973) theoretische Kritik am Konzept der soziologischen Modelle der sozialen Schichtung berücksichtigt.

Roeder äußert Zweifel an der Zweckmäßigkeit jeglicher kategorialer Schichtenmodelle, die die Gesellschaft anhand des Sozialstatus bzw. Sozialprestiges in diskrete Kategorien einteilen. Er nimmt als theoretisches Alternativmodell eine kontinuierliche Dimension des Sozialstatus an, auf der die Einordnung mittels der Meßwerte auf einem oder mehreren Indikatoren erfolgt. Er selbst verwendet als Indikator das von verschiedenen Beurteilergruppen skalierte Sozialprestige der Berufe. Diese Skalierungen haben bei den unterschiedlichsten Berufen eine befriedigende Interraterobjektivität erbracht und korrelieren erstaunlich hoch mit weiteren Indices für den Sozialstatus.

---

[5] Auch die praktische Erwägung gesellschaftspolitischer Notwendigkeiten spricht u. E. für eine vorrangige Erforschung etwaiger Auswirkungen defizitärer Entwicklungsbedingungen in der Unterschicht, die sich beim Vergleich mit anderen sozialen Milieus zeigen müßten.

Wir verwendeten die von Roeder (1973, S. 301 f.) angegebenen Sozialprestigewerte, um trotz des zwangsläufigen Verzichts auf eine Gegenüberstellung von Unterschicht und Mittel-/Oberschicht nach dem gängigen Modell hierarchisch geordneter, diskreter Kategorien dennoch das soziale Milieu als unabhängige Variable einzubeziehen. Die Pbn wurden so ausgewählt, daß jene, die nach dem Versuchsplan der Mittel-/Oberschicht angehören mußten, durchweg Eltern mit Berufen hatten, deren Sozialprestigewert deutlich über dem der Berufe von Eltern liegt, deren Kinder zur Unterschicht gerechnet wurden. Methodisch präziser formuliert: Die Zuweisung der Pbn zu den Kategorien Mittel- / Oberschicht und Unterschicht erfolgt durch Medianhalbierung der Rangreihe der nach den Sozialprestigewerten geordneten Berufe. Dabei fallen z. B. auch die Berufe Polizist, Angestellter und Bäckermeister in die Rubrik Unterschicht, was den meisten soziologischen Definitionen von Unterschicht ebenso widersprechen dürfte wie dem alltäglichen Vorverständnis. Diese Abwandlung der von uns benutzten Kriterien für die soziale Schichtung werden wir bei der Interpretation der Resultate zu berücksichtigen haben.

2.5 Die Randbedingungen und der Ablauf der Untersuchung

Die Untersuchungen wurden im Sommer 1972, Sommer 1973 und Herbst 1973 in zwei Berliner Kindergärten und einer Grundschule durchgeführt. Es wurden jene Kinder in die Untersuchung einbezogen, die von den Kindergärtnerinnen bzw. Lehrern ausgewählt worden waren und sich zur Teilnahme bereit erklärt hatten. Wir vermuten, daß dieses Auswahlverfahren besonders in den Kindergärten zu einem «bias» zugunsten der in den Augen der Bezugspersonen «intelligenten» oder «aufgeweckten» Kinder geführt hat.

Abgesehen von den Schwierigkeiten bezüglich der Schichtzugehörigkeit (s. o.) konnten die Anforderungen des Versuchsplanes an die Stichprobenzusammensetzung gut erfüllt werden. Entsprechend dem Design wurden von jedem der untersuchten Altersjahrgänge 16 Kinder in die Stichprobe aufgenommen. Das Durchschnittsalter betrug für die Vierjährigen $\bar{X}=4;7$ Jahre, für die Fünfjährigen $\bar{X}=5;5$ Jahre, für die Sechsjährigen $\bar{X}=$

6;5 Jahre und für die Siebenjährigen $\overline{X} = 7;4$ Jahre. Die Varianzen unterschieden sich nicht bedeutsam.

Die Untersuchungen wurden durchweg vormittags durchgeführt; jedoch muß mit individuell unterschiedlichen Graden der Ermüdung gerechnet werden, da die Schulkinder vor der Versuchsdurchführung bereits bis zu vier Stunden am Unterricht teilgenommen hatten. Für die Versuche standen den Vl immer besondere Räume zur Verfügung, so daß keine Störung des Versuchsablaufes oder der Pbn durch andere Kinder oder Aufsichtspersonen vorkommen konnte.

Anfangs wurden die Versuche, die sich nur als Einzeluntersuchungen realisieren ließen, von zwei Vl gemeinsam durchgeführt. In diesem Falle übernahm der eine die Rolle des Spielpartners, der im Spiel mit den Kindern die Aufgaben zu stellen hatte, der andere die des Protokollanten. Für die Mehrzahl der Einzeluntersuchungen gilt allerdings, daß nur ein Vl anwesend war, der sowohl den Pbn die Aufgaben zu stellen als auch ihre Antworten zu protokollieren hatte. Zwar konnten beide Anforderungen nach einer gewissen Anlaufzeit bewältigt werden – nicht zuletzt dank eines weitgehend standardisierten Versuchsprotokolles – doch ist die Wahrscheinlichkeit von Beobachtungsfehlern bei einer solchen Doppelbelastung ungleich größer. Neben der Angabe, ob die Aufgabe richtig oder falsch gelöst worden war, sollten im Versuchsprotokoll auch «Besonderheiten» (z. B. Konzentrationsmangel der Pbn, Störungen) und die Antworten auf die «Warum»-Fragen (s. S. 202–12) protokolliert werden. Es zeigte sich jedoch, daß diese Eintragungen mangels Zeit nur selten vorgenommen werden konnten.

Jede Untersuchung begann damit, daß der Pb nach Belieben mit dem Versuchsmaterial spielen durfte. Bei dieser Gelegenheit wurde das Begriffs- und Instruktionsverständnis geprüft, beispielsweise wurde festgestellt, ob die Farben, Größen und Formen der Objekte unterschieden und richtig benannt werden konnten. Die in dieser Versuchsphase ermittelten sprachlichen Besonderheiten in der Objektbenennung wurden später bei der Aufgabenstellung beachtet.

Am wichtigsten war die Überprüfung, ob und wie die Kategorie der «Ähnlichkeit» von Objekten verwendet wurde. In den Instruktionen (s. S. 202–12) wurden die Pbn aufgefordert, «ähnliche» Objekte zusammenzufassen oder herauszusuchen. Es zeigte sich, daß sich bei mehreren Kindern die Ähnlichkeit von Objekten nicht auf die Klassifikationsdimensionen bezog. Vielmehr wurden solche Objekte als ähnlich angesehen, aus denen sich eine Figur legen oder ein Haus bauen ließ, oder solche, die das Kind selbst besaß. In diesen Fällen versuchte der Vl, den Kindern im Spiel zu vermitteln, daß sich der Begriff der Ähnlichkeit in der Untersuchung auf die Dimensionen der Farbe, Form und Größe bezieht. Hierdurch wird zweifellos nicht nur der gewünschte Effekt des besseren Instruktionsverständnisses erreicht, sondern es sind auch (verfälschende) Veränderungen des Leistungsniveaus durch diese Art von «Vortraining» (engl. coaching) zu erwarten.

Nach ca. 5–10 Min. leitete der Vl das Spiel des Pb zu den Klassifikationsaufgaben über. Für die eine Hälfte der Pbn wurden die Aufgaben in der Schwierigkeitsreihenfolge, für die andere in einer Zufallsreihenfolge gestellt. Unter der Schwierigkeitsreihenfolge verstehen wir die Anordnung der Aufgaben nach dem Lösungsprozentsatz in der Voruntersuchung (vgl. Tabelle 1).

Tabelle 1: Schwierigkeitsreihenfolge der Klassifikationsregeln

---

Resemblance sorting (RS)
Consistent sorting (CS)
Exhaustive sorting (ES)
Multiple class membership (MM)
"Some" and "all" (SA)
The whole is the sum of its parts $(A + A' = B)$
Hierarchical classification (VC)
Horizontal reclassification (HR)
Conservation of hierarchy $(B - A' = A)$
Inclusion $(B > A)$

Die Untersuchungsdauer war vom Alter der Pbn und von der Art und Schwierigkeit der Aufgaben abhängig. Sie betrug zwischen 30 und 60 Min. Besonders die jüngeren Kinder waren kaum in der Lage, sich eine halbe Stunde oder länger zu konzentrieren, so daß die Versuchsdurchführung auf zwei Sitzungen verteilt wurde. Wenn Pbn während des Versuches sichtlich unkonzentriert, ermüdet oder gar abgelenkt waren, so wurde die Untersuchung unterbrochen und ggf. erst am nächsten Tag fortgesetzt.

2.6 Übersicht über die Auswertungsverfahren

Wir haben in Abschnitt 1.3 dieses Kapitels (s. S. 197–99) die Haupt-Hypothesen 1–6, die sich auf die Abfolge der Entwicklungsschritte beziehen, von der Zusatz-Hypothese 7 unterschieden, die den Entwicklungsstand des Klassifikationsverhaltens betrifft. Demgemäß können wir auch die Auswertungsverfahren einteilen in *sequenzprüfende* Verfahren einerseits und solche Methoden, die das Leistungs*niveau* betreffen, andererseits.

Da die Techniken zur Prüfung von Entwicklungssequenzen im 3. Kapitel allesamt in ihrem Grundansatz und zum Teil auch in ihren «technischen» Details und Rechenverfahren beschrieben worden sind, können wir uns hier darauf beschränken, in einer Übersicht anzugeben, welche Verfahren zur Prüfung der einzelnen Hypothesen anzuwenden waren. Schematisch kann die Zuordnung der Auswertungsmethoden zu den Hypothesen durch die folgende Darstellung verdeutlicht werden:

Hypothesen (vgl. S. 197–99) Auswertungsverfahren

1. Hypothese	Skalogrammanalyse (SA); allerdings ist die Entscheidung über diese Alternativhypothesen auch ohne die Anwendung jeglicher statistischer Auswertungstechniken möglich.
2. Hypothese	Mehrdimensionale Skalogrammanalyse für Entwicklungssequenzen (MSA-E).
3. Hypothese	Hypothese wird ohne die Anwendung statistischer Verfahren geprüft; zusätzlich Berechnung der Rangkorrelation r_s.
4. Hypothese	SA.
5. Hypothese	SA, MSA-E.
6. Hypothese	SA.
7. Hypothese	Dreifaktorielle Varianzanalyse mit anschließenden multiplen a-posteriori-Vergleichen.

Die probabilistischen Modelle zur Prüfung von Entwicklungssequenzen (s. S. 175–77) von Proctor (1970) und Murray et al. (1971) konnten bei der Auswertung nicht berücksichtigt werden, weil sie uns erst jetzt bekannt geworden sind. Das Verfahren von Leik und Matthews (1968) haben wir auf unsere Daten nicht angewendet, da es nur eine spezifische Variante der nicht-kumulativen Entwicklung zu überprüfen erlaubt, die wir zudem für den hier zu untersuchenden Sachverhalt für nicht angemessen halten.

3 Ergebnisse und Interpretation

3.1 *Die Ergebnisse*

Die Darstellung der Ergebnisse wird nach den angewendeten Verfahren gegliedert. Der Bezug zu den Hypothesen wird im Interpretationsteil hergestellt. Es werden auch Resultate kurz referiert, die sich nicht auf die expliziten Hypothesen beziehen. Wenn im folgenden die Ergebnisse für «competence» und «performance» getrennt dargestellt werden, so entspricht das unseren beiden Bewertungsstrategien, einerseits schon bei teilweiser und andererseits erst bei vollständiger Lösung der Klassifikationsaufgaben auf die entsprechenden Stufen zurückzuschließen.

3.1.1 *Die Ergebnisse der Skalogrammanalyse (SA).*

Die Berechnung einer SA beginnt damit, daß die Items gemäß ihrer Schwierigkeit angeordnet werden (vgl. Kapitel 3, S. 168). Daher sind zuerst die Ergebnisse bezüglich der Schwierigkeit der einzelnen Klassifikationsregeln aufgeführt. Tabelle 2 enthält sowohl die in der Gesamtstichprobe aller $N = 64$ Pbn ermittelten

Tabelle 2: Die Schwierigkeiten der einzelnen Klassifikationsstufen

Klassifikationsstufe bzw. -aufgabe	Schwierigkeit bei "Competence"	("Performance")	Schwierigkeit bei Kofsky
RS	98.47	(96.88)	94.30
CS	96.87	(91.20)	95.90
ES	95.31	(91.20)	77.10
MM	89.00	(75.00)	64.80
SA	81.25	(68.75)	77.10
VC	78.13	(60.94)	17.20
HR	50.00	(39.07)	45.10
$A + A' = B$	45.30	(39.07)	62.30
$B > A$	35.90	(28.13)	31.10
$B - A' = A$	31.25	(31.25)	55.00

prozentualen Aufgabenschwierigkeiten P – berechnet nach $P = \frac{R}{N} \cdot 100$ mit R = Anzahl richtiger Lösungen – als auch zum Vergleich die entsprechenden Werte aus Kofskys Untersuchung. Allerdings ist einzuschränken, daß sich Kofskys Daten auf eine Stichprobe von 4- bis 9-jährigen beziehen, während die Kinder in unserer Stichprobe den Altersstufen 4–7 Jahre angehörten.

In Abbildung 1 (s. S. 193) haben wir die theoretisch postulierte Entwicklungssequenz angegeben. Wir vergleichen diese Sequenz mit den Schwierigkeitsreihenfolgen, die als «mittlere» empirische Entwicklungssequenzen aufgefaßt werden können, durch Berechnung von Spearmans Rangkorrelationskoeffizienten r_s (s. Tabelle 3).

Tabelle 3: Die Rangkorrelationen r_s zwischen den beobachteten Schwierigkeitsreihenfolgen und der theoretisch postulierten Entwicklungssequenz

	Beobachtete Rangreihen			Postulierte Sequenz
	"Competence"	"Performance"	Kofsky	
"Competence"		.98	.79	.89
"Performance"			.81	.90
Arbeit Kofsky				.82

Da die nach Piaget zu erwartende Entwicklungssequenz von den beobachteten Schwierigkeitsabfolgen abweicht, letztere jedoch der SA zugrundegelegt werden, erhalten wir als Ergebnis der SA keine Maßzahlen über das genaue Ausmaß der Reproduzierbarkeit bzw. Invariabilität der von Piaget postulierten Entwicklungssequenz. Green (1956) hat gezeigt, daß man dennoch zu einem oberen Grenzwert für die theoretisch postulierte Sequenz kommt, denn die Reproduzierbarkeit der nach der Schwierigkeit geordneten Items ist in der Regel ein Maximalwert für die gegebene Aufgabenmenge, der bei keiner anderen Reihenfolge erreicht werden kann: "It is not surprising that the popularity order (deutsch: Schwierigkeitsreihenfolge; Anm. d. Verf.) is usually the 'best' order. In a perfect Guttman scale, the rank order must correspond with the popularity order. For imperfect data, one would still expect the popularity order to be best if the scale errors are independent. Slight inversions might be expected if items had very similar popularities but the effect of these inversions would be small. Very peculiar error patterns would be required to make the popularity order markedly inferior to the 'best' order" (S. 83).

Als Vergleichswerte für die von uns beobachteten Reproduzierbarkeiten verwenden wir wieder Kofskys Ergebnisse (1963, S. 130 f.), die sich allerdings auf elf Klassifikationsregeln beziehen. Unsere Berechnungen erfolgten nach der Methode der summativen Kennwerte von Green (s. ausführlich Kapitel 3, S. 167–69). Tabelle 4 zeigt die Ergebnisse der SA.

Tabelle 4: Das Ergebnis der SA für die Gesamtstichprobe und für verschiedene spezifische Bedingungskonstellationen

Bedingungskonstellation	Ergebnisse für "Competence" ("Performance")		
	Reproduzierbarkeit Rep_A	«zufällige» Reproduzierbarkeit Rep_I	Index of Consistency I
Gesamtstichprobe (alle Pbn)	.93 (.89)	.89 (.83)	.36 (.35)
4jährige Pbn	.91 (.90)	.89 (.86)	.18 (.29)
5jährige Pbn	.92 (.91)	.90 (.88)	.20 (.25)
6jährige Pbn	.90 (.88)	.87 (.89)	.08 (.09)
7jährige Pbn	.98 (.91)	.95 (.89)	.50 (.18)
Pbn aus der Unterschicht	.94 (.92)	.88 (.86)	.50 (.43)
Pbn aus der Mittel-/Oberschicht	.93 (.88)	.91 (.86)	.22 (.11)
Bauklötze als Versuchsmaterial	.93 (.89)	.88 (.86)	.42 (.21)
Kekse als Versuchsmaterial	.92 (.90)	.90 (.86)	.20 (.29)
Ergebnisse bei Kofsky (1963)	.90 (.90)	.84 (.84)	.37 (.37)

In Kapitel 3 (S. 169–70) haben wir ein Verfahren von Goodman referiert, das es erlaubt, unter bestimmten Voraussetzungen bei Kenntnis von Rep_A das Konfidenzintervall für den zugehörigen Populationsparameter Rep_{pop} zu bestimmen. Dabei erhält man ein maximales Konfidenzintervall, da die bei der Intervallbestimmung verwendete Varianz s^2_{Rep} nur einen oberen Grenzwert für die exakte Varianz der Reproduzierbarkeit angibt. Dieser Sachverhalt ist bei der Interpretation der Ergebnisse insofern zu berücksichtigen, daß man sich dessen bewußt ist, daß es sich bei der Entscheidung über Nullhypothesen anhand der Konfidenzintervalle um ein konservatives Verfahren handelt. – Die Bestimmung der Konfidenzintervalle für Rep_{pop} beruht auf der Annahme eines ausreichend großen Stichprobenumfanges ($N \to \infty$); nur in diesem Falle ist der Quotient $z = (\text{Rep}_A - \text{Rep}_{\text{pop}}) / s_{\text{Rep}}$ approximativ normalverteilt. Wir halten diese Voraussetzung näherungsweise nur in dem Fall für erfüllt, daß den Berechnungen die Gesamtstichprobe ($N = 64$) zugrundeliegt, sie ist u. E. jedoch nicht bei der Auswertung von Teilstichproben ($N = 32$ und $N = 16$) gegeben.

Auf der Basis der Gesamtstichprobe ergeben sich die folgenden zweiseitigen Konfidenzintervalle für die Maßzahl der Reproduzierbarkeit (Invariabilität) in der Grundgesamtheit:

1. für den «competence»-Aspekt ($\text{Rep}_A = .93$)
– bei $\alpha = .05$ das 95%-Konfidenzintervall $.89 < \text{Rep}_{\text{pop}} < .97$;
– bei $\alpha = .01$ das 99%-Konfidenzintervall $.87 < \text{Rep}_{\text{pop}} < .99$

und

2. für die «performance» ($\text{Rep}_A = .89$)
– bei $\alpha = .05$ das 95%-Konfidenzintervall $.84 < \text{Rep}_{\text{pop}} < .94$;
– bei $\alpha = .01$ das 99%-Konfidenzintervall $.82 < \text{Rep}_{\text{pop}} < .96$.

3.1.2 Die Ergebnisse der «Mehrdimensionalen Skalogrammanalyse für Entwicklungssequenzen» (MSA-E)

In Kapitel 3, Abschnitt 3.4 haben wir Überlegungen zu einem statistischen Auswertungsverfahren zur Prüfung der Hypothese der mehrdimensionalen Invariabilität referiert. Dabei wurde auch der Versuch unternommen, bereits die Grundzüge für einen entsprechenden Verfahrensablauf zu skizzieren. Wir haben versucht, die MSA-E auf die Analyse unserer empirischen Daten anzuwenden. Für das Reproduzierbarkeits- und das statistische Kriterium wurden variierende Werte eingesetzt. Die Auswertung wurde nur für die gesamte Stichprobe, nicht aber bei Aufteilung in Teilstichproben versucht. Das Ergebnis der MSA-E ist in Tabelle 5 angegeben.

Die Entwicklung der Konstruktion der MSA-E ist nicht abgeschlossen; auf die Probleme und offenen Fragen haben wir in Kapitel 3, Abschnitt 3.4 kurz hingewiesen. Auf eine Schwierigkeit, die speziell bei unseren Daten der Aufdeckung invariabler Entwicklungsdimensionen entgegengewirkt haben dürfte, sei schon an dieser Stelle eingegangen. Bei dem gegebenen Stich-

Tabelle 5: Die Ergebnisse der MSA–E für die Gesamtstichprobe und spezifische Bedingungskonstellationen. Die Tabelle gibt die mehrdimensionalen invariablen Entwicklungssequenzen an

Ergebnis der MSA–E für die Gesamtstichprobe (N = 64)

Kriterien	Multiple Guttman-Skalen "Competence"		"Performance"
$\alpha = 0.01, C = 0$	–		–
$\alpha = 0.01, C = 1$	I. VC A + A'		–
$\alpha = 0.01, C = 2$	I. VC A + A'		–
$\alpha = 0.01, C = 3$	I. VC A + A'		–
$\alpha = 0.01, C = 4$	I. VC A + A'		–
$\alpha = 0.05, C = 0$	–		–
$\alpha = 0.05, C = 1$	I. VC A + A'		–
$\alpha = 0.05, C = 2$	I. VC A + A'		–
$\alpha = 0.05, C = 3$	I. VC HR		–
$\alpha = 0.05, C = 4$	I. VC HR		–
$\alpha = 0.10, C = 0$	–		–
$\alpha = 0.10, C = 1$	I. MM B > A	II. VC A + A'	I. MM B > A
$\alpha = 0.10, C = 2$	I. MM B > A	II. VC A + A'	I. MM B > A
$\alpha = 0.10, C = 3$	I. MM B > A	II. VC HR	I. MM B > A
$\alpha = 0.10, C = 4$	I. MM B > A	II. VC HR	I. MM B > A II. SA HR

probenumfang ist es unter Umständen kaum möglich, mittels χ^2-Approximation, wie es Lingoes (1963, S. 510) vorgeschlagen hat, die Hypothese der statistischen Unabhängigkeit zweier Stufen zu widerlegen – welche Lösungskonfiguration auch vorliegen mag! Dieser Sachverhalt tritt dann verstärkt auf, wenn man erstens die Yates-Korrektur bei der Berechnung von χ^2 berücksichtigt und zweitens extreme Randverteilungen vorliegen, was für die leichteren der Klassifikationsregeln der Fall ist.

3.1.3 *Die Ergebnisse der mehrfachen Varianzanalyse*

Die Ergebnisse der Varianzanalyse dürfen nur dann in üblicher Weise ohne Einschränkung interpretiert werden, wenn die Voraussetzungen der Anwendung dieses Verfahrens, die sich aus dem mathematischen Modell ergeben, erfüllt sind (vgl. Edwards 1971). Während die Voraussetzung unabhängiger Zufallsstichproben durch die Anlage des Designs gewährleistet ist, wurde die Bedingung der Varianzhomogenität mittels Cochran-Test geprüft. Wir errechneten die Prüfgrößen $G_{max} = .16$ für den «competence»-Aspekt des Lösungsverhaltens und $G_{max} = .15$ für die «performance». Da der kritische Wert $G = .32$ beträgt, kann die Nullhypothese der Varianzhomogenität beibehalten werden.

Die Prüfung der Normalität der Verteilungen konnte nicht mittels der üblichen statistischen Verfahren erfolgen, da die Teilstichprobenumfänge zu klein waren ($N_k = 4$). Doch halten wir verschiedene rationale Argumente, warum die Variable Klassifikationsleistung als normalverteilt angesehen werden darf, in Verbindung mit der in der sog. Norton-Studie (s. Lindquist 1971, S. 348 f.) nachgewiesenen Robustheit der Varianzanalyse gegenüber Abweichungen von der Normalität für ausreichend, um auch die Forderung nach Normalverteilung als erfüllt anzusehen.

Zur übersichtlichen Darstellung der Ergebnisse der Varianzanalyse bedienen wir uns der varianzanalytischen Tafel (s. Tabelle 6).

Die multiplen a-posteriori-Vergleiche mittels Scheffé-Test für die vier Stufen des Faktors Alter (A) erbrachten für die «com-

Tabelle 6: Varianzanalytische Tafel der dreifaktoriellen Varianzanalyse. Es bedeuten: + = Signifikanz auf dem 5 %Niveau, ++ = Signifikanz auf dem 1 %-Niveau. Die Prüfgröße F ist nur in jenen Fällen eingetragen, wo $F > 1.00$

a) für die "Competence"-Bewertung

Quelle der Variation	Summe der Abweichungsquadrate (SAQ)	Freiheitsgrade FG	Mittlere Quadrate MQ	$F = \frac{MQ}{MQ_i}$
Alter (A)	75.79	3	25.30	10.79++
Schichtzugehörigkeit (B)	15.01	1	15.01	6.40+
Versuchsmaterial (C)	1.26	1	1.26	
A × B	1.56	3	.52	
B × C	.42	1	.42	
A × C	5.81	3	1.94	
A × B × C	.38	3	.13	
innerhalb der Behandlungen	112.75	48	2.34	
totale Variation	212.98	63		

b) für die "Performance"-Bewertung

Quelle der Variation	Summe der Abweichungsquadrate (SAQ)	Freiheitsgrade FG	Mittlere Quadrate MQ	$F = \frac{MQ}{MQ_i}$
Alter (A)	52.16	3	17.39	5.05++
Schichtzugehörigkeit (B)	6.89	1	6.89	2.00+
Material (C)	1.89	1	1.89	
A x B	5.31	3	1.77	
A x C	4.31	3	1.44	
B x C	.14	1	.14	
A x B x C	3.53	3	1.18	
innerhalb der Behandlungen	165.25	48	3.44	
totale Variation	239.48	63		

petence»-Bewertung, daß die Klassifikationsleistung der 7jährigen Kinder signifikant der Leistung aller anderen Altersstufen überlegen ist. Hingegen sind sämtliche sonstigen Leistungsunterschiede zwischen den anderen Altersjahrgängen statistisch nicht gesichert. Bezüglich der «performance» lieferte der multiple Mittelwertsvergleich nach Scheffé, daß lediglich die Leistungsdifferenz zwischen den siebenjährigen und den vierjährigen Pbn signifikant ist.

3.1.4 Weitere Ergebnisse

Mit dem χ^2-Test wurde geprüft, ob sich zwischen den Klassifikationsleistungen bei der Zufallsreihenfolge und der Schwierigkeitsreihenfolge signifikante Differenzen ergeben. Die Prüfgrößen $\chi^2 = 3.76$ (bei «competence») und $\chi^2 = 6.56$ (bei «performance») waren deutlich kleiner als die kritischen χ^2-Werte für $\alpha = .05$ und FG = 7 bzw. FG = 8, was bedeutet, daß das Leistungsniveau offensichtlich nicht durch eine regelmäßig ansteigende Schwierigkeit der Aufgabendarbietung erhöht werden kann.

Als zusätzliches Maß der Invariabilität neben den Verfahren der SA und der MSA-E wurde der prozentuale Anteil der Pbn mit invariablen Entwicklungssequenzen bestimmt (s. Tabelle 7).

Bei der Interpretation dieser Prozentwerte ist jedoch zweierlei zu beachten:

Tabelle 7: Der prozentuale Anteil invariabler Stufenmuster bei verschiedenen Untersuchungsbedingungen

Versuchsbedingungen	Anteil invariabler Sequenzen (in %) bei "Competence"	("Performance")
Gesamtstichprobe aller Pbn	46.0	(27.5)
4jährige Pbn	37.5	(37.5)
5jährige Pbn	37.5	(25.0)
6jährige Pbn	18.8	(25.0)
7jährige Pbn	54.5	(18.0)
Pbn der Unterschicht	47.0	(39.0)
Pbn der Mittel-/Oberschicht	41.5	(26.0)
Versuchsmaterial Bauklötze	37.0	(19.0)
Versuchsmaterial Kekse	38.0	(32.0)
Ergebnis bei Kofsky (1963)	27.0	

1. Bei denjenigen Pbn, die alle Klassifikationsstufen beherrschen, kann gar keine invariable Entwicklungssequenz auftreten. Sie sind deshalb auch nicht in der Anzahl der Pbn berücksichtigt worden, die der Berechnung der prozentualen Anteile zugrundegelegt wurde.

2. Auch bei dieser Berechnung sind wir von der Schwierigkeitsreihenfolge und nicht von der theoretisch postulierten Sequenz ausgegangen.

3.2 *Die Interpretation der Ergebnisse*

Auf die Frage, welche Konsequenzen die Resultate zum Invariabilitätspostulat für die pädagogische Praxis haben, gehen wir in diesem Abschnitt nicht ein und verweisen statt dessen auf Abchnitt 4.4 dieses Kapitels.

3.2.1 *Einschränkungen der Interpretierbarkeit der Untersuchungsresultate*

Die Untersuchung weist eine Reihe von methodischen Mängeln auf, die möglicherweise ihren Aussagewert verringern. Diese Fakten sollte man in Rechnung stellen, wenn man anhand der Ergebnisse über die Bewährung der Versuchshypothesen zu entscheiden versucht.

1. Die Datenerhebung erfolgte nach einem Q-Design. Die Sequenz des Erwerbs der Klassifikationsstufen, d. h. ein longitu-

dinaler Entwicklungsprozeß, muß daher aus einem Verhaltensmuster, das zu einem einzigen Zeitpunkt beobachtet werden kann, erschlossen werden. Diese Rekonstruktion ist falsch, wenn die Kumulativitätsannahme nicht zutrifft, und sie ist unvollständig, wenn die Kumulativitätsannahme zutrifft (s. zu dieser Argumentation ausführlich S. 160–61). Da das Auswertungsverfahren von Leik und Matthews (1968) nur eine spezifische Variante der nicht-kumulativen invariablen Entwicklungshypothese zu überprüfen erlaubt, die wir zudem für den hier zu untersuchenden Sachverhalt nicht für angemessen halten, nahmen wir bei unserer Auswertung einen kumulativen Verlauf der Entwicklung an, ohne empirische Belege dafür zu besitzen.

2. Sowohl die SA als auch die MSA-E sind deterministische Verfahren, die in ihrem Grundansatz jegliche Abweichungen der Beobachtungsdaten von der perfekten Skalierbarkeit als Nichterfüllung des Modelles ansehen. Wir haben versucht, «zufälligen» Abweichungen der Beobachtungen von dem Postulat der Invariabilität durch entsprechende Wahl der statistischen und Reproduzierbarkeitskriterien Rechnung zu tragen. Wir haben z. B. als Reproduzierbarkeitskriterium $C = 1$ (d. h. 1 Fehler) und als statistisches Kriterium das Signifikanzniveau $\alpha = .01$ (s. Tabelle 5, S. 222) innerhalb der MSA-E gewählt. Diese Wahl ist relativ willkürlich, und jede Änderung der Werte beeinflußt das Ergebnis der MSA-E entscheidend. – Probabilistische *Modelle* der qualitativen Entwicklung (s. Kapitel 3, Abschnitt 3.3) sind nicht geprüft worden.

3. Weder die Durchführungs- noch die Auswertungsobjektivität in unserer Untersuchung ist empirisch abgesichert worden; mangelhafte Objektivität jedoch führt zwangsläufig zu einer geringen Genauigkeit (Reliabilität) der Ergebnisse. – Besonders in jenen Fällen, wo ein Vl allein die Untersuchung durchführte und wo bei der Entscheidung über die Beherrschung einer Klassifikationsregel die Antwort der Pbn auf die zusätzlichen Warum-Fragen zu berücksichtigen war, sind Versuchsleitereffekte und die bekannten Beobachtungs- und Einschätzfehler nicht unwahrscheinlich. Unzureichende Präzision der Beobachtungen ist nur ein Faktor, der sich reliabilitätsmindernd ausgewirkt haben könnte; ein anderer ist die Inkonsistenz des Pbn-Verhaltens. In diesem Zusammenhang ist für künftige Untersuchungen die For-

derung nach Anwendung möglichst objektiver Beobachtungsverfahren durch Einsatz technischer Hilfsmittel (Video-Recorder), nach empirischer Überprüfung der Untersuchungs- und Auswertungsobjektivität und nach Wiederholungsmessungen, die die Berechnung von Retest-Reliabilitäten erlauben, zu stellen.

4. Für die Theorie der Klassifikationsentwicklung nach Inhelder und Piaget (1964) als dem theoretischem Bezugspunkt ist die Frage entscheidend, inwieweit die von uns vorgenommenen Operationalisierungen so eindeutig mit theoretischen Sätzen korrespondieren, daß Rückschlüsse von der Beobachtungs- auf die Theorieebene möglich sind. Es gilt zu bedenken, daß unsere Klassifikationsaufgaben erst über einen Zwischenschritt mit dem Konzept von Inhelder und Piaget in Verbindung zu bringen sind, da wir, trotz eigener Modifikationen und kritischer Prüfung, weitgehend von der «Theorie-Interpretation» Kofskys ausgegangen sind.

5. Die Repräsentativität der Stichproben für die ausgewählten Altersgruppen bzw. sozialen Schichten ist nicht durch entsprechende Stichprobenauswahl sichergestellt worden. Da zudem die «nicht intelligenten» Pbn bei der Stichprobenauswahl übervorteilt worden sind (s. S. 214), vermuten wir sogar, daß die Stichproben ausgesprochen irrepräsentativ für jede größere Population sind.

3.2.2 Überblick über die empirische Bewährung der Hypothesen

1. Hypothese. – Zur Invariabilitätsannahme in der strikten Form.

Alternative A_2 der 1. Hypothese trifft zu. – Für die Gesamtstichprobe erbringt die SA Werte für die Koeffizienten Rep_A, die die Unrichtigkeit der Invariabilitätsannahme in der strikt deterministischen eindimensionalen Form anzeigen (s. Tabelle 4, S. 220). Selbst wenn man nach dem Verfahren von Goodman ein «konservatives» Konfidenzintervall für Rep_{pop} bestimmt, so liegt die Invariabilität ($Rep_{pop} = 1$) außerhalb der Konfidenzgrenzen (s. S. 221). – Abgesehen von den quantitativen Indices der SA läßt sich die Variabilität der beobachteten Entwicklungssequenzen ohne jeglichen zusätzlichen Auswertungsaufwand auch direkt aus den Stufenmustern der Rohwertmatrix ersehen, in der die Stufen zweckmäßigerweise in der Schwierigkeitsreihenfolge angegeben werden. Man findet in dieser Matrix in mehr oder minder großem Ausmaß die nicht mit dem Invariabilitätspostulat zu vereinbarenden Fehler («−+»-Abfolgen).

2. Hypothese. – Zur Annahme der mehrdimensionalen Invariabilität.

Alternative A_2 der 2. Hypothese trifft zu. – Da wir neben der SA als sequenzprüfendes Verfahren nur die MSA-E eingesetzt haben, erlauben unsere Ergebnisse lediglich eine vorläufige Entscheidung über die Möglichkeit einer multidimensionalen invariablen Entwicklung.

Das Ergebnis der MSA-E (s. Tabelle 5, S. 222) ist so zu interpretieren, daß sich für alle gewählten Kriteriumswerte die Hypothese der mehrdimensionalen invariablen Entwicklung nicht aufrechterhalten läßt. Zweifellos würde man ein «günstigeres» Resultat erhalten, wenn man «schwächere» Skalenkriterien gewählt hätte, doch halten wir dieses Vorgehen für ungerechtfertigt, da die dann zulässigen Abweichungen von der Invariabilität über das Ausmaß der üblicherweise akzeptierten statistischen Zufallsschwankungen hinausgingen.

3. Hypothese. – Zur «mittleren» Entwicklungssequenz.

Gemäß unserem Hypothesenplan (s. S. 197–99) ist die Überprüfung der 3. Hypothese, die die Entwicklungsreihenfolge der Klassifikationsstufen betrifft, irrelevant, da die Entwicklungssequenz variabel ist. Die Rangkorrelationskoeffizienten r_s, die als Maß der Übereinstimmung der beobachteten «mittleren» Entwicklungssequenzen mit der nach Kofsky bzw. Inhelder und Piaget postulierten Sequenz berechnet wurden, sind allesamt $< +1$. Daher stimmen auch die mittleren variablen Entwicklungssequenzen in der Reihenfolge nicht mit dem Modell überein. – Wie schon bei der 1. Hypothese, so ist auch hier die Entscheidung ohne die Berechnung statistischer Maße möglich, indem man beide Sequenzen Schritt für Schritt auf Übereinstimmung hin vergleicht.

4. Hypothese. – Zum Ausmaß der Variabilität der Entwicklungssequenzen.

Alternative A_1 der 4. Hypothese trifft zu. – Wie die Anwendung entsprechender statistischer Signifikanztests (s. Goodman, 1959, S. 33/34) auf die Maßzahlen der SA für die Gesamtstichprobe zeigt, sind die Stufenmuster nicht als «zufällig reproduzierbar» anzusehen, d. h. die Gesamtheit der Stufenmuster enthält ein gewisses Ausmaß an «Redundanz». Die Bedingungsfaktoren für den unterschiedlichen Verlauf von Entwicklungssequenzen aufzudecken, muß das nächste Ziel der Forschung sein; diesem Zweck dienen die Überlegungen zur 5. Hypothese.

5. Hypothese. – Zur Annahme der Invariabilität unter spezifizierten Bedingungskonstellationen.

Alternative A_2 der 5. Hypothese trifft zu. – Wir haben die Invariabilitätsannahme nicht für jedes der 16 Treatments geprüft, die sich bei Kombination der drei Bedingungsfaktoren Alter, soziale Schicht und Versuchsmaterial ergeben, da wir jeweils Stichprobenumfänge von $N_k = 4$ zugrundelegen müßten und daher die statistischen Signifikanztests für die MSA-E und die SA nicht anwendbar wären. Unseres Erachtens ist jedoch gerade bei Schlußfolgerungen auf der Grundlage von Stichproben dieses Umfanges nicht auf die inferenzstatistische Absicherung zu verzichten.

Daher ist die SA nur für die einzelnen Abstufungen der drei Faktoren getrennt – was etwas anderes ist als die Aufteilung in die Treatments – angewendet worden. Wie oben ausgeführt, stellen sich für die MSA-E bei Stichproben dieses geringen Umfanges ($N = 16$ und $N = 32$) besondere Schwierigkeiten beim statistischen Kriterium; für die gegebenen extremen Randverhältnisse der «leichteren» Klassifikationsregeln war es kaum möglich, die Nullhypothese der Unabhängigkeit der Klassifikationsstufen inferenzstatistisch zu falsifizieren.

Bezüglich der eindimensionalen deterministischen Invariabilitätsforderung gilt wiederum, daß dieses Postulat sowohl durch die Resultate der SA als auch schon beim vorstatistischen Vergleich der Sequenzen widerlegt wird. Die Resultate der MSA-E falsifizieren die Hypothese der multidimensionalen Invariabilität der Entwicklung des Klassifikationsverhaltens.

6. Hypothese. – Zum Ausmaß der Variabilität bei verschiedenen spezifizierten Bedingungen.

Die Alternative A_1 der 6. Hypothese trifft zu. – Der Vergleich der Maßzahlen I («Index of Consistency») für verschiedene Bedingungen zeigt, daß das Ausmaß der Variabilität unterschiedlich stark ist. Die Schwankungen bewegen sich zwischen Werten, die von manchen Autoren als sehr hoch angesehen werden (I = .50) und Ergebnissen, die nur geringe Abweichungen von der Zufallsvariation anzeigen (I = .08). Dabei ist bemerkenswert, daß das Ausmaß der Variabilität zwar in jedem Falle über die spezifischen Bedingungen variiert, daß es jedoch in Abhängigkeit davon, ob man die «competence» oder die «perfomance» betrachtet, unterschiedliche Bedingungen sind, für die ein hohes Ausmaß an Übereinstimmung der Entwicklungssequenzen gefunden wird. – Zur Ergänzung kann man Tabelle 7 (s. S. 225) heranziehen, in der der prozentuale Anteil invariabler Stufenmuster bei variierenden Untersuchungsbedingungen angegeben wird. Die Resultate decken sich im wesentlichen mit den SA-Befunden.

7. Hypothese. – Zum Ausmaß der Klassifikationsleistung.

Die Alternative A_1 der 7. Hypothese trifft zu. – Wie es dem Vorverständnis entspricht, findet man einen signifikanten Zusammenhang zwischen Alter und Klassifikationsleistung. Dabei ist besonders die Leistung der 7jährigen Pbn gegen die der anderen abgehoben, denn nur für diese Altersgruppe findet man signifikante Differenzen (beim «competence»-Aspekt zu allen anderen Altersstufen, bei der «performance» zu den vierjährigen Kindern). Die soziale Schichtzugehörigkeit spielt nur im Falle der «competence»-Auswertung eine Rolle. Hier ist die Leistung der Ober-/Mittelschicht-Pbn hochsignifikant größer als die der Kinder aus der Unterschicht. Die Wahl des Versuchsmaterials hat keinen bedeutsamen Einfluß auf die Klassifikationsleistung.

3.2.3 *Zusammenfassende Bewertung und Interpretation der Ergebnisse zur Invariabilitätshypothese*

Man muß in Rechnung stellen, daß Interpretationen der Resultate der Untersuchung wegen der in Abschnitt 3.2.1 genannten methodischen Unzulänglichkeiten nur weitgehend spekulativen Charakter haben können. Ebenso hat auch in diesem Zusammenhang das Argument Gültigkeit, daß der allgemeine methodische Ansatz und die spezifischen Methoden der Datenerhebung und -auswertung nach theoretischen Vorentscheidungen ausgewählt werden. Dadurch ist andererseits wiederum determiniert, welche Art von Interpretation die Daten erlauben. Wir glauben dennoch, daß der Versuch einer inhaltlichen Deutung einiger Befunde auf Ansatzpunkte und Fragestellungen für künftige Untersuchungen hinweisen und deshalb nützlich sein kann.

Auch die Invariabilitätsannahme in der schwächeren modifizierten Form der Behauptung der mehrdimensionalen invariablen Entwicklung wird durch unsere Ergebnisse widerlegt. Wie wir bereits andeuteten, sollte u. E. aber eine weitergehende endgültige Entscheidung über Piagets theoretisches Postulat erst dann gefällt werden, wenn man sich auf zusätzliche empirische Befunde stützen kann, die als wesentlich gesicherter gelten können als die vorliegenden. Insbesondere muß im Zusammenhang mit Verbesserungsvorschlägen die Frage nach der adäquaten Operationalisierung der Theorie Piagets neu gestellt werden. Eine ideale Lösung wäre es zweifellos, wenn man hier zu einer von Piaget selbst autorisierten Umsetzung der Theorie in Klassifikationsaufgaben gelangen könnte.

Die zweite Modellvorstellung der Klassifikationsentwicklung neben der Theorie Piagets, auf die die empirischen Resultate zu beziehen sind, ist die Variante von Kofsky (1963; s. hierzu ausführlich S. 79 ff.). In diesem Falle kann davon ausgegangen werden, daß unsere Operationalisierung dem Modell angemessen ist, da wir weitgehend Kofskys Aufgaben übernommen haben. Kofsky läßt als theoretisches Postulat explizit die Möglichkeit variabler Sequenzen zu, denn sie sieht neben deterministischen Stufenbeziehungen auch «nur» wahrscheinliche Verknüpfungen (engl. probabilistic links) vor. Ihre Entwicklungshypothese ist von uns implizit durch die Anwendung der MSA-E geprüft worden. Sie hat sich ebenfalls als nicht zutreffend erwiesen: Zur Erfüllung der Modellvorstellung hätten die deterministisch miteinander verknüpften Stufen sich jeweils zu einer Guttman-Skala zusammenfassen lassen müssen.

Da die Konsistenzkoeffizienten I für alle untersuchten Bedingungen bedeutsam über Null liegen, sprechen unsere Ergebnisse – ebenso eindeutig wie gegen die Invariabilität – auch gegen die zufällige Abfolge der Stufen der Klassifikationsentwicklung. Anders gesagt: Es gibt einen überzufällig großen Anteil von Stufenmustern, die miteinander identisch sind. Man kann nun durch inhaltliche Deutung des unterschiedlichen Ausmaßes der Variabilität der Entwicklungsabfolgen für die verschiedenen spezifischen Versuchsbedingungen zu Mutmaßungen über die determinierenden Bedingungen der (In-) Variabilität des Entwicklungsverlaufes kommen.

Wie wiederum aus den Konsistenzindices I abzulesen ist, spielt – bei Betrachtung der «competence» – der Faktor Alter ebenso eine wichtige Rolle für die Sequenz der Klassifikationsentwicklung wie die soziale Schichtzugehörigkeit [6]. Hingegen scheinen die von uns geprüften Alternativen des Versuchsmaterials weniger wichtig zu sein (geringere Unterschiede für I), was u. E. noch nicht bedeutet, daß andere Variationen des Versuchsmaterials auch ohne Einfluß sein werden. Wir haben nämlich die Vermutung, daß die von uns angenommene Besonderheit des eßbaren Versuchsmaterials (Kekse anstelle von Bausteinen) von den Pbn kaum wahrgenommen worden ist, so daß die geringe Auswirkung des Versuchsmaterials auf die Variabilität gerade durch diese wenig geeignete Alternative zu erklären ist. Die Tatsache, daß ausgerechnet die Gruppe der 7jährigen Pbn ein relativ homogenes Entwicklungsmuster aufweist, deutet unserer Meinung nach auf einen die Entwicklungssequenz vereinheitlichenden Einfluß der schulischen Umgebung hin (denn nur die 7jährigen waren in der Mehrzahl eingeschult).

Für psychologisch sehr bedeutsam halten wir die im Vergleich zur Mittel-/Oberschicht wesentlich höhere Vorhersagbarkeit der Entwicklungsabfolge in der Unterschicht. In einem ersten Versuch kann man spekulieren, daß individuelle Förderung durch Elterntraining, Bevorzugung in der Schule, usw., wie sie die Kinder der Mittel-/Oberschicht erfahren, zu einer Variabilität und Individualisierung des Entwicklungsverlaufes führt, während die restriktiven Umweltbedingungen für die Unterschichtkinder zur Vereinheitlichung der Entwicklungssequenz beitragen.

Implizit haben wir in der vorhergehenden Argumentation eine These aufgestellt, die Piagets theoretischem Standpunkt widerspricht: Die Behauptung der Veränderung und Veränderbarkeit der Entwicklungssequenz des Klassifikationsverhaltens in Abhängigkeit von gezielter Variation der Umweltbedingun-

---

[6] Im Zusammenhang mit der Verwendung des Schichtbegriffes sei in diesem Abschnitt nochmals an die Ausführungen in Abschn. 2.4 erinnert. Es ist zu fragen, ob der Begriff der sozialen Schichtzugehörigkeit beibehalten, oder ob er durch weniger globale Bedingungsfaktoren, wie etwa Erziehungsstil, formale Erziehungsmaßnahmen, leistungsfördernde Maßnahmen usw., aufgeschlüsselt werden soll.

gen, insbesondere Förderungsmaßnahmen. Diese These ist der Ausgangspunkt für die Konzipierung von Trainingsmaßnahmen (s. Abschnitt 4 in diesem Kapitel).

Alle weitergehenden Interpretationen zu Alters- und Schichtdifferenzen im Ausmaß der Variabilität sind mit Vorsicht zu treffen, weil folgende einfache Erklärung für ihr Zustandekommen nicht ausgeschlossen werden kann: Die Altersgruppen und sozialen Schichten unterscheiden sich auch im Leistungsniveau. So sind z. B. die Klassifikationsregeln in der Unterschicht und für jüngere Kinder «schwierig» und werden daher von vielen Mitgliedern dieser Gruppen nicht beherrscht, während sie von älteren bzw. Mittel-/Oberschichtkindern nahezu ausnahmslos gelöst werden. Deshalb kann man das unterschiedliche Ausmaß der Variabilität auch im Zusammenhang mit dem unterschiedlichen Leistungsniveau sehen; d. h. es ist zu vermuten, daß die Variabilität der Entwicklung für einige Entwicklungsstadien bevorzugt auftritt, für andere seltener ist. Will man diese Vermutung empirisch prüfen, so ist es notwendig, anstelle von posthoc-Analysen der Stufenmuster aus Q-Analysen, wo der Entwicklungsprozeß lediglich nachträglich erschlossen werden kann, den tatsächlichen Entwicklungsverlauf longitudinal zu untersuchen.

Einen Anhaltspunkt für Verbesserungsvorschläge für künftige Arbeiten bietet auch der Vergleich der Ergebnisse zur (In-) Variabilität bei der «performance»-Messung einerseits und der Betrachtung der «competence» andererseits. Das Ausmaß der Variabilität des Entwicklungsverlaufes unterscheidet sich für fast jede spezifische Versuchsbedingung in Abhängigkeit davon, welcher der beiden Merkmalsaspekte betrachtet wird, jedoch läßt sich kaum eine Gesetzmäßigkeit entdecken. Teilweise ist die Variabilität für die «competence» geringer, teilweise für die «performance». Dramatisch ist die Differenz zwischen den Konsistenzindices bei der Substichprobe der 7jährigen Pbn. Für die «competence» erreicht die Homogenität der Entwicklungssequenzen einen Maximalwert ($I = .50$), für den «performance»-Aspekt sinkt sie in den Bereich sehr niedriger Werte ab. Selbst wenn es schwerfällt, diese Resultate inhaltlich zu erklären, so dürfte ihr Vorliegen doch Grund genug sein, auch bei Replikations- und Nachfolgeuntersuchungen mit unterschiedlichen Bewertungsstrategien zu arbeiten. Dabei wird es von der Anzahl und der Verschiedenheit der Aufgabenstellungen pro Stufe abhängen, ob Differenzen zwischen «competence» und «performance» auch psychologisch gut zu deuten sind.

Kofsky (1963, S. 144 f.) hat den Versuch unternommen, die mangelnde Invariabilität ursächlich an jenen spezifischen Klassifikationsstufen festzumachen, die hauptsächlich für die Abweichungen der beobachteten *durchschnittlichen* Entwicklungssequenzen (Schwierigkeitsreihenfolgen) von den theoretisch postulierten verantwortlich sind. Wir verzichten hier auf entsprechende Überlegungen, weil sie unseres Erachtens durch die vorliegenden Versuchsergebnisse nicht hinreichend begründet werden können.

4 Möglichkeiten der Veränderung der Entwicklungssequenz der Klassifikationsfähigkeit durch gezielte Trainingsmaßnahmen und ihre pädagogischen Implikationen

In Weiterführung der theoretischen Überlegungen zur Variabilität oder Invariabilität von Entwicklungssequenzen in Kapitel 2 und als Konsequenz aus den Resultaten der empirischen Untersuchung (s. Kapitel 4, Abschnitt 3) sollen nun Trainingsmaßnahmen (im folgenden auch «Trainingsprogramm» genannt) skizziert werden, durch die eine gezielte, theoretisch begründete Veränderung des Entwicklungsverlaufes der Klassifikationsfähigkeit angestrebt wird. Wir planen längerfristig, diese Überlegungen zum Ausgangspunkt eines Forschungsprojektes zu machen. Deshalb werden im folgenden auch die Hypothesen angeführt, die uns im Zusammenhang mit einem solchen Trainingsprogramm sinnvoll und prüfbar erscheinen.

4.1 *Zweck und Notwendigkeit der Trainingsmaßnahmen*

Während bisher die Annahme potentiell variabler Entwicklungssequenzen aufgrund von Beobachtungen «natürlich» ablaufender Entwicklungsprozesse aufgestellt und erhärtet wurde (vgl. die in diesem Kapitel referierten Untersuchungsergebnisse), muß nun in einem weiteren Schritt durch aktives Herstellen bestimmter, als relevant erachteter Bedingungen (d. h. Einsatz bestimmter pädagogischer Maßnahmen) eine gezielte Beeinflussung von Entwicklungsprozessen versucht werden. Nur durch diese Art steuernder Trainingsversuche ist es u. E. möglich, Bedingungsfaktoren eindeutig und systematisch genug zu ermitteln. Nur so können theoretisch und empirisch befriedigend grundlegende Fragen angegangen werden, wie z. B.: Worin bestehen spezifische Erfahrungsformen, die zu unterschiedlichen Entwicklungen führen (können); treten aufgrund bestimmter Maßnahmen Abweichungen von einem postulierten Entwicklungsverlauf auf; von welchem Ausmaß und welcher Variationsbreite sind diese Abweichungen; treten sie mit großer Wahrscheinlichkeit oder zwangsläufig auf, d. h. stellen bestimmte Maßnahmen (Bedingungsfaktoren) notwendige und/oder hinreichende oder nur unterstützende Bedingungen für die Entwicklung der untersuchten Fähigkeit dar (vgl. die in Kapitel 1, Abschnitt 4 aufgestellten Forderungen der genetischen Erklärungsweise, speziell der genetischen Kausalanalyse).

Von der Bestimmung aller wichtigen Bedingungsfaktoren hängt es ab, ob es gelingt, optimale Entwicklungsbedingungen zu erkennen und zu schaffen: wie etwa Gewährleistung notwendiger Grundvoraussetzungen, Einsatz wirksamer Maßnahmen zur gezielten und bevorzugten Förderung bestimmter Entwicklungsprozesse, Bestimmung und Einsatz von Ergänzungs- und Kompensationsmaßnahmen, wenn ungünstige Umweltbedingungen vorliegen. – Uns ist jedoch klar, daß die *Skizzierung* von Trainingsmaßnahmen nur der Anfang sein kann. Erst die (beabsichtigte) zusätzliche empirische Absicherung der theoretischen Annahmen über die Art und Weise von Einwirkungsmöglichkeiten äußerer Gegebenheiten auf den Entwicklungsprozeß einer Fähigkeit kann den Einsatz aus einer Theorie abgeleiteter pädagogischer Maßnahmen rechtfertigen und erlaubt, den Wert der Erklärungsfunktion von Entwicklungssequenzen, im vorliegenden Fall der Klassifikationssequenz, abzuschätzen.

Ein weiterer Vorteil der Durchführung von Trainingsprogrammen liegt darin, daß durch die gezielten Maßnahmen in gewisser Weise eine zeitliche Raffung des Entwicklungsprozesses versucht wird und damit L-Studien überschaubarer Länge angestrebt bzw. ermöglicht werden.

4.2 Hypothesen zu den Trainingsmaßnahmen und ihre Begründung

Die Trainingsmaßnahmen, die wir in Abschnitt 4.3 dieses Kapitels darstellen werden, berücksichtigen u. E. wesentliche – wenn auch sicherlich nicht alle – Aspekte der Beeinflussung von Entwicklungssequenzen. Sie können, über den unmittelbaren praktischen Nutzen für die vom Training «betroffenen» Kinder hinaus, sowohl zur empirischen Prüfung von Hypothesen dienen, die allgemein die Veränderbarkeit der Entwicklungssequenz des Klassifikationsverhaltens betreffen – im folgenden «allgemeine Hypothesen» genannt – als auch zur Überprüfung sog. «spezieller Hypothesen», die sich auf die Auswirkungen des von uns geplanten speziellen Trainings der Dimension des flexiblen bzw. konsistenten Klassifizierens beziehen. Die allgemeinen Hypothesen sind dabei nicht als empirisch zu prüfende Versuchshypothesen im üblichen Sinn anzusehen; sie stellen die Voraussetzung für die Ableitung der spezielleren Hypothesen dar. Inwieweit Rückschlüsse von der Bewährung der speziellen auf die allgemeinen Hypothesen erfolgen können, ist noch zu prüfen.

4.2.1 Allgemeine Hypothesen

4.2.1.1 Ableitung der Hypothese der multidimensionalen Invariabilität

Unsere aus den bisherigen theoretischen Erörterungen und den beschriebenen empirischen Untersuchungen folgende Ausgangshypothese lautet:

H_1: Die von Piaget angenommene strikte Invariabilität der Entwicklungssequenz der Klassifikationsfähigkeit ist nicht gegeben.

Wir gehen damit bewußt noch einmal von derselben Fragestellung aus wie in der Voruntersuchung, diesmal allerdings, wie gesagt, mit der Intention, eine Widerlegung der Invariabilitätsannahme durch die Herstellung bestimmter Bedingungen im Rahmen der geplanten Trainingsmaßnahmen gezielt herbeizuführen.

Ebenso wie bei der von uns bereits durchgeführten Untersuchung zum Klassifikationsverhalten nehmen wir als Ergänzung zusätzlich einige Modifizierungen der Hypothese H_1 vor (vgl. Kapitel 4, Abschnitt 1.2): (a) Wir werden aufgrund von Meßfehlern entstandene Abweichungen von der postulierten Sequenz berücksichtigen. (b) Wir gehen von einem Konzept der kumulativen Entwicklung (vgl. Kapitel 3, Abschnitt 3.1) aus, d. h. wir unterstellen, daß einmal erworbene Teilfähigkeiten erhalten bleiben und damit auch bei voll entwickelter Fähigkeit des Klassifizierens noch meßbar sind. (c) Wir weisen die Annahme einer streng deterministischen Invariabilität, die sich auf Eindimensionalität des untersuchten Entwicklungsprozesses abstützt, zurück. Wir halten es dagegen für wahrscheinlich, daß die verschiedenen Teilfähigkeiten bzw. Entwicklungsstufen der komplexen Fähigkeit des Klassifizierens verschiedenen Entwicklungsdimensionen angehören und daß die Entwicklung auf den einzelnen Dimensionen durchaus invariabel verlaufen kann, d. h. wir vertreten die Annahme einer multidimensionalen Invariabilität der Klassifikationsfähigkeit (vgl. Kapitel 3, Abschnitt 3.1). Unsere Modifizierung von H_1 lautet damit

H_2: Strikte Invariabilität der Entwicklung ist nur bezüglich der Entwicklung der einzelnen Dimensionen des Klassifikationsverhaltens gegeben, die Gesamtsequenz der komplexen Fähigkeit des Klassifizierens ist variabel.

Die Hypothese H_2 enthält die Annahme der Mehrdimensionalität des Klassifikationsverhaltens.

4.2.1.2 *Hypothesen, die sich auf die Annahme der Mehrdimensionalität stützen*

Die theoretische Ableitung der «Dimensionen des Klassifikationsverhaltens» haben wir in unserer Dimensionsanalyse in Abschnitt 3.2.3.1, Kapitel 2 geleistet. Diese Dimensionsanalyse, vergleichbar Piagets «logischer Analyse», zerlegte den Entwicklungsprozeß der Klassifikationsfähigkeit in Teilkomponenten (Dimensionen), die als relativ eigenständig und in sich homogen angesehen werden. Die drei Dimensionen des Klassifikationsverhaltens sind (ausführliche Analyse s. S. 116 ff.):
(1) Konsistenz vs. Inkonsistenz,
(2) Flexibilität vs. Rigidität,
(3) Organisiertheit/Koordiniertheit vs. Isoliertheit.

Aufbauend auf der Annahme der Mehrdimensionalität des

Klassifikationsverhaltens stellen wir folgende weitere Hypothesen zu der Wirkung von Trainingsmaßnahmen auf:

H_3: Die Beeinflussung der Entwicklung des Klassifikationsverhaltens kann dimensionsspezifisch erfolgen.

Das bedeutet, die Teilfähigkeiten einer einzelnen Dimension des Klassifizierens lassen sich gezielt durch entsprechende Maßnahmen fördern oder behindern, ohne daß alle übrigen Teilfähigkeiten des Klassifizierens von diesem Training mit betroffen werden. Förderung oder Behinderung der Entwicklung wird als Beschleunigung oder Verlangsamung, nicht aber als Veränderung in der Reihenfolge verstanden.

Mit Bezug auf die schematische Darstellung der Klassifikationssequenz (vgl. Kapitel 2, Abschnitt 1 und bes. Abbildung 1 dieses Kapitels) bedeutet das, daß dimensionsspezifische Maßnahmen die zeitlichen Abstände zwischen den zu einer bestimmten Dimension gehörenden, durch logische Beziehungen verbundenen Teilfähigkeiten vergrößern oder verkleinern können. Durch diese dimensionsspezifischen zeitlichen Verschiebungen können sich die als wahrscheinlich angenommenen Verbindungen zwischen den Teilfähigkeiten verschiedener Dimensionen verändern, so daß wir als H_4 formulieren:

H_4: Dimensionsspezifische Maßnahmen können Veränderungen in den Beziehungen zwischen Teilfähigkeiten verschiedener Dimensionen und damit Veränderungen der Gesamtsequenz des Klassifikationsverhaltens bewirken, nicht jedoch Veränderungen in der Sequenz der Entwicklung der Teilfähigkeiten einer einzelnen Dimension (vgl. H_2).

Eine Konkretisierung dieser allgemeinen Hypothese stellt H_9 (s. Abschnitt 4.2.2.2) dar: Als Folge des Trainings der Dimension «flexibles Klassifizieren» wird eine Veränderung der Gesamtsequenz des Klassifikationsverhaltens postuliert, während eine unveränderte Reihenfolge der zur Dimension der Flexibilität gehörenden Teilfähigkeiten (MM, VC, HR) angenommen wird.

4.2.2 *Dimensionsspezifische Hypothesen*
4.2.2.1 *Spezifizierung der Trainingsmaßnahmen*

Ausgehend von Hypothese H_3 – d. h. von der Annahme, daß sich einzelne Entwicklungsdimensionen gesondert beeinflussen lassen – planen wir ein Trainingsprogramm, durch das die Dimension des flexiblen Klassifizierens besonders gefördert werden soll. Durch systematisches Variieren der bestimmenden Faktoren der zu dieser Dimension gehörenden Teilfähigkeiten sollen die optimal wirksamen Bedingungen für die Entwicklung flexiblen Klassifizierens ermittelt werden. Zusätzlich wird überprüft, welchen Einfluß gezielt und über einen längeren Zeitraum eingesetzte Maßnahmen zur Förderung der Teilfähigkeiten des flexiblen Klassifizierens auf die Gesamtsequenz des Klassifikationsverhaltens haben.

Die Auswahl der Dimension des flexiblen Klassifizierens begründet sich wie folgt:

1. Flexibles Klassifizieren, besonders die Teilfähigkeiten des Umklassifizierens (HR) und des hierarchischen Klassifizierens (VC), werden von Piaget und Kofsky unterschiedlich aufgefaßt und auch in unterschiedlicher Reihenfolge angeordnet. Wir halten (wie in Kapitel 2, Abschnitt 2.2.3 weiter ausgeführt) die Piagetsche Sequenz für angemessener. Wir stellen aber in Frage, ob es überhaupt möglich bzw. sinnvoll ist, die Fähigkeit HR an einer einzigen Stelle des Klassifikationsschemas (siehe Abbildung 1 in Kapitel 2) einzuordnen. U. E. ist Umklassifizieren (HR) eine Teilfähigkeit, die sich zu anderen Klassifikationsfähigkeiten parallel verlaufend, über einen langen Zeitraum hin entwickelt. Je nach Komplexität des Materials und der mit diesem Material ausgeführten Klassifikation, die umklassifiziert werden soll, ist auch der Komplexitäts- bzw. Schwierigkeitsgrad der geforderten HR-Leistung unterschiedlich: Eine einstufige Klassifikation von Objekten z. B. nach Form kann zu einem relativ frühen Zeitpunkt der Entwicklung umklassifiziert werden (d. h. immer dann, wenn es möglich ist, neben dem Klassifikationskriterium Form ein weiteres Kriterium wie etwa Farbe ins Auge zu fassen). Eine stark hierarchische Klassifikation kann erst in einem viel späteren Stadium umklassifiziert werden; eine Reklassifikation, bei der die quantitativen Beziehungen der Klasseninklusion zusätzlich voll erfaßt werden, wird schließlich genau im Stadium der Klasseninklusion möglich. – Piaget dagegen versteht unter HR nur die letztgenannte höchste Leistung des Umklassifizierens, die eine voll ausgebildete reversible Klassifikationsstruktur voraussetzt, die umgekehrt aber mit der vollendeten Ausbildung der Klassifikationsstruktur auch automa-

tisch vorhanden ist. Wir halten diese feste Koppelung von HR an die Fähigkeit der Klasseninklusion für nicht gegeben. U. E. ist es nicht selbstverständlich, daß jedes Individuum, wenn es die Klasseninklusion beherrscht, eine nach Beziehungen der Klasseninklusion klassifizierte Menge von Objekten auch umklassifizieren kann (d. h. eine andere Beziehung der Klasseninklusion aufbauen kann), obwohl dieses Individuum beim Umklassifizieren einfach gegliederter Klassifikationen keinerlei Schwierigkeiten haben mag. Die höchste Leistungsstufe von HR ist ebenso wie die niedrigeren Ausprägungsgrade dieser Fähigkeit u. E. eher eine relativ unabhängige, eigenständige Leistung, die durch entsprechende Übung gefördert bzw. durch Verhinderung von Übung auch unterdrückt werden kann.

Da wir auch die eben beschriebenen, niedrigeren Leistungsstufen dieser Fähigkeit als Umklassifizieren im eigentlichen Sinn

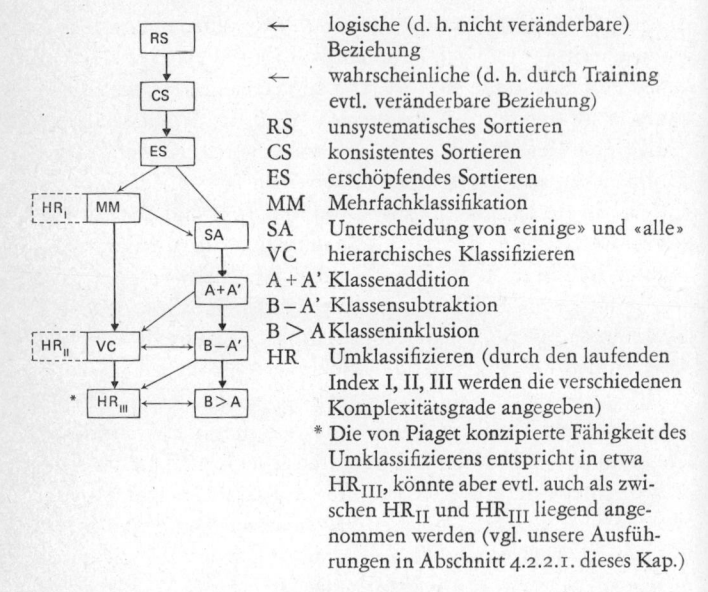

← logische (d. h. nicht veränderbare) Beziehung
← wahrscheinliche (d. h. durch Training evtl. veränderbare Beziehung)
RS unsystematisches Sortieren
CS konsistentes Sortieren
ES erschöpfendes Sortieren
MM Mehrfachklassifikation
SA Unterscheidung von «einige» und «alle»
VC hierarchisches Klassifizieren
A + A' Klassenaddition
B − A' Klassensubtraktion
B > A Klasseninklusion
HR Umklassifizieren (durch den laufenden Index I, II, III werden die verschiedenen Komplexitätsgrade angegeben)
* Die von Piaget konzipierte Fähigkeit des Umklassifizierens entspricht in etwa HR_{III}, könnte aber evtl. auch als zwischen HR_{II} und HR_{III} liegend angenommen werden (vgl. unsere Ausführungen in Abschnitt 4.2.2.1. dieses Kap.)

Abbildung 13: Modifizierte [7] Entwicklungssequenz des Klassifikationsverhaltens. In Anlehnung an Kofsky (1964), vgl. Abbildung 1, Kapitel 2.

---

[7] siehe unsere Ausführungen in Kapitel 2, Abschnitt 2.2.3 und Kapitel 4, Abschnitt 4.2.2.1.

auffassen, weil es sich auch bei ihnen um das Aufgeben des alten und die Wahl eines neues Klassifikationskriteriums handelt, schlagen wir vor, HR an mehreren Stellen in die Entwicklungssequenz bzw. in das Kofskysche Schema des Klassifikationsverhaltens einzuordnen. Abbildung 13 zeigt die unseren theoretischen Annahmen entsprechende Modifizierung des Kofskyschen Schemas der Klassifikationssequenz (vgl. Abbildung 1 in Kapitel 2).

Durch einen laufenden Index wird der Komplexitätsgrad der Umklassifikation angezeigt: HR_I in Verbindung mit einstufiger Mehrfachklassifikation (MM); HR_{II} in Verbindung mit hierarchischer Klassifikation (VC); HR_{III} in Verbindung mit dem Erfassen der quantitativen Beziehungen der Klasseninklusion ($B > A$). Die uneinheitliche Einschätzung dieser Teilfähigkeiten werten wir als Anhaltspunkt für mögliches variables Auftreten in der Entwicklungssequenz des Klassifikationsverhaltens bzw. als besondere Beeinflußbarkeit durch variierende äußere Bedingungen.

2. Die Teilfähigkeiten des flexiblen Klassifizierens sind im unteren (d. h. entwicklungsmäßig späteren) Teil des Kofskyschen Schemas (vgl. Abbildung 1) eingeordnet. In diesem Teil sind die von Kofsky ermittelten Beziehungen zwischen den Teilfähigkeiten der verschiedenen Dimensionen nur wahrscheinlicher Art («probabilistic links»; Kofsky 1963, S. 194). Veränderungen scheinen möglich.

3. Wir halten flexibles Klassifizieren für eine sehr wichtige Fähigkeit, die – falls sie durch bestimmte Maßnahmen zu fördern ist – nach unseren Wertvorstellungen auch unbedingt gefördert werden sollte. So setzt beispielsweise flexibles Denken und kreatives Problemlösen flexibles Klassifizieren voraus; flexibles Klassifizieren spielt u. a. auch eine Rolle, wenn in der zwischenmenschlichen Interaktion alternative Standpunkte und Bewertungskategorien anderer erfaßt oder berücksichtigt werden müssen, wenn ein Individuum seine Begriffe, Einstellungen usw. sich ändernden Umständen anpassen muß.

4. Wir schätzen die Förderbarkeit flexiblen Klassifizierens relativ günstig ein. Wir glauben nämlich, daß dieses Verhalten in der alltäglichen Umgebung eines Kindes (mit ihren Wiederholungszwängen und eingeschliffenen Interaktionsmustern in

Kindergarten, Elternhaus und Schule) nicht sonderlich betont oder unterstützt wird. – Wir sind uns allerdings klar, daß diese Annahme empirisch überprüft werden muß. – Bewußt eingesetzte Maßnahmen zur gezielten Förderung flexiblen Klassifizierens können damit unserer vorläufigen Einschätzung nach eine relativ starke Veränderung der äußeren Bedingungen darstellen und – wie wir annehmen – feststellbare Auswirkungen auf die Entwicklung haben.

4.2.2.2 *Hypothesen über die Wirkung des gezielten Trainings der Dimension des flexiblen Klassifizierens*

Im folgenden stellen wir einige dimensionsspezifische Hypothesen auf, ohne sie jedoch ausführlich zu begründen. Wir geben nur einige kurze Hinweise, die eine ungefähre theoretische Einordnung ermöglichen sollen. Die Ungenauigkeit bzw. Offenheit der theoretischen Beziehungen ist u. a. auch Ausdruck einer gewissen Unsicherheit über die tatsächliche Wirksamkeit des speziellen Trainings der Dimension des flexiblen Klassifizierens und dokumentiert den Erkundungscharakter dieses Teils unserer Überlegungen. Die Hypothesen:

H_5: Flexibles Klassifizieren wird durch die Beschaffenheit der verfügbaren Klassifikationsobjekte (z. B. Art und Anzahl der Stimulusdimensionen, Ausprägungsgrad der Abstufungen in den einzelnen Merkmalen) erleichtert oder erschwert.

Diese Hypothese ist im Zusammenhang mit unseren Ausführungen über den Aufbau des Konstruktionsprozesses kognitiver Strukturen (Hervorhebung der engen Beziehung zwischen äußeren Handlungsinhalten und inneren Strukturen; Kapitel 2, Abschnitt 3.1.1 und bes. Abschnitt 3.1.2 [4]) zu sehen.

H_6: Flexibles Klassifizieren wird durch entsprechende Darbietung des Klassifikationsmaterials (räumliche Anordnung, Reihenfolge der Darbietung, Handhabung der Objekte, gegebene Erläuterungen usw.) unterstützt oder behindert.

Unsere oben erwähnten Ausführungen zum Konstruktionsprozeß sind auch für diese Hypothese sowie für die nächstfolgende (H_7) von Bedeutung. Zusätzlich verweisen wir auf eine Untersuchung von Montada (1967), in der er die Fähigkeit des Ergänzens 2-dimensionaler Matrizen untersucht. Diese Ergänzungsleistungen stellen einen Aspekt des flexiblen Klassifizierens dar, nämlich Mehrfachklassifikation (MM), d. h. gleichzeitiges Betrachten und Bewerten von mindestens zwei Klassifikationskriterien. Durch sog. «mobile Übung» (Montada 1967, S. 67), d. h. wechselnde Aufgabenstellung bezüglich der zu beachtenden Dimension, konnte Montada diese Leistung signifikant gegenüber einer Gruppe von Pbn mit gleichbleibender Aufgabenstellung erhöhen.

H_7: Flexibles Klassifizieren entsteht in Abhängigkeit vom Erziehungsverhalten (Erziehungsstil, formale Erziehungsmaßnahmen, leistungsfördernde Maßnahmen usw.) der Bezugspersonen des sich entwickelnden Kindes.

Zur Unterstützung dieser Hypothese können zusätzlich Überlegungen von Vertretern des Konzepts der kognitiven Strukturiertheit (Harvey et al. 1961; Schroder et al. 1967; Seiler 1973) angeführt werden. Diese Autoren unterscheiden verschiedene Erziehungsumwelten (training environments, Schroder 1967, S. 46 ff.), die sich unterschiedlich auf die Ausbildung des Strukturniveaus eines Individuums auswirken können. Während eine sog. interdependente oder induktive Erziehungsumwelt bzw. Erziehungshaltung der Bezugspersonen eines Individuums die Erreichung des höchsten Strukturniveaus ermöglicht bzw. wahrscheinlich macht, wird angenommen, daß eine sog. unilaterale oder deduktive Erziehungsumwelt die Entwicklung kognitiver Strukturiertheit erschwert. Flexibilität und damit auch flexibles Klassifizieren wird als Teilaspekt höherer kognitiver Strukturiertheit angesehen.

H_8: Die Entwicklung von flexiblem Klassifizieren (besonders der Teilfähigkeiten MM und HR) wird erschwert durch starkes Trainieren von konsistentem Klassifizieren (besonders der Teilfähigkeiten ES, A + A' und in bestimmter Weise verstandenem VC); umgekehrt bedeutet starkes Unterstützen von flexiblem Klassifizieren eine Einschränkung oder Erschwerung der Entwicklung von konsistentem Klassifizieren.

Für diese Hypothese sprechen Untersuchungen und theoretische Überlegungen von Saltz (1971). Saltz weist auf, daß übermäßige Verfestigung von Teilassoziationen die Integrierung dieser Assoziationen in andere Systeme erschweren könnten. Intensives Trainieren von konsistentem Klassifizieren kann u. E. zu starker Verfestigung von Teilassoziationen führen, die dann besonders das Umklassifizieren (HR) nach einem neuen Kriterium erschwert.

Als konkreteste und damit am besten zu überprüfende Hypothesen sind H_9 und H_{10} anzusehen. Sie stellen eine Art Zusammenfassung aller vorhergehenden Überlegungen dar:

H_9: Durch intensive Förderung der Teilfähigkeiten der Dimension des flexiblen Klassifizierens ist statt der von Piaget theoretisch angenommenen Reihenfolge (A) eine veränderte Sequenz (B) zu erwarten (siehe Tabelle 8).

Die angenommenen Hauptveränderungen sind die Vertauschung der Fähigkeiten der Mehrfachklassifikation (MM) und

Tabelle 8: Angenommene Entwicklungssequenzen des Klassifikationsverhaltens mit und ohne Training in flexiblem Klassfizieren

Reihenfolge A	Reihenfolge B	Reihenfolge C
theoretisch angenommene „Normal"-Sequenz, ohne Training (vgl. Abb. 13 dieses Kapitels)	theoretisch angenommene Sequenz bei Training in flexiblem Klassifizieren	empirische Sequenz, ohne Training (vgl. unsere Voruntersuchung, Kapitel 4, insbesondere Tab. 2)
RS	RS	RS
CS	CS	CS
ES	MM/HR_I	ES
MM	ES/SA	MM
SA		SA
A + A'	A + A'	VC
VC/B – A'	VC/HR_{II}/B – A'	HR^+/A + A
HR/B > A	B > A/HR_{III}	B – A'/B > A

RS Unsystematisches Sortieren
CS Konsistentes Sortieren
ES Erschöpfendes Sortieren
MM Mehrfachklassifikation
SA Unterscheidung von «einige» und «alle»
VC hierarchisches Klassifizieren
HR Umklassifizieren (spez. Varianten siehe Text)
A + A' Klassenaddition
B – A' Klassensubtraktion
B > A Klasseninklusion

des erschöpfenden Sortierens (ES) in Sequenz A und B und das relativ frühe Auftreten des einfachen Umklassifizierens (HR_I) in Sequenz B gegenüber der empirisch ermittelten Sequenz (C) in unserer Voruntersuchung. (Die Operationalisierung von HR_I entspricht der in der Voruntersuchung verwendeten Operationalisierung für HR^+. Unter HR in der Sequenz A ohne speziel-

Tabelle 9: Theoretisch postulierte Veränderungen in der Entwicklungssequenz des Klassifikationsverhaltens gegenüber der «Normal»-Sequenz durch verschiedene Trainingsbedingungen (vgl. auch Abbildung 14 dieses Kapitels)

theoret. angen. Sequenz bei Training in konsist. Klass.	theoret. angen. «Normal»-Sequenz ohne Training	theoret. angen. Sequenz bei Training in flex. Klass.
(S_K)	(S_N)	(S_F)
RS	RS	RS
CS	CS	CS
ES	ES	MM/HR_I
SA/$_{A+A}$	MM	ES/$_{SA}$
	SA	
MM	A + A'	A + A'
VC/B – A'	VC/B – A'	VC/HR_{II}/B – A'
HR/B > A	HR/B > A	B > A/HR_{III}

RS   inkonsistentes Sortieren
CS   konsistentes Sortieren
ES   erschöpfendes Sortieren
MM   Mehrfachklassifikation
SA   Unterscheidung von «einige» und «alle»
VC   hierarchisches Klassifizieren
HR   Umklassifizieren (spez. Varianten siehe Text, Abschn. 4.2.2.1 dieses Kapitels; HR in den Sequenzen S_K und S_N wird als Beherrschung von HR_I und HR_{II} aufgefaßt [vgl. Ausführungen zu Hypothese H_9 und Tabelle 8 in diesem Abschnitt]).
A + A' Klassenaddition
B – A' Klassensubtraktion
B > A Klasseninklusion

les Training in flexiblem Klassifizieren soll die Beherrschung der Aufgaben für HR_I und HR_{II} verstanden werden. Die zusätzliche Beherrschung von HR_{III} wird – wie in Abschnitt 4.2.2.1 dieses Kapitels näher ausgeführt – als nicht fest mit der Leistung der Klasseninklusion gekoppelt bzw. als nicht in jedem Fall ohne besonderes Training erreichbar angesehen.)

H_9 wird durch H_{10} weitergeführt:

H_{10}: Unterschiede in der Sequenz der Teilfähigkeiten des Klassifizierens lassen sich besonders ausgeprägt zwischen zwei gegenläufig trainierten Gruppen von Pbn nachweisen, z. B. zwischen einer Gruppe von Pbn, die besonders in konsistentem Klassifizieren (E_K) und einer Gruppe, die besonders in flexiblem Klassifizieren (E_F) trainiert wurde (vgl. Tabelle 9).

Es wird wie bei Hypothese H_9 eine Vertauschung der Teilfähigkeiten MM und ES angenommen (vgl. Tabelle 8). Das Ausmaß der Positionsveränderung der Teilfähigkeit MM bezogen auf die beiden Trainingssequenzen S_K und S_F ist aber deutlich größer als zwischen S_F und der Normalsequenz (S_N). Zusätzlich wird eine Verschiebung der Teilfähigkeit der Klassenaddition (A + A') postuliert. Aus Abbildung 14 geht hervor, daß Veränderungen in der Sequenz auf Veränderungen der als wahrscheinlich angenommenen Beziehungen zwischen den Teilfähigkeiten beruhen (vgl. auch Hypothese H_4).

4.3 *Die Trainingsmaßnahmen*

Wie bereits erwähnt, sollen zwei Arten von Trainingsmaßnahmen einzeln oder in Kombination eingesetzt werden: Maßnahmen zur gezielten Förderung der Dimension des flexiblen und des konsistenten Klassifizierens. Die Trainingsbedingungen müssen, wenn sie wirksam sein sollen, umfassend und langfristig angelegt sein. Dabei sind zu berücksichtigen: 1. das verwendete Klassifikationsmaterial, 2. die Art der Maßnahmen (Darbietungsmodus im engeren Sinne), 3. der Interaktionsstil der Betreuer (Erziehungspersonen, Vl) und 4. Zeitpunkt und Dauer des Einsatzes der Maßnahmen. Diese verschiedenen Aspekte entsprechen den im theoretischen Teil (Kapitel 2) erwähnten, für die Entwicklung als relevant erachteten Bedingungsfaktoren. An dieser Stelle sei nochmals betont, daß wir diese Aufzählung

angenommene Sequenz
bei Training in
flex. Klass. (S_F)

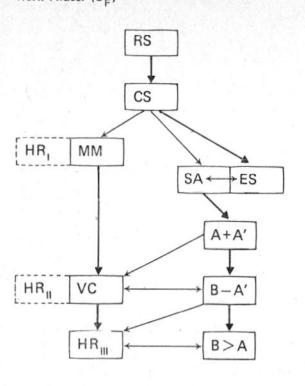

„Normal"-Sequenz (S_N)
(ohne Training)

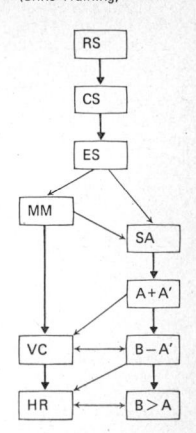

angen. Sequenz bei
Training in
konsist. Klass. (S_K)

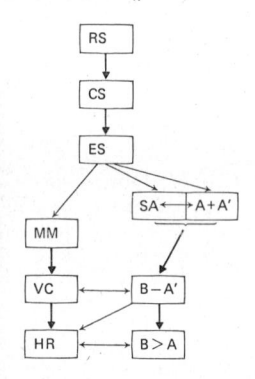

← logische Beziehungen
← wahrscheinliche Beziehungen
HR in den Sequenzen S_N und S_K wird als Beherrschung von HR_I und HR_{II} aufgefaßt (vgl. Ausführungen zu H_9/Tab. 8 d. Kap.). (Weitere Erläuterungen siehe Abb. 13 d. Kap.)

Abbildung 14: Postulierte Veränderungen in den Beziehungen zwischen den einzelnen Teilfähigkeiten des Klassifizierens bei Training in flexiblem und konsistentem Klassifizieren

keinesfalls als *vollständige* Zusammenstellung aller wirksamen Faktoren ansehen.

Bevor wir exemplarisch auf einzelne Bedingungsfaktoren eingehen, sollen noch einige allgemeine Gesichtspunkte zur Art der Trainingsmaßnahmen aufgeführt werden. Kofskys Operationalisierungen einzelner Klassifikationsregeln zur Erfassung der

Klassifikationsleistung (vgl. Kapitel 2, Abschnitt 2.2.1 und Kapitel 4, Abschnitt 2.3) können von ihrer Art her auch als Muster für Trainingsaufgaben angesehen werden. Man könnte sie z. B. in mehrfach modifizierter Form mit anderen Materialien verwenden. Darüberhinaus sind weitere Trainingsaufgaben zu konzipieren, die zusätzliche Fähigkeitsbereiche bzw. noch andere Aspekte des Klassifizierens erfassen. Alle Aufgaben sollen Spielcharakter haben.

Im folgenden machen wir beispielhaft einige detaillierte Angaben über Art und Durchführung von Aufgaben zum Training der Flexibilität des Klassifizierens. Grundlegende Bedingungen für die Entwicklung der Flexibilität des Klassifizierens sind u. E. das Vorhandensein von geeignetem Klassifikationsmaterial und ein entsprechender Darbietungsmodus des Materials. Als geeignet sehen wir ein Klassifikationsmaterial z. B. an, wenn die Klassifikationsobjekte vielfältig verwendbar sind, d. h. nach verschiedenen Kriterien geordnet werden können. Die als Klassifikationskriterien in Frage kommenden Eigenschaften der verfügbaren Objekte sollten ungefähr von gleicher Auffälligkeit sein und in vergleichbaren Abstufungen vorkommen. Wenn z. B. eine Menge von Objekten in Farbe und Größe variiert, sollten nicht besonders leuchtende Farben und sehr geringe Größenunterschiede oder sehr wenige, stark auffallende Unterschiede in der Größe und sehr unscheinbare, fein unterteilte Farben verwendet werden, damit nicht schon durch die Stimulusbeschaffenheit der Klassifikationsobjekte eine bestimmte Gruppierung nahegelegt wird (vgl. auch Ausführungen in Kapitel 2, Abschnitt 3.1.2 (4), wobei in Vorversuchen allerdings noch empirisch abgesichert werden muß, daß Bedingungen dieser Art tatsächlich in der angedeuteten und/oder intendierten Weise wirksam sind). Die möglichen Klassifikationskriterien sollten den Pbn etwa gleich bekannt oder vertraut sein bzw. in gleichem Maße vertraut gemacht werden, damit nicht bestimmte Kriterien aufgrund größerer Vertrautheit bevorzugt gewählt oder konsistent beibehalten werden. Die Anordnung der jeweils benötigten Klassifikationsobjekte darf nicht bereits eine bestimmte Ordnung enthalten, sondern sollte zufällig sein. Die Reihenfolge der Darbietung der einzelnen Aufgaben sollte möglichst große Abwechslung gewährleisten, d. h. es sollten vom Material und Lösungsverhalten her möglichst verschiedenartige Aufgaben aufeinanderfolgen, so daß sich die Pbn nicht auf ein bestimmtes Lösungsschema einstellen können.

Die Instruktion (Darbietungsmodus im engeren Sinn) muß auf wichtige Aspekte, die für die Fähigkeit des flexiblen Klassifizierens als relevant erachtet werden, hinweisen: wie etwa Aufzeigen von verschiedenen Eigenschaften der zu klassifizierenden Objekte; Hervorheben bzw. Bewußtmachen verwendeter Klassifikationskriterien; Aufzeigen der vom Kind gewählten Vorgehensweise beim Klassifizieren, d. h. Aufzeigen, ob die absteigende oder aufsteigende Klassifikationsmethode (vgl. Kapitel 2, Abschnitt 2.1.4) verwendet wurde und Verdeutlichen bzw. Nahelegen, daß beide Methoden kombiniert werden können; Ergänzung einer Menge bereits klassifizierter Objekte durch zusätzliche Objekte, die eine Umklassifizierung nahelegen oder notwendig machen.

Instruktionen dieser Art, die relativ eng umrissen bestimmte Aspekte des flexiblen Klassifizierens hervorheben, müssen durch eine allgemeine Einstellung des pädagogischen Betreuers gegenüber dem Kind unterstützt werden. Diese Haltung soll als Interaktionsstil oder Anleitungsverhalten des Betreuers bezeichnet werden und wird ebenfalls durch die Darbietungsform der Trainingsaufgaben operationalisiert. Als Beispiele dieses Verhaltens können u. a. genannt werden: allgemeine Ermunterung der Kinder zu anderer Sichtweise, zum Ausprobieren neuer Kombinationen beim Klassifizieren; Aufweis der *Möglichkeit* des Wechselns des Klassifikationskriteriums; Verdeutlichen der *Willkürlichkeit* eines Wechsels des Klassifikationskriteriums; Aufzeigen positiver *Konsequenzen* eines Wechsels des Klassifikationskriteriums (evtl. durch Belohnen eines vorgenommenen Kriteriumswechsels). Die Realisierung bzw. Kontrolle dieses Bedingungsfaktors kann sicherlich nicht in vollem Maße gelingen, da einerseits neben dem Interaktionsstil des Betreuers ja auch der der übrigen Bezugsperson des Kindes als Teilaspekt des allgemeinen Erziehungsverhaltens wirksam ist und da sich andererseits diesem speziellen «Versuchsleiterverhalten» andere «Versuchsleitereffekte» überlagern.

Zum Zeitpunkt des Einsatzes der Maßnahmen zum Training des flexiblen Klassifizierens sei hier nur folgendes vermerkt: Da

Flexibilität des Klassifizierens (wie in Abschnitt 3.2.3.1, Kapitel 2 ausgeführt) die Ausbildung der Fähigkeit des konsistenten Klassifizierens zu einem gewissen Grad voraussetzt, ist es nicht sinnvoll, das Training vor Beherrschung des konsistenten Sortierens (CS) zu beginnen. Will man andererseits tatsächlich meßbare Veränderungen durch Flexibilitätstraining erreichen, darf das Training aber auch nicht wesentlich später einsetzen; die theoretisch vorhergesagten Veränderungen (vgl. Hypothesen 8 bis 10, Abschnitt 4.2.2.2 dieses Kapitels) beziehen sich auf den mittleren Abschnitt der Entwicklungssequenz. Das Training müßte auf alle Fälle einsetzen, bevor ein Überlernen des konsistenten Klassifizierens stattgefunden hat (vgl. Saltz 1971).

Die Beobachtungsbasis, von der aus der Entwicklungsstand bzw. Entwicklungsverlauf der Klassifikation zu erschließen ist, stellt das Lösungsverhalten bei der Bearbeitung verschiedener Klassifikationsaufgaben dar. Bezüglich der Operationalisierung der Regeln der Klassifikation in entsprechenden Items können wir weitgehend auf unsere erste Untersuchung zurückgreifen (vgl. Kapitel 4, Abschnitt 2.3). Lediglich für die Regeln «Umklassifizieren» (HR) und «hierarchisches Klassifizieren» (VC) sind folgende Modifikationen notwendig.

1. Modifizierung der Aufgaben zur Erfassung der Fähigkeit des hierarchischen Klassifizierens (VC; vgl. Kapitel 4, Abschnitt 2.3 [7]):

Instruktion:

1. Teilaufgabe: Der Vl gibt dem Pbn ein kleines grünes Dreieck. «Kannst du mir *möglichst viele* Bausteine heraussuchen, die diesem hier ähnlich sind?» Wenn ein Pbn nur die anderen kleinen grünen Dreiecke heraussucht, schließt sich die Frage an: «Gibt es nicht noch mehr ähnliche Klötze?» Wenn der Pb alle seiner Meinung nach ähnlichen Klötze ausgewählt hat, wird gefragt: «Sind alle Bausteine ganz genau gleich?» Warum?» oder «Warum meinst du das?»

2. Teilaufgabe: Der Vl beginnt mit der Frage: «Kannst du die ähnlichen Bausteine zusammentun?» Wenn der Pb nach der sog. aufsteigenden Konstruktionsmethode (vgl. Kapitel 2, Abschnitt 2.1.4) vorgeht, d. h. wenn er sehr kleine Gruppen nach sehr spezifischen Kriterien bildet, wird gefragt: «Welche von diesen

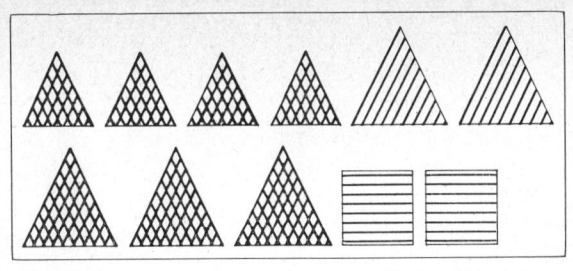

in der 1. Teilaufgabe   XXX grün /// gelb ≡ blau

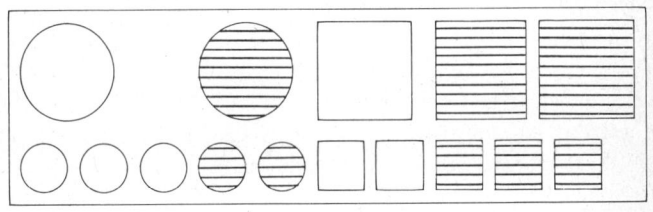

in der 2. und 3. Teilaufgabe   □ rot ≡ blau

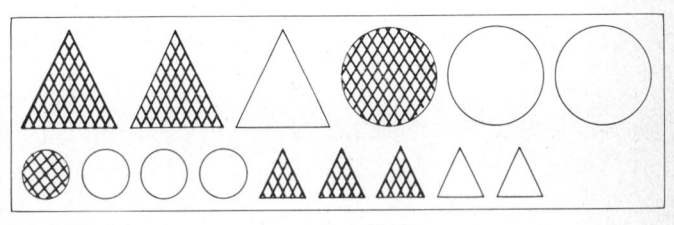

in der 4. Teilaufgabe   ○ rot XXX grün

Abbildung 15: Klassifikationsobjekte für VC

Bausteinen kann man nochmal zusammentun, weil sie ähnlich sind?» «Kannst du mir erklären, was du an ihnen ähnlich findest (oder: warum du sie ähnlich findest)?»

Wenn der Pb nach der absteigenden Methode vorgeht, d. h. wenn er gleich zu Anfang eine große Gruppe von Elementen unter ein übergeordnetes Kriterium zusammenfaßt, wird gefragt: «Kannst du nochmal diejenigen Bauklötze heraussuchen, die sich am ähnlichsten sind?» «Kannst du mir erklären, warum du sie ähnlich findest?»

3. Teilaufgabe: Der Vl sagt: «Jetzt lege *ich* mal ähnliche Bausteine zusammen.» Er geht einmal nach der aufsteigenden, das andere Mal nach der absteigenden Methode vor und wählt Klassifikationskriterien aus, die der Pb in der 2. Teilaufgabe noch nicht benutzt hat (z. B. bei Verwendung der aufsteigenden Methode: zuerst alle kleinen roten, dann die kleinen blauen, dazu die großen roten und die großen blauen Bausteine, wenn der Pb etwa die großen runden und die großen viereckigen Steine gewählt hat). Nachdem der Vl die Bausteine entsprechend angeordnet hat, fragt er: «Kannst du mir sagen, warum ich die Bausteine wohl gerade so zusammengelegt habe?» (oder «Kannst du erklären, warum ich sie wohl ähnlich finde?»)

4. Teilaufgabe: «Bilde jetzt mal so viele Gruppen wie möglich von einander ganz ähnlichen Bausteinen.» Nachdem das erfolgt ist: «Kann man jetzt wieder einige davon in einer größeren Gruppe zusammentun?» «Warum hast du sie zusammen gelegt?»

Die Leistung des hierarchischen Klassifizierens besteht sowohl aus dem Anwenden der auf- als auch der absteigenden Konstruktionsmethode. Wir meinen, daß bei der bisherigen Operationalisierung zu wenig gewährleistet war, daß der Pb tatsächlich beide Aspekte beherrsche. Wir haben deshalb die Anzahl der Aufgaben zur Erfassung dieser Leistung erhöht und fordern auch für die competence-Bewertung (vgl. die folgenden Ausführungen in diesem Abschnitt) die Lösung mehrerer Teilaufgaben.

Die zusätzlich aufgenommenen Fragen nach der Begründung der ausgeführten Klassifikation sollen weiteren Aufschluß über die Art der erbrachten Leistung liefern. Es ist uns allerdings klar, daß die Begründungen gerade für jüngere Pbn sehr schwer, evtl. schwerer als die ausgeführten Klassifikationshandlungen sein werden bzw. daß bei jüngeren Pbn kaum verwertbare Antworten erfolgen werden.

2. Modifizierungen der Aufgaben zur Erfassung der Fähigkeit des Umklassifizierens (HR; vgl. Kapitel 4, Abschnitt 2.3 [6]): Entsprechend den Ausführungen in Abschnitt 4.2.2.1 dieses Kapitels werden verschiedene Komplexitätsgrade des Umklassifizierens (HR) unterschieden: HR_I als Umklassifizieren einfacher einstufiger Klassifikationen, HR_{II} als Umklassifikation von hier-

archisch gegliederten Klassifikationen und HR_{III} als Umklassifizieren mit Berücksichtigung quantitativer Beziehungen der Klasseninklusion. Die Operationalisierung von HR in unserer Voruntersuchung entspricht der ersten Stufe (HR_I) und wird unverändert übernommen (vgl. Kapitel 4, Abschnitt 2.3 [6]). Für die Stufen HR_{II} und HR_{III} sind zusätzliche Aufgaben aufzunehmen. – Als HR-Leistung ohne spezielles Training in flexiblem Klassifizieren fassen wir – wie in Abschnitt 4.2.2.2 dieses Kapitels ausgeführt – das Beherrschen der Aufgaben für HR_I und HR_{II} auf.

Klassifikationsobjekte für HR_{II}:

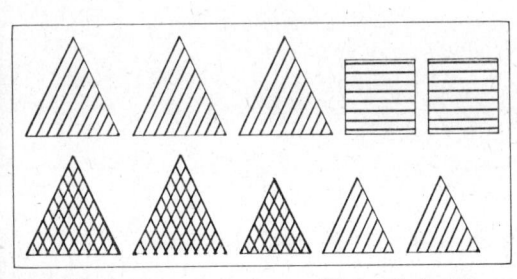

in der 1. Teilaufgabe   XXX grün   /// gelb   ≡ blau

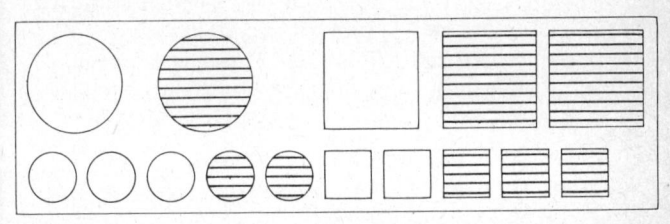

in der 2. Teilaufgabe   ☐ rot   ≡ blau

Abbildung 16: Klassifikationsobjekte für HR_{II}

Instruktion für HR_{II}:

1. Teilaufgabe: Der Vl sagt: «Ich lege die Bausteine nacheinander zu bestimmten Gruppen zusammen. Schau genau zu.» Der Vl stellt eine hierarchische Klassifikation her, indem er zuerst alle großen Dreiecke der einen Farbe, darunter die großen Dreiecke der anderen Farbe, daneben entsprechend die kleinen Dreiecke der ersten Farbe, darunter die kleinen Dreiecke der zweiten

Farbe anordnet. Zum Schluß werden die beiden Quadrate neben die geordneten Dreiecke gelegt:

△ △ △△△ ▦ ▦

▲ ▲ ▲

Der Vl fragt den Pbn: «Kannst du die Bausteine auch noch anders zusammenlegen?» und zerstört die von ihm hergestellte Anordnung. Nachdem der Pb eine eigene Klassifikation aufgebaut hat, wird gefragt: «Warum hast du es so gemacht?» (oder: «Kannst du mir erklären, warum du es so gemacht hast?»)

2. Teilaufgabe: Gleiche Instruktion wie in der 1. Teilaufgabe. Der Vl stellt folgende Anordnung der Bausteine her:

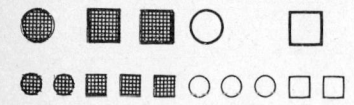

● ▦ ▦ ○ ☐

● ● ▦ ▦ ▦ ○ ○ ○ ☐ ☐

Instruktion für HR_{III}:

1. Teilaufgabe: Der Vl sagt: «Ich erzähle dir jetzt eine kleine Geschichte: Drei Kinder, Ute, Hans und Petra, spielen mit diesen Bausteinen. Zuerst spielen sie alle zusammen und bauen gemeinsam ein großes Haus. Dann will jedes Kind für sich allein bauen und möchte natürlich von den Bausteinen so viele wie möglich für sich haben. Jedes Kind darf sich eine Sorte von Bausteinen aussuchen: die blauen Bausteine oder die viereckigen oder die großen. Welche würdest du dir aussuchen?» Nachdem der Pb seine Wahl getroffen hat, fragt der Vl: «Warum hast du dir gerade diese Bausteine ausgesucht?»

2. Teilaufgabe: Gleiche Instruktion wie in der 1. Teilaufgabe mit folgenden veränderten Wahlmöglichkeiten:
alle Kreise
oder alle kleinen Bausteine
oder alle blauen Bausteine?

3. Teilaufgabe: Gleiche Instruktion wie in der 1. Teilaufgabe mit folgenden Wahlmöglichkeiten:
alle großen Bausteine
oder alle grünen
oder alle Dreiecke?

Klassifikationsobjekte für HR$_{III}$:

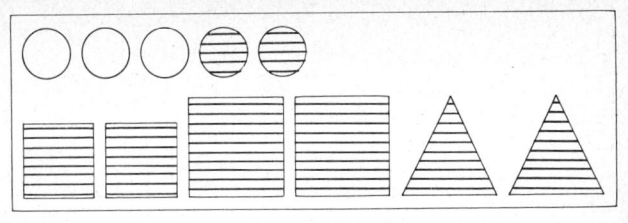

in der 1. Teilaufgabe   ○ rot ≡ blau

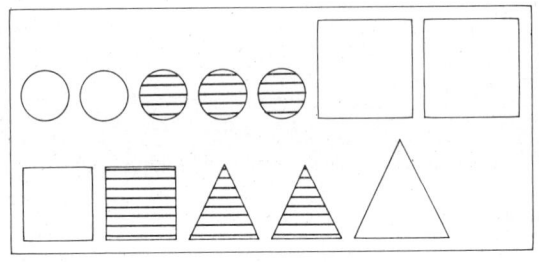

in der 2. Teilaufgabe   ○ rot ≡ blau

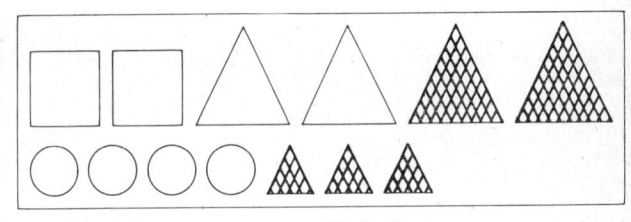

in der 3. Teilaufgabe   ⋙ grün ○ rot

Abbildung 17: Klassifikationsobjekte für HR$_{III}$

4.4   *Pädagogische Bedeutsamkeit wirksamer Trainingsmaßnahmen*

Gelingt es uns durch unsere Trainingsmaßnahmen, Veränderungen in der Entwicklungssequenz des Klassifikationsverhaltens zu erreichen, so bedeutet das – wie bereits mehrfach ausgeführt – eine ernste Infragestellung der Annahme der strikten Invariabilität dieses Verhaltens. Anders ausgedrückt, bei Sequenzveränderungen können wir davon ausgehen, daß die Entwicklung des Klassifikationsverhaltens zumindest in bestimmten Grenzen variabel verlaufen kann und vor allem daß es uns gelungen ist, wichtige Bedingungsfaktoren der Entwicklung dieses Verhaltens zu erfassen und gezielt so zu verändern, daß sich Auswirkungen auf den Entwicklungsprozeß zeigen konnten.

Die Tatsache, daß sich bestimmte Maßnahmen in der Beeinflussung der Entwicklung der Klassifikationsfähigkeit als wirksam erweisen, hat Einfluß auf die Beurteilung pädagogischer Maßnahmen zur Förderung sowohl dieses speziellen Entwicklungsprozesses als auch von Entwicklungsprozessen allgemein. Im Gegensatz zur Grundannahme invariabler Entwicklungssequenzen ist u. E. aus dieser Tatsache eine größere Bedeutsamkeit bzw. direkte Notwendigkeit pädagogischer Maßnahmen ableitbar bzw. abzuleiten. Neben der *Möglichkeit,* die Entwicklung bestimmter Fähigkeiten zu erleichtern oder zu beschleunigen, steht die *Aufgabe* und die Verpflichtung, geeignete Bedingungen für eine «optimale» Entwicklung zu schaffen. Entwicklung kann nicht nur als *förderbarer,* sondern muß nach unseren Wertvorstellungen zugleich auch als *zu fördernder* Prozeß verstanden werden, denn man kann nicht davon ausgehen, daß die «normal» gegebene, unstrukturierte (bzw. nicht bewußt strukturierte) Umgebung für jedes Individuum die bestmögliche Entwicklung gewährleistet. Es muß bewußt reflektiert werden, was als «optimale» Entwicklung zu gelten hat und wie sie erreicht werden kann. Dabei geht es nicht nur darum, *die* jeweilige Entwicklungssequenz einer Fähigkeit möglichst exakt zu ermitteln und dann entsprechende Bedingungen für eine möglichst intensive Förderung der so beschriebenen Entwicklung zu schaffen, sondern die in der Praxis auffindbaren Entwicklungssequenzen selbst müssen kritisch geprüft werden: sind sie nur als (notwendige) Folge gerade vorhandener Umgebungsbedingungen anzusehen; inwieweit stellen sie günstige Bedingungen für die einzelnen Individuen dar, oder sollte der Versuch gemacht werden, sie durch gezielten Einsatz pädagogischer Maßnahmen in für die betroffenen Individuen vorteilhafter Weise zu modifizieren? Neben der Möglichkeit und Chance, durch gezielte Maßnahmen evtl. mehr und «Besseres» zu erreichen, als ohne diese Maßnahmen erreichbar wäre, ist aber auch die Gefahr ungünstiger Auswirkungen bestimmter Maßnahmen auf die Entwicklung bestimmter Fähigkeiten zu sehen: sei es daß günstige Entwicklungsbedingungen nicht erkannt oder nicht oder nur unvollständig realisiert werden können, oder aber ungünstige Entwicklungsbedingungen in ihrer Wirksamkeit fehleingeschätzt werden, sei es daß gezielte Manipulationen auf Ziele hin erfolgen, die nicht in erster Linie dem «Geförderten» nützen.

Würde es tatsächlich gelingen, durch Herstellung entsprechender Bedingungen, Entwicklungsprozesse in genau vorhersagbarer Weise zu beeinflussen, ließen sich aus diesen Zusammenhängen Maßstäbe und Richtlinien zur Erstellung von Lehrprogrammen und Curricula ableiten. Die Kenntnis optimaler Entwicklungsbedingungen, notwendiger Grundvoraussetzungen für einen bestimmten Entwicklungsprozeß und wichtiger Kompensationsmaßnahmen bei Fehlentwicklungen könnten Bausteine einer wissenschaftlichen Theorie der Erziehung und des Unterrichts (vgl. Kapitel 1, Abschnitt 5) darstellen und zu wertvollen Hinweisen für Therapiemaßnahmen führen. Die exakte systematische Erforschung wirksamer Bedingungsfaktoren der Entwicklung einer bestimmten Fähigkeit könnte darüber hinaus neue theoretische Erkenntnisse über den Aufbau des jeweiligen Entwicklungsprozesses und evtl. durch das Aufdecken funktionaler und kausaler Beziehungen neue, differenziertere Einblicke in allgemeine Prinzipien und Mechanismen kognitiver Entwicklung ermöglichen.

Abschließend sei nochmals erwähnt, daß wir nicht nur die bisher behandelten Bedingungsfaktoren als für die Entwicklung kognitiver Fähigkeiten wichtig ansehen. Wie vergleichende Untersuchungen anderer Förderungsprogramme (etwa im Bereich der vorschulischen Sprachförderung: Edelstein und Mields 1974) erbracht haben, spielen gerade auch die sozio-emotionalen Bedingungen für die kognitive Entwicklung eine wesentliche Rolle. Unter sozio-emotionalen Bedingungen werden die vorhandenen sozialen und emotionalen Interaktionsbeziehungen (wie z. B. Vertrauen zwischen Kind-Erwachsenem bzw. Schüler-Lehrer, Anerkennung durch andere, Kooperations- und Solidaritätserlebnisse u. a. m.) zusammengefaßt. Diese eher fähigkeits-unspezifischen Grundbedingungen sind bei der weiteren Planung ausreichend zu berücksichtigen.

Literaturverzeichnis

Ahrens, H. J.: Multidimensionale Skalierung. Beltz, Weinheim 1974.
Anastasi, A.: Differential psychology. Macmillan Comp., N. Y., 1958³.
Averill, J. R.: Operationism, metaphysics, and the philosophy of ordinary language. Psychological Reports 22, 861–887, 1968.
Bakan, D.: A generalization of Sidman's results on group and individual functions. In Bakan, D. «On method». Jossey-Bay, San Francisco 1967.
Baltes, P. B.: Längsschnitt- und Querschnittsequenzen zur Erfassung von Alters- und Generationseffekten. Phil. Diss., Saarbrücken 1967.
Baltes, P. B.: Longitudinal and cross sectional sequences in the study of age and generation effects. Human Develpm. *11*, 145–171, 1968.
Baltes, P. B., Goulet, L. R.: Status and issues of a life-span developmental psychology. In Goulet, L. R., Baltes, P. B. (Eds.) «Life-span developmental psychology – research and theory», Academic Press, N. Y. 1970.
Baltes, P. B., Schaie, K. W., Nardi, A. H.: Age and experimental mortality in a seven-year longitudinal study of cognitive behavior. Develpm. Psychol. *5*, 18–26, 1971.
Baltes, P. B., Nesselroade, J. R.: The developmental analysis of individual differences on multiple measures. In Nesselroade, J. R., Reese, H. W. (Eds.) «Life-span developmental psychology – methodological issues». Academic Press, N. Y. 1973.
Baron, J.: Semantic components and conceptual development. Cognition *2 (3)*, 299–317, 1973.
Bell, R. Q.: Convergence: an accelerated longitudinal approach. Child Develpm. *24*, 145–152, 1953.
Bentler, P. M.: An implicit metric for ordinal scales: implications for assessment of cognitive growth. In Green, D. R., Ford, M. P., Flamer, G. B. (Eds.) «Measurement and Piaget». McGraw Hill, N. Y. 1971a.
Bentler, P. M.: Monotonicity analysis: an alternative to linear factor and test analysis. In Green, D. R., Ford, M. P., Flamer, G. B. (Eds.) «Measurement and Piaget», McGraw Hill, N. Y. 1971b.
Berlyne, D. E.: Children's reasoning and thinking. In Mussen, P. H. (ed.) «Carmichael's manual of child psychology». John Wiley, New York 1970³.
Berlyne, D. E.: Structure and direction in thinking. John Wiley, New York 1965.
von Bertalanffy, L.: General system theory. Georg Brazilla, N. Y. 1968.
Birren, J. E.: Principles of research on aging. In Birren, J. E. (Ed.), «Handbook of aging and the individual: psychological and biological aspects.» Univ. Chicago Press, Chicago 1959.
Bloom, B. S.: Stabilität und Veränderung menschlicher Merkmale. Beltz, Weinheim 1971.
Bush, R. R.: Estimation and evaluation. In Luce, R. D., Bush, R. R., Galanter, E. (Eds.) «Handbook of mathematical psychology» Vol. III. Wiley, N. Y. 1963.

Buss, A. R.: Multivariate models of quantitative, structural and quantistructural ontogenetic change. Develpm. Psychol. *10*, 190–203, 1974.

Clark, E. V.: Non linguistic strategies and the acquisition of word meanings. Cognition *2 (3)*, 161–182, 1973.

Campbell, D. T., Stanley, J. C.: Experimental and quasi-experimental designs for research. Rand McNally, Chicago 1970[6].

van den Daele, L. D.: Qualitative models of development. Develpm. Psychol. *1*, 303–310, 1969.

Donaldson, M.: Rezension: La genèse des structures logiques élémentaires: classifications et sériations. By Jean Piaget and Bärbel Inhelder. Delachaux et Niestlé, Neuchâtel 1959. Brit. J. Psych. *51*, 181–184, 1960.

Donaldson, M., Wales, R. J.: On the acquisition of some relational terms. In Hayes, I. R. (Ed.) «Cognition and the development of language». Wiley, N. Y. 1970.

Edelstein, I., Mields, R.: Darstellung von Sprachförderungsprogrammen innerhalb der Vorschulerziehung. Institut f. Ps. im FB 12 d. FU Berlin, unveröffentlichte Semesterarbeit, 1974.

Edwards, A. L.: Versuchsplanung in der psychologischen Forschung. Beltz, Weinheim 1971.

Eckensberger, L. H.: Methodological issues of cross-cultural research in developmental psychology. In Nesselroade, J., Reese, H. W. (Eds.) «Life-span developmental psychology – methodological issues». Academic Press, N. Y. 1973.

Flavell, J. H.: An analysis of cognitive developmental sequences. Genetic psych. monogr. *86*, 278–350, 1972.

Flavell, J. H., Wohlwill, J. F.: Formal and functional aspect of development. In Elkind, D., Flavell, J. H. (Eds.) «Studies in cognitive development». Oxford Univ. Press, N. Y. 1969.

Furth, H. G.: Piaget and knowledge. Prentice Hall Inc., N. Y. 1969.

Gagné, R. M.: Contributions of learning to human development. Psychol. Rev. *75*, 177–191, 1968.

Goodman, L. A.: Simple statistical methods for scalogram analysis. Psychometrika *24*, 29–43, 1959.

Goulet, L. R., Baltes, P. B. (Eds.): Life span developmental psychology – research and theory. Academic Press, N. Y. 1970.

Green, B. F.: A method of scalogram analysis using summary statistics. Psychometrika *21*, 79–88, 1956.

Gulliksen, H.: Methods of determining equivalence of measures. Psychol. Bull. *70*, 534–44, 1968.

Guttman, L.: The basis of scalogram analysis. In Stouffer, S. et al. «Measurement and prediction – studies in the social psychology of world war II», Vol. IV. Princeton Univ. Press, Princeton 1950.

Harris, D. B. (Ed.): The concept of development. Univ. Minnesota Press, Minneapolis 1957.

Harvey, O. J., Hunt, D. E., Schroder, H. M.: Conceptual systems and personality organization. Wiley, N. Y. 1961.

Herrmann, T.: Lehrbuch der empirischen Persönlichkeitsforschung. Hogrefe, Göttingen 1969.

Herrmann, T. (Hrsg.): Psychologie der Erziehungsstile. 2. Aufl. Hogrefe, Göttingen 1970.

Hoppe, S.: Eine Überprüfung des Piagetschen Konzeptes der Invariabilität (Invarianz) von Entwicklungssequenzen am Beispiel des Klassifikationsverhaltens: Eine methodische Kritik, eine empirische Untersuchung und Überlegung zur Entwicklung eines psychometrischen Testverfahrens. Unveröffentl. Diplomarbeit, Berlin 1974.

Inhelder, B., Piaget, J.: The early growth of logic in the child – classification and seriation. Routledge & Kegan Paul, London 1964. (Franz.: La genèse des structures logiques élémentaires. Delachaux et Niestlé, Neuchâtel 1959.)

Kessen, W.: Research design in the study of developmental problems. In Mussen, P. (Ed.) «Handbook of research methods in child development». Wiley, N. Y. 1960.

Kofsky, E.: Developmental scalogram analysis of classificatory behavior. Phil. Diss., Rochester N. Y. 1963.

Kofsky, E.: A scalogram study of classificatory development. Child Develpm. 37, 191–204, 1966.

Kroh, O.: Psychologie des Grundschulkindes, Langensalza 1944.

von Kutschera, F.: Wissenschaftstheorie. UTB, München 1972.

Laurendeau, M., Pinard, A.: La pensée causale. Presses Universitaires de France, Paris 1962.

Leontjew, A. N.: Probleme der Entwicklung des Psychischen. Mit einer Einführung von K. Holzkamp und V. Schurig. Athenäum Fischer, Frankfurt a. M. 1973.

Leik, R. K., Matthews, M.: A scale for developmental processes. Amer. Soc. Review 33, 62–75, 1968.

Lindquist, E. F.: The Norton study of the effects of non-normality and heterogeneity of variance. In Liebermann, B. (Ed.) «Contemporary problems in statistics». Oxford Univ. Press, N. Y. 1971.

Lingoes, J. C.: Multiple scalogram analysis: a set-theoretical model for analyzing dichotomous items. Educ. psychol. measmt. 23, 501–524, 1963.

Loevinger, J.: The technique of homogeneous tests compared with some aspects of "scale analysis" and factor analysis. Psychol. Bull. 45, 507–529, 1948.

Lovell, K.: Comments on Goldschmid's paper. In Green, D. R., Ford, M. P., Flamer, G. B. (Eds.) «Measurement and Piaget.» McGraw Hill, N. Y. 1971.

McNemar, Q.: Psychological statistics. Wiley, N. Y. 1962^3.

Merz, F.: Experiment. In Arnold, W., Eysenck, H. J., Meili, R. (Hrsg.) «Lexikon der Psychologie», Bd. 1. Herder, Freiburg 1971.

Miller, G. A., Galanter, E., Pribram, K. H.: Plans and structure of behavior. Holt, Rinehart and Winston, N. Y. 1960.

Mischel, Th.: Piaget: cognitive conflict and the motivation of thought. In Mischel, Th. (Ed.) «Cognitive development and epistemology». Academic Press, N. Y. 1971.
Montada, L.: Über die Funktion der Mobilität in der geistigen Entwicklung. Klett, Stuttgart 1968.
Moore, H., Kleining, G.: Soziale Selbsteinstufung (SSE). Ein Instrument zur Messung sozialer Schichten. Kölner Z. f. Soz. u. Soz-ps. 20, 502–52, 1968.
Murray, J. R., Wiley, D. A., Wolfe, R. G.: New statistical techniques for evaluating longitudinal models. Human Develpm. 14, 142–148, 1971.
Nagel, E.: Determinism and development. In Harris, D. B. (Ed.) «The concept of development, an issue in the study of human behavior». Univ. of Minnesota Press, Minneapolis 1957.
Nesselroade, J. R.: Application of multivariate strategies to problems of measuring and structuring long-term change. In Goulet, L. R., Baltes, P. B. (Eds.) «Life-span developmental psychology – research and theory». Academic Press, N. Y. 1970.
Nesselroade, J. R., Reese, H. W. (Eds.): Life-span developmental psychology – methodological issues. Academic Press, N. Y. 1973.
Nunnally, J. C.: Research strategies and measurement methods for investigating human development. In Nesselroade, J. R., Reese, H. W. (Eds.) «Life-span developmental psychology – methodological issues». Academic Press, N. Y. 1973.
Oerter, R.: Moderne Entwicklungspsychologie. Auer, Donauwörth 1969[5].
Oerter, R.: Entwicklung, In Arnold, W., Eysenck, H. J., Meili, R. (Hrsg.) «Lexikon der Psychologie», Bd. 1. Herder, Freiburg 1971.
Overton, W. F., Reese, H. W.: Models of development: methodological issues. In Nesselroade, J. R., Reese, H. W. (Eds.) «Life-span developmental psychology – methodological issues». Academic Press, N. Y. 1973.
Piaget, J.: La représentation du monde chez l'enfant. Presses Universitaires de France, Paris 1926, 1947[3].
Piaget, J.: Le jugement moral chez l'enfant. Paris 1932.
Piaget, J.: Les stades du développement en psychologie de l'enfant. In Osterrieth, P. et al. (eds.) Le problem des stades en psychologie de l'enfant. Presses Univ. de France, Paris 1956.
Piaget, J.: Six psychological studies. Random House, N. Y. 1967. (Franz. Six études de psychologie. Editions Gonthier S. A., Genève 1964.)
Piaget, J.: Das Erwachen der Intelligenz beim Kinde. Klett, Stuttgart 1969.
Piaget, J.: Piaget's Theory. In Mussen, P. H. (Ed.) «Carmichael's manual of child psychology», Vol. I. Wiley, N. Y. 1970.
Piaget, J.: The theory of stages in cognitive development. In Green, D. R. et al. (Eds.) «Measurement and Piaget». McGraw Hill, N. Y. 1971.
Piaget, J.: Der Strukturalismus. Walter, Olten 1973.

Piaget, J.: Einführung in die genetische Erkenntnistheorie. Suhrkamp, Frankfurt a. M. 1973a.

Piaget, J.: Biologie und Erkenntnis. Fischer, Frankfurt a. M. 1974.

Pinard, A., Laurendau, M.: «Stage» in Piaget's cognitive-developmental theory: Exegesis of a concept. In Elkind, D., Flavell, J. H. (Eds.) «Studies in cognitive development». Oxford Univ. Press, N. Y. 1969.

Proctor, C. H.: A probabilistic formulation and statistical analysis of Guttman scaling. Psychometrika 35, 73–78, 1970.

Reese, H. W., Overton, W. F.: Models of development and theories of development. In Goulet, L. R., Baltes, P. B. (Eds.) «Life-span developmental psychology – research and theory». Academic Press, N. Y. 1970.

Roeder, B.: Über ein Verfahren zur Messung des Sozialstatus. Z. exp. angew. Psychol. 20, 287–316, 1973.

Roth, E.: Persönlichkeitspsychologie. Kohlhammer, Stuttgart 1969.

Rudinger, G.: Methoden der Längsschnittforschung I. Zschft. f. Gerontol. 5, 397–424, 1972.

Rudinger, G.: Die Bedeutung von Längs- und Querschnittuntersuchungen für die Messung intra- und interindividueller Differenzen; Bericht 1/1975 aus dem Psychol. Institut der Universität Bonn.

Sagi, P. C.: A statistical test for the significance of a coefficient of reproducibility. Psychometrika 24, 19–27, 1959.

Saltz, E.: The cognitive bases of human learning. The Dorsey Press, Homewood, Ill. 1971.

Schaie, K. W.: A general model for the study of developmental problems. Psychol. Bull. 64, 92–107, 1965.

Schaie, K. W.: A reinterpretation of age-related changes in cognitive structure. In Goulet, L. R., Baltes, P. B. (Eds.) «Life-span developmental psychology – research and theory». Academic Press. N. Y. 1970.

Schaie, K. W.: Methodological problems in descriptive developmental research in adulthood and aging. In Nesselroade, J. R., Reese, H. W. (Eds.) «Life-span developmental psychology – methodological issues». Academic Press, N. Y. 1973.

Schmidt, H. D.: Allgemeine Entwicklungspsychologie. VEB Deutscher Verlag der Wissenschaften, Berlin 1970.

Schroder, H. M., Driver, M. J., Streufert, S.: Human information processing. Holt, Rinehart and Winston, N. Y. 1967.

Seiler, Th. B.: Die Reversibilität in der Entwicklung des Denkens. Klett, Stuttgart 1968.

Seiler, Th. B. (Hrsg.): Kognitive Strukturiertheit, Theorien, Analysen, Befunde. Kohlhammer, Stuttgart 1973a.

Seiler, Th. B.: Die Bereichsspezifität formaler Denkstrukturen – Konsequenzen für den pädagogischen Prozeß. In Frey, K., Lang, M. (Hrsg.) «Kognitionspsychologie und Unterricht». Huber, Bern 1973b.

Seiler, Th. B.: Die Rolle des Konflikts in der kognitiven Entwicklung und im Informationsverarbeitungsprozeß – eine Theorie und ihre Grenzen. FU Berlin, hektographiertes Manuskript, 1975.

Seiler, Th. B.: Grundlegende Entwicklungstätigkeiten und ihre regulative, systemerzeugende Interaktion; zur Veröffentlichung bestimmt in: Die Psychologie des 20. Jahrhunderts, Band 7. Kindler-Verlag AG, Zürich/München.

Seiler, Th. B.: Einführung in die Denkpsychologie (vorläufiger Titel), in Vorbereitung.

Suppes, P.: Stimulus-response theory of finite automata. Journal of Mathematical Psychology 6, 327–355, 1969.

Stouffer, S. et al.: Measurement and prediction – studies in the social psychology of world war II, Vol. IV. Princeton Univ. Press, Princeton 1950.

Thomae, H.: Vorstellungsmodelle in der Entwicklungspsychologie. Z. Psychol. 165, 41–59, 1961.

Traxel, W.: Einführung in die Methodik der Psychologie. Huber, Bern 1964.

Warner, W. L., Meeker, M., Eells, K.: Social class in America. Science Res. Assoc., Chicago 1949.

Werner, H.: Einführung in die Entwicklungspsychologie. München 1953[3].

Werner, H.: The concept of development from a comparative and organismic point of view. In Harris, D. B. (Ed.) «The concept of development». Minneapolis 1957.

Westmeyer, H.: Kritik der psychologischen Unvernunft. Kohlhammer, Stuttgart 1973.

von Wright, G. H.: Erklären und Verstehen. Athenäum-Fischer, Frankfurt a. M. 1974.

Wohlwill, J. F.: A study of the development of the number concept by scalogram analysis. J. genet. Psychol. 97, 345–377, 1960.

Wohlwill, J. F.: Methodology and research strategy in the study of developmental change. In Goulet, L. R., Baltes, P. B. (Eds.) «Life-span developmental psychology – research and theory». Academic Press, N. Y. 1970a.

Wohlwill, J. F.: The age variable in psychological research. Psychol. Rev. 77, 49–64, 1970b.

Namenregister

Ahrens 114, 258
Amthauer 130
Anastasi 258
Averill 36, 38, 258

Bakan 134, 162, 258
Baltes 124, 125, 126–27, 128, 130 ff., 133–34, 136, 141, 143, 145, 146, 148, 156, 158, 258, 259
Baron 115, 258
Bell 140, 258
Bentler 114, 172, 177, 181, 258
Berlyne 53, 258
von Bertalanffy 34, 258
Birren 128, 258
Bloom 258
Bush 156, 258
Buss 154, 259

Campbell 138, 157, 158, 259
Clark 115, 259
Cochran 223

van den Daele 108, 159–61, 259
Donaldson 73, 115, 259

Eckensberger 125, 136, 259
Edelstein 257, 259
Edwards 200, 222, 259
Eells 263

Fisher 184
Flavell 104, 107, 108, 202, 259
Furth 61, 259

Gagné 17, 259
Galanter 115, 260
Goodenough 178
Goodman 167, 169–70, 171, 220, 226, 228, 259
Goulet 125, 126–27, 128, 158, 258, 259
Green 85, 167, 169, 219, 220, 259

Gulliksen 125, 136, 259
Guttman 165 ff., 172, 175, 177 ff., 187, 219, 231, 259

Harlow 18
Harris 126, 259
Harvey 243, 259
Hempel 28, 30, 32
Herrmann 159, 260
Holzkamp 26
Hoppe 80, 180, 192, 260
Inhelder 60, 71–79, 80, 83, 85, 87, 99, 104, 110, 111, 113, 116, 118, 191, 192, 226, 228, 260

Kessen 126, 127, 128, 154, 261
Kleining 213, 261
Kofsky 71, 79–85, 104, 105, 106, 107, 112, 115, 116, 117, 118, 119, 167, 191 ff., 195, 219, 220, 228, 231, 234, 240, 241, 247, 260
Kroh 21, 260
Kruskal 181
von Kutschera 28, 29, 30, 32, 39, 40

Laurendeau 22, 69, 260, 262
Lazarsfeld 177
Leik 164, 171, 172–74, 218, 226, 260
Leontjew 26, 260
Lindquist 223, 260
Lingoes 114, 177–80, 182, 183, 186, 222, 260
Loevinger 171, 172–74, 181, 260
Lovell 260

Matthews 164, 171, 172–74, 218, 226, 260
McNemar 185, 260
Meeker 263
Merz 157, 260
Mields 257, 259

Miles 140
Miller 115, 260
Mischel 92, 93, 260
Montada 242–43, 261
Moore 213, 261
Murray 163, 165, 175, 176–77, 188, 217, 261

Nagel 16, 261
Nardi 258
Nesselroade 125, 154, 258, 261
Nunnally 125, 138, 148, 153, 261

Oerter 126, 261
Oppenheim 28, 30, 32
Overton 126, 261, 262

Piaget 22, 26, 34, 47, 49, 51, 53, 57, 58–79, 80, 83, 85, 86–108, 110–21, 159, 161 ff., 186, 190 ff., 194 ff., 219, 226, 228, 231, 236 f., 260, 261, 262
Pinard 22, 69, 260, 262
Pribram 115, 260
Proctor 165, 175–76, 188, 217, 262

Reese 125, 126, 261, 262
Roeder 213–14, 262
Roth 104, 262
Rudinger 124, 262

Sagi 167, 182, 262

Saltz 15, 53, 243, 250, 262
Schaie 134, 140 ff., 145, 146, 148–53, 156, 158–59, 258, 262
Scheffé 223, 224
Schmidt 15, 20, 26, 41, 51, 55, 262
Schroder 243, 262
Schurig 26
Seiler 15, 29, 38, 41, 47, 53, 60, 61, 67, 91, 243, 262, 263
Skinner 18, 52
Spearman 219
Stanley 138, 157, 158, 259
Stouffer 167, 263
Suppes 263

Thomae 26, 263
Traxel 157, 263

Yates 184, 222

Wales 115, 259
Warner 213, 263
Werner 19, 25, 52, 263
Westmeyer 35, 37, 263
Wiley 176, 261
Wohlwill 104, 107, 108, 128, 129, 132, 167, 175, 182, 202, 259, 263
Wolf 176, 261
von Wright 27, 29, 30–31, 33–34, 43–45, 48, 49, 101, 263

Sachregister

Abstraktion
- eines Klassifikationskriteriums 76
- reflektierende 67–68, 89, 93–94, 97, 98

Adaptation (Anpassung) 58, 62
- und Ausdifferenzierung 62
- biologische/organische 58, 59, 61, 90
- – als Gleichgewicht zwischen Assimilation und Akkomodation 62–63
- kognitive 58, 59
- zunehmende/kognitive Entwicklung als 90, 102

Additivitätsannahme 143, 144

Ähnlichkeit von Klassifikationsobjekten 72, 73, 215–16
- Beziehungen der 73
- Erkennen von 117

Äquilibration (Gleichgewicht) 59, 63
  s. auch Gleichgewicht
  s. auch Homöostase
- zwischen Assimilation und Akkomodation 62
  s. auch Adaptation
- Beispiel eines Äquilibrationsprozesses 68–69
- Entwicklung als zunehmende/progressive 63, 68, 79, 90, 91
- Prozeß der 63, 92
- zunehmende 90, 92, 93
- Zustand der 63, 69
- – stabiler vs. instabiler 68–69, 79, 92

Akkomodation 47, 62, 90, 94
- und Assimilation als Grundprozesse der kognitiven Entwicklung 61–62, 90, 94, 96
  s. auch Entwicklungsprozeß kognitiver Strukturen
- einfache, äußere 63, 66–67, 96
- gegenseitige, reziproke, innere 63, 66–67, 96

Allgemeine Psychologie 52
- und Entwicklungspsychologie 52–56

Allgemeinaussage 36

Alter, Altersvariable, Altersfunktion 41, 127–29, 140, 144–45, 157
- psychologisches 128–29

Altersabbau der Intelligenz 131, 135–36

Alterseffekt 132–34, 137, 141, 142–43, 144, 148, 150, 151

Analogieschluß 90

Analyse
- begriffliche, sachlogische 100, 103, 104
- genetische
- – Bedingungs- 103
- – Final- 102
  s. auch Erklärung, teleologische
- Kausal- 101–02
- – und Invariabilität 101
- logische 38, 60, 87, 103, 105, 115, 121, 237
  s. auch logische Analyse
- nachträgliche 93
- strukturnahe 88
- theoretische 103

Analyseeinheit 106

Analyseniveau 88

Anpassung
  s. Adaptation

Antezedensbedingungen 31, 32

Antizipation 65, 76, 78, 117
- Entstehung von 76–77, 117

Argumentation
  s. auch Begründung
  s. auch Erklärung
- formale 99
- kausale 103
- rationale 86, 100, 103
- sachlogische/begriffsanalytische 103
- teleologische 103

Assimilation 61–62, 90, 94
– und Akkomodation als Grundprozesse der kognitiven Entwicklung 61–62, 90, 94, 96
  s. auch Entwicklungsprozeß kogn. Strukturen
– Aspekte der 61
– einfache, äußere 63, 66, 96
  s. auch Akkomodation
– gegenseitige, reziproke, innere 63, 66, 96
  s. auch Akkomodation
– Gleichgewicht zwischen – und Akkomodation 62–63
  s. auch Adaptation
– regulative Interaktion zwischen Assimilations- und Akkomodationssystemen 102
– sensomotorische 78
– Verhältnis von – und Akkomodation 62–63, 90
Assimilationsfähigkeit 62
Assimilationsschema (-struktur) 61–62
attrition rate 136
Ausgangstatsachen 66, 95, 98
Außenbestimmtheit 23
Autoregulation (Selbstregulation, Selbstregulierung) 59, 63–65, 68, 89–91, 98
– kognitive 59, 90
  s. auch Selbsterhaltung
– Organe der 59, 63
– organische 59, 90
  s. auch Selbsterhaltung

Bedeutsamkeit, pädagogische
– von Trainingsmaßnahmen 255–57
Bedingung(en) 235, 236, 248, 256
– hinreichende vs. notwendige 31, 235
– optimale
– – Entwicklungs- (Umwelt-) 235, 256, 257
  s. auch Umwelt/Umgebung
– – für die Entwicklung flexiblen Klassifizierens 239
– sozio-emotionale 257
– unterstützende 235
Bedingungsanalyse 32, 41, 103
  s. auch Erklärung, genetische
– genetische 41, 43
Bedingungsfaktoren 122–23, 235, 246, 247, 249, 256, 257
  s. auch Umgebungsfaktoren
Bedingtheit
– hinreichende 60
– notwendige 60
– notwendige und hinreichende 101–02, 103, 235
Begründung
  s. auch Argumentation
– von Aufgabenlösungen 252
– formale 99
– theoretische
– – der invariablen Entwicklungssequenz 86
Beobachtung
– und Sprache 35–39
– und Theorie 35–39
Beobachtungsbegriff, Beobachtungsterm 35
Beobachtungssatz
– singulärer 36
Beobachtungssprache L_B 35
Beschreiben, Beschreibung 37–38
Berkeley Growth Study 136

causae cognoscendi 30
coaching 137
competence 202
competence-Bewertung 252
competence-performance-Daten 113

Denken, kausales 22
Denktheorie 53
Design(s)
– der empirischen Untersuchung 199–200

- entwicklungspsychologische 129–58
- konventionelle entwicklungspsychologische 129–46
- mehr(multi-)faktorielle entwicklungspsychologische 134, 138
- mixed 148
- Ökonomie von 138
- one group pretest-posttest 138
- posttest only control group 138
- quasi-experimentelle 157
- sequentielle 46, 145, 146–53
- unifaktorielle vs. mehrfaktorielle 128
- univariate vs. multivariate 153
- within-subject 147

Determination 34
deterministisch 86, 237
deterministische Modelle 165-74
differentielle Strategie 196
Differenzierung 25, 41
Dimension 178, 182, 185
- Beurteilungs- 68–69, 243
- Entwicklungs- 114, 115, 237
  s. auch Teilkomponenten des Entwicklungsprozesses
  s. auch Teilprozesse der Entwicklung
- des geometrischen Raummodells 114
- latente 181

Dimensionalisierung der Kovarianz 114
- durch die MSA 114
- durch die MSA-E 114

Dimensionalität
- Ein- 237
- und Invariabilität 113
- Mehr- 115, 237–38
- multi- vs. eindimensionale Invariabilität 114, 234

Dimensionsanalyse 114, 115
- MA 114

Disjunktion 45
Drei-mal-drei-Stufen-Theorie 21
Drei-Schichten-Modell 212

Effekt, signifikanter 156
Eigentätigkeit 17
Eindeutigkeit 104
- logischer Analysen 104–09
- von Entwicklungssequenzen und Implikationsbeziehungen 106–09

Eindimensionalität 163
Empirismus 35
Entwicklung
- als Anpassungsvorgang/progressive Adaptation 90, 102
  s. auch Adaptation
- Begriff, Definition 16–20, 125–27
- als förderbarer und zu fördernder Prozeß 122–23
- als Konstitutionsprozeß 59, 65–70, 87–89, 119, 121
  s. auch Strukturbildung
- – als Festlegung des Konstitutionsprozesses 87–89, 98
- – Konstitutionsprozeß und hierarchische Ordnung 65
- – Offenheit des Konstitutionsprozesses 89
- – Konstitutionsprozeß und reflektierende Abstraktion 43–44
- kumulatives Konzept der 159
- und Lernen 17
- mehrdimensionale 172, 228
- als probabilistischer vs. deterministischer Vorgang 175, 231
- als progressive Äquilibration 63, 68, 79, 90, 91
  s. auch Äquilibration
- und Sozialisation 18
- trichterförmige 26

Entwicklungskausalität
- epigenetische 17
- präformistische 17

Entwicklungsmechanismen (causal mechanisms) 60, 70, 71–72, 75, 76, 78, 87, 89, 94, 98, 121, 257

s. auch Teilprozesse der Entwicklung
- kognitive 59, 90
- psycho-physiologische 99
- organische 59
- steuernde 89 ff., 110

Entwicklungsmodell 26
s. auch Sequenzregel
- allgemeines 140–45
- qualitatives 159, 165, 172, 176

Entwicklungsprinzip(ien) 87, 89, 257
- allgemeine 70, 87, 257
- des Klassifizierens nach Piaget 73–78
- – allgemeine Konstruktionsprinzipien/-gesetze 60, 64, 66, 69, 94, 98
- – Prinzip der sequentiellen Wahrscheinlichkeit 89, 91–93, 98, 112
- – Sukzessionsprinzip 75, 116, 117
- – – Abbau des 75–76
- konkrete 89
- orthogenetisches 19, 25, 41
- spezielle 87

Entwicklungspsychologie
- und Allgemeine Psychologie 52–56
- Bedeutung empirischer Untersuchungen 189
- experimentelle vs. nicht-experimentelle 157
- Fragestellung der 125–29
- Gegenstand der 15
- und Praxis 55
- und System 16 f.
- und Zielsetzung 15, 16

Entwicklungssequenz(en) 57–58, 69–70, 114, 121, 122, 256
s. auch Invariabilitätsannahme
s. auch Sequenz
s. auch Stufenfolge
s. auch Veränderungsreihe
- beschreibende vs. erklärende 21–23

s. auch klassifikatorische Entwicklungssequenzen
- eindimensionale Invariabilität von 114
- empirische 244, 245
- empirische Überprüfung der Invariabilitätsannahme der 110, 189–234
- und entwicklungspsychologische Versuchsplanung 158–61
- Erklärungsfunktion von 57, 86, 235
- Gesamtsequenz 237, 238, 239
- in Grenzen variable Sequenz 122, 256
- individualgeschichtliche 70, 110, 113
- inhaltliche Analyse der 25
- Invariabilität der – des Klassifikationsverhaltens 79, 99, 120–23, 236, 255
- – Hypothese der 94, 98–99, 121–22
- invariable vs. variable 23–25, 57, 58, 60, 69, 86, 87, 92, 101, 112, 120–123, 234, 236, 237, 241
- intraindividuelle 157, 162
- Klassifikation von 20–26
- längerer vs. kürzerer Zeiträume 20–21
- metatheoretische Betrachtungen von 15–56
- Modifizierung des Invariabilitätspostulates 122–23
- multidimensionale Invariabilität der 114
- Normal- 244, 245, 246
- ontogenetische 60, 70
- – der Klassifikationsfähigkeit 79, 238, 239
- Relativierung des Konzeptes der 122–23
- Teil- 237, 238
- Trainings- 244, 245, 246
- und Zielsetzung der Entwicklungspsychologie 15–20

269

Entwicklungsstufe 59, 69, 92
s. auch Stufe
Entwicklungstheorie
– Piaget's – 58–70, 121
Entwicklungsverlauf, -kurve, -prozeß 89, 90, 94, 96, 110, 122, 156, 234, 235, 237, 256
s. auch Entwicklungssequenz
– bedingende Faktoren des 122–23
s. auch Bedingung(en)
– individueller vs. durchschnittlicher 134, 156, 162, 228, 234
– kognitiver Strukturen/Fähigkeiten 59, 61–62, 69, 70
– Kontinuität des 59, 68, 69, 78, 87, 88
– normaler 55–56
– teleologische Interpretation des 46–47
– Veränderung des 59, 234 ff., 241, 242, 244, 245, 246
Entwicklungsziele 34
Erfahrung
– Objekt- 96
– spezifische Lebens- und Lern- 121, 235
– subjektive vs. objektive 104, 109
Erhebungszeitpunkt 140–41, 144–45
Erhebungszeitpunkteffekt 142, 144, 149, 151
Erhebungszeitpunkt-Sequenz-Analyse 151
Erkenntnis
– physikalische 96
– objektive 62
Erkenntnisobjekte 62
Erklären, Erklärung 27–52
– aktualtheoretische 19
– deduktiv-nomologische 30–31
– epistemische 30
– Final- 33–34
– genetische 26, 39–52, 58, 102–03
– – Methode der 113

– – Definition der 58
– induktiv-probabilistische 32, 86
– Kausal- 30–33, 40
s. auch Kausalerklärungen
– kausal-teleologische 33–34, 40, 86, 102
– post-factum 102
– quasi- 33
– rationale 29–30, 40, 86, 99–100
– teleologische 33–34, 40, 86, 102–03
– universelle Kausal- 86, 100–03
Erklärungsfunktion von Entwicklungssequenzen 57, 86, 235
Erklärungshypothese 27
Erklärungstheorie, genetische 58
Erkundungsexperiment 111
E-S-Analyse
s. Erhebungszeitpunkt-Sequenz-Analyse
Existenz
– Beweis der 100
– des Explanandums 100
– und Widerspruchslosigkeit 100
Experiment 157
Explanandum 31
Explanans 30–31
Extension einer Klasse (extensive properties) 73, 83, 105
– Differenzierung von – und Intension 73, 74
– Koordination von – und Intension 73, 74, 75

Fehler 166, 182, 184
Fehlerkriterium 182
s. auch Reproduzierbarkeitskriterium
Fehlerparameter 187
Fehlklassifikation 175, 176
Fehlklassifikationswahrscheinlichkeit 175, 176, 177
Finalanalyse 44, 46
Finalerklärung 33–34
Fisher's exakte Wahrscheinlichkeiten 184

Fließgleichgewicht 34
s. auch Äquilibration
Folgerichtigkeit, folgerichtig
s. auch Notwendigkeit
s. auch Zwangsläufigkeit
– der Entwicklung 121–22
– und Invariabilität 121
– und konsequent 121
Funktion(en), funktionale Beziehung, funktionieren 127–28, 134
– allgemeines – des Verhaltens 63, 95
– von Mediatoren 109
– physiologische 66, 95
funktionelle Faktoren des Handelns 66
s. auch strukturelle Elemente des Handelns
funktionelle Pole der Adaptation 63

Ganzheit 64
s. auch System
– Beziehung Teil-Ganzes 73, 74
– «Zugehörigkeit zum Ganzen» (partitive membership) 73
Generalisierbarkeit 136–37, 140–41
Generalisierung
– induktive 32, 86
Generalität 104
– interindividuelle 24
Generation, Generationszugehörigkeit 113, 132–34, 137, 140, 144–45
Generationseffekt 132–34, 137, 142–43, 144, 149, 150, 151
– unverfälschter 144
Generations-Sequenz-Methode 148–50
genetische Erklärung
s. Erklärung, genetische
Gesetz 30–33
– deterministisches vs. statistisches 24
– probabilistisches 32, 33

Gleichgewicht, Gleichgewichtszustand 34, 47
s. auch Äquilibration
Gruppierungen 72, 248
– graphische 72, 73, 191
– nicht-graphische 72, 74, 77
Gruppierungsfertigkeiten 80, 191
G-S-Methode
s. Generations-Sequenz-Methode
Gültigkeit 104, 121
s. auch Validität
Guttman-Skala, perfekte Guttman-Skala 165–66, 173–74, 178
Guttmann-Modell 176

Handeln
s. auch Tätigkeit
– Koordination und Koordinationsgesetze des – 66, 68, 93, 94–98
– Logik des 66, 94
– praktisches 94, 95
– – Beziehung zwischen – und dem Aufbau kognitiver Strukturen 94–97
Handlungskomplexe 94
Handlungssystem 25
Harvard-Growth-Study 136
Hempel-Oppenheim-Schema 28, 30, 32
Hierarchie (hierarchische Ordnung) von Klassen 59, 68, 69, 82, 83, 89, 97, 118, 253
– und Konstruktionsprinzip 65
hierarchische Klassifizierung 97, 239
s. auch Unterklassenbildung
s. auch Klassifikationsregel VC
Homeostase, Homöostase 59, 64
s. auch Gleichgewicht
Homogenität 171–72
s. auch Testhomogenität
Homogenitätsindex H_t 172
Hypothesen
– allgemeine – über die Entwicklung des Klassifikationsverhaltens 236–38

- spezielle (dimensionsspezifische) über die Entwicklung ... 236, 238, 242–46
- statistische 197

ideographisch 16
Implikation
  s. logische Implikation
Index of Consistency I (Konsistenzindex) 169, 171, 231–33
Innenbestimmtheit 22–23
Instruktion 249, 250, 253, 254
Integration
- eines Objektes in ein Assimilationsschema 62, 66
- einer operatorischen Struktur 94
- von Strukturen 92, 94
Integrationstätigkeiten (kognitiver Strukturen) 87–88
Intelligenz
- Altersabbau der 131, 135–36
Intension (intensive properties) einer Klasse 73, 105
Interaktion
  s. auch Wechselwirkung
- emotionale 257
- Organismus-Umwelt- 59, 66, 90, 121, 122
- regulierende/regulative 96, 102
- soziale/zwischenmenschliche 102, 241, 257
Interaktionsmuster 241
Interaktionspartner 106
Interaktionsstil 246, 249
Inter-Item-Konsistenz 181
Invariabilität, Invariabilitätsannahme (-postulat) 23–25, 161–65, 174, 190, 227–34
- eindimensionale vs. mehrdimensionale 163–64, 178–88, 182, 228
- empirische Überprüfung der 189–234
- «im engeren Sinne» 160–61
- und entwicklungspsychologische Versuchsplanung 158–61

- Generalität und Universalität der 159–60, 186
- und Guttman-Skala 165–67
- und Kumulativitätsannahme 163
- und Meßfehler 163
- und Skalogammanalyse 170–71
- Varianten der 163–65, 194–95
- Verfahren der Datenanalyse zur Prüfung der 161–88
ISC 213
Isoliertheit
  s. Organisiertheit
Isomorphie 90
IST 131

Kanalisierung 25, 41
Kausalanalyse, genetische 43–46
Kausalerklärung, kausale Erklärung 30–33, 128
- induktiv-probabilistische 30
- kausal-teleologische 30
- notwendige (universelle) 30
- quasi-kausale 30
Kausalzusammenhang 31, 125
Klasse 72, 73
- Haupt- 74, 105
- Koordination von Haupt- und Unter- 79, 105
- Unter-/Teil- 74, 105, 119, 120
Klasseninklusion
- im engeren Sinne 191
Klassenüberschneidungen/-überlappungen 120
- teilweise vs. vollständige 120
- symmetrische vs. asymmetrische 120
Klassifikation von Entwicklungssequenzen 20–26
Klassifikationsattribute 201
Klassifikationsaufgaben 202–12
  s. auch Klassifikationsobjekte/-material
Klassifikationsfähigkeit/-verhalten/-leistung, Klassifizieren
- Entwicklung der 71, 79, 190–94, 245

- Entwicklungssequenz (-stufen) der 25, 57–58, 72, 104, 122, 193
- Invariabilität der Entwicklung der 71, 80
- strenges vs. probabilistisches Modell der Entwicklung der 194, 195

Klassifikationskriterium 73, 74, 75, 77, 85, 96, 107, 109, 116–17, 239–40, 248, 249, 251
- abstraktes vs. konkretes 96
- neutrales 96
- Wechsel des 75, 79, 80–84, 85, 88, 239, 240, 241, 249
  s. auch Klassifizieren, flexibles

Klassifikationsobjekte/-material 105, 246, 248
- definierende/kritische Attribute 80, 81, 82, 120, 249
- flexibles Klassifizieren/Umklassifizieren 75, 82, 85, 97, 98, 107, 109, 117–18, 119, 120, 236, 238, 239–46, 248–50
- Gesamtmenge der 76–78
- Klassenaddition 75, 83, 106–07, 117, 119, 240, 243, 244, 246, 247
- Klasseninklusion/quantitative Inklusionsbeziehung 72, 73, 74, 76, 78, 83–84, 105–06, 118 ff., 240, 241, 244, 246, 247, 253
- Klassensubtraktion 83, 84, 106, 119, 240, 244, 247
- multiplikatives/multiples Klassifizieren, Mehrfachklassifikation 75, 82–83, 107, 118 ff., 240, 241, 243, 244, 246, 247
- Stimulusbeschaffenheit der/Merkmale der 81, 82, 96–97, 242, 248
- Teilmenge/Untermenge der 76–78

Klassifikationsregeln 192
- einfaches Umklassifizieren HR 75, 82, 85, 107, 109, 117–18, 193, 207, 239, 241, 243, 244, 247, 250, 252
- Erhaltung der Klasse CON 81, 192
- erschöpfendes Sortieren ES 81, 107, 117, 193, 204, 240, 243, 244, 246, 247
- hierarchisches Klassifizieren VC 82, 117, 118, 119, 120, 192, 194, 207–10, 239, 240, 241, 243, 244, 247, 250–52
- inkonsistentes Sortieren RS 81, 107, 117, 193, 202–03, 240, 244, 247
- Klassenaddition $A + A' = B$ 83, 107, 117, 119, 194, 210, 240, 243, 244, 246, 247
- Klasseninklusion $B > A$ 83–84, 105–06, 118, 119, 120, 194, 212, 240, 241, 244, 246, 247, 253
- Klassensubtraktion $B - A' = A$ 83, 119, 194, 210–11, 240, 244, 247
- konsistentes Sortieren CS 81, 107, 117, 193, 204, 240, 244, 247, 250
- Mehrfachklassifikation MM 82, 107, 118, 119, 120, 193, 205–06, 240, 241, 243, 244, 247
- Operationalisierung der 84–85, 104, 112, 117, 245, 247, 249, 250, 252, 253
  s. auch Klassifikationsobjekte
  s. auch Klassifikationsaufgaben
- Umklassifizieren in Verbindung mit einstufiger Mehrfachklassifikation HR_I 240, 241, 244, 245, 247, 252–53
- Umklassiffizieren in Verbindung mit hierarchischer Klassifikation HR_{II} 240, 241, 244, 245, 247, 252–53
- Umklassifizieren in Verbindung mit der Erfassung der quantitativen Beziehungen der Klassen-

inklusion HR$_{III}$ 240, 241, 244, 245, 247, 253–54
– Unterscheidung von «einige» und «alle» SA 83, 117, 119, 120, 194, 206–07, 240, 244, 247
Klassifikationsschema 239, 241
Klassifikationsstruktur
s. Klassifikationssystem
Klassifikationssystem 27–28, 85, 97, 109, 239
– Teilstruktur des 118
Klassifikationsverhalten
– Dimensionen des 116–20, 237, 238, 239 ff.
s. auch Dimension
– – Flexibilität vs. Rigidität 117–18, 119, 236, 238, 239–46
– – Konsistenz vs. Inkonsistenz 116–17, 118, 236, 238
– – Organisiertheit/Koordiniertheit vs. Isoliertheit 118–20
klassifikatorische Entwicklungssequenz 21–23
– spekulativ-ästhetische Konstruktionen 21
– normative 22
Kohorte
s. Generation
Kohorteneffekt
s. Generationseffekt
kompensatorische Beziehung zwischen Dimensionen 63
Komplexität, komplexes 60, 65
– Entwicklungsgeschehen 122
– Fähigkeiten/Leistungen 78, 122, 237
– des Klassifikationsmaterials 239
– logische 79
– Objekte 72
s. auch Gruppierungen, graphische
– Struktursystem 63, 88, 94
Komplexitätsgrad 239, 240, 241, 252

Komplexitätsreihenfolge 60, 79, 82
Komponenten
– additive 119
– aus Entwicklungsprozessen kognitiver Strukturen 75, 78, 98, 115, 118
– Grundkomponenten der Entwicklung der Klassifikationsfähigkeit 80–84
– latente 177
– im Rahmen der sog. Komponententheorie 117
– Teil- einer kognitiven Struktur 60
Konfundierung 132–34, 149, 150, 156, 158
Konkordanzkoeffizient 181
Konjunktion 45
Konsistenz, konsistentes
s. auch Widerspruch
– vs. inkonsistentes Sortieren 81
– vs. inkonsistentes Urteil 68–69
– vs. Inkonsistenz des Klassifikationsverhaltens 116–17, 118, 120, 236, 243 ff., 250
– kindlichen Verhaltens 77, 113
– logische 60, 87
– sachlogische 87
– theoretische Ausführungen 112
Konstruktionsmethode
– aufsteigende 77, 117, 118, 249, 250, 252
– absteigende 77, 118, 249, 251–52
Kontrollgruppe 138
Konvergenzmodell 140
Konzept 61
Koordination 63, 66, 67, 68, 73, 74, 75, 77–78, 79, 93–98, 105, 106, 118–20
Kovarianz 177
Kumulativitätsannahme der Entwicklung 108, 112, 159, 161, 163, 173, 226, 237

Längsschnittmethode 113, 135–40, 235
- Definition der 135
- Einordnung in das allgemeine Entwicklungsmodell 142–43
- Kritik der 136–40

latent structure analysis 177
latente Dimensionen 181
learning set 18
Lebensalter
s. Alter
Lernen 17, 54, 66, 95
- gewöhnliches 95
- als konsolidierendes und generalisierendes Üben 95
- kumulatives 52
- Über- 250
Lerntheorien 17, 53
life-span developmental psychology 158
L-Methode
s. Längsschnittmethode
logische Analyse 60, 87, 103, 105, 115, 121, 237
- sensu Piaget 79–80, 104
- Eindeutigkeit der 104–09
- sach- 100
logische Implikation 60, 103, 106–07
logische Koordinationsgesetze 98
logische Strukturen 87
logischer Aufbau der Entwicklung 59, 68
logisch-mathematische Strukturen 87
Logik des Handelns 66, 94, 98
Logik der Operationen 94, 98

MA
s. Monotonizitätsanalyse
Maßnahmen, pädagogische
s. Trainingsmaßnahmen
matrix reflection 179–80
Mediationsbeziehung
- individuumsspezifische 109
- vs. Inklusions-/Implikationsbeziehungen 107–08

Mediator 109
Mehrdimensionale (multiple) Skalogrammanalyse 178–80, 182–88
- Algorithmus der 179–80
- Reproduzierbarkeitskriterium der 178–79, 181
- statistisches Kriterium der 179, 181
- Verbindungskriterium 178–79
Mehrdimensionale Skalogrammanalyse für Entwicklungssequenzen 182–87, 217, 221–22, 226
- Algorithmus der 183–87
- Fehlerkriterium der 182
- Monotonizitätskriterium der 183, 184
- Reproduzierbarkeitskriterium der 182–84, 186
- statistisches Kriterium der 183, 184, 186
- Vollständigkeitskriterium der 182, 185
Mehrdimensionalität, mehrdimensionale Modelle 164, 177–88, 181, 182
Mehrfachklassifikation 191
Mengenkonstanz 63, 68–69, 92–93, 101, 104
Meßfehler 163, 237
méthode clinique 70, 110
- kasuistisches Vorgehen der – vs. statistische Erfassung und Auswertung 110
- fehlende Standardisierung der 111
- Unzulänglichkeiten der 110–12
Methoden der Entwicklungspsychologie 124–88
- der Versuchsplanung 125–61
- der statistischen Analyse qualitativer Daten 161–88
Methoden zur Prüfung der Invariabilitätsannahme 161–88
- deterministische Modelle 165–74

- mehrdimensionale Modelle 177–88
- probabilistische Modelle 175–77

Methode der summativen Kennwerte 167–70
Mittelschicht 212, 214
Monotonizitätsanalyse 181–82
Monotonizitätskoeffizient 181
Mortalität
- experimentelle 136

moralisches Urteil
- Entwicklung des 22

Motiviertheit, intentionale 48
MSA
s. Mehrdimensionale Skalogrammanalyse
MSA-E
s. Mehrdimensionale Skalogrammanalyse für Entwicklungssequenzen
Multiple Skalogrammanalyse
s. Mehrdimensionale Skalogrammanalyse

Nichtwissenschaftlichkeit 38
nomothetisch 16
Norm 55
Notwendigkeit 60, 68, 86, 100
s. auch Folgerichtigkeit
s. auch Zwangsläufigkeit
- Gefühl der 69
- vs. hinreichend 101–02, 103, 235
- pädagogischer Maßnahmen 256
- der Resultate 66, 89, 91, 121
- und Sachlogik 103
- des Verlaufes der Entwicklung 92, 93, 98, 121

Oberschicht 212, 214
Objektivität, objektive 104, 226
- Erkenntnis 62

Objektpermanenz 67, 68
Ontogenese 15, 16, 20, 40, 41, 42
Operation 42, 60, 65
- formale 61, 119
- Grund- 95
- inverse 74
- konkrete 119
- reversible 74

Operationalisierung 227, 231
Ordnung 16
Ordnungsbeziehungen 66, 68
Organ der Regulation 59
Organisiertheit
s. Klassifikationsverhalten, Dimensionen des
Organismus 63
orthogenetisches Prinzip 19

Parameter 150, 151
performance 113, 202
Phasen der Entwicklung 15, 21, 23, 67, 126
- der formalen Operationen 67
- der konkreten Operationen 67
- präoperationale 67
- der Sensomotorik 66–67

Phasenmodell 69
Phasentheorie 15, 21, 22
- Drei-mal-drei-Stufen-Theorie 21

Populationsveränderung
- selektive 131

positive manifold 180
post-hoc-Klassifikation 196
probabilistische Modelle 175–77
Problemlösungsprozeß 18, 19
Prognose 29, 30

qualitative vs. quantitative Daten 175
Quasi-Erklärung 33
Querschnittmethode 41, 46, 112–13, 130–34, 200, 225
- Definition der 130–31
- Kritik der 131–34
- Einordnung in das allgemeine Entwicklungsmodell 142–43

Quer-Sequenz-Methode 151–52
Q-Methode
s. Querschnittmethode

Rangkorrelation 217, 219

Rationalität 93
Raummodell
– euklidisches 177
Realität 62
Reflex
– Greif- 61, 62
Reflexmechanismus 61
Reflexschema 61
reinforcement history 18
Repräsentativität 227
Reproduzierbarkeitskoeffizienten CR, Rep_A, Rep_B 167–70, 178–79, 186
Reproduzierbarkeitskriterium 178–79
Retrodiktion, retrodiktiv 29, 32
Retrospektion 76, 77, 116, 117
reversibel 65, 74
– Klassifikationsstrukturen 239
– Operation 74
– System 119
Reversibilität 85, 119
Rigidität
 s. Klassifikationsverhalten, Dimensionen des

SA
 s. Skalogrammanalyse
Sachlogik 42
Sättigung 138
Schätzung
– unverfälschte 144
Schema 61
– kognitives 61
– Reflex- 61
– sensomotorisches 61, 68
Schicht, Schichtzugehörigkeit, soziale Schicht 212–14
Schichtenindex 213
Schlußfolgerung
– empirische 86
 s. auch induktive Generalisierung
– sachlogische vs. formallogische 103
Schlußregel 32

Schwierigkeitsreihenfolge 79, 83, 216, 218
Seinsursachen 100
Selbsterhaltung 65, 102
Sequenz 19, 21, 176
 s. auch Entwicklungssequenz
– invariable 23
 s. auch Invariabilitätsannahme
Sequenzmodell 146–53
Sequenzregel 26
Shaping 18
Skalierbarkeit 165, 174
Skalogrammanalyse 165–74, 217, 219–21, 226
– Algorithmus der 168–70
– Konfidenzintervall für den Reproduzierbarkeitskoeffizienten der 169–70, 221
– Methode der summativen Kennwerte 167–69
– multiple
 s. Mehrdimensionale Skalogrammanalyse
– und Testhomogenität 171–72
Sozialisation 18
Sozialprestige 213–14
Sprache
– und Beobachtung 35–39
– und Theorie 35–39
SSE 213
Stadium 15, 25
 s. auch Phasen
statistisches Kriterium 179, 183
Stichprobenrepräsentativität 111
Stichprobenumfang 111
Stichprobenveränderung
– selektive 136
Stimulussituation 95, 96
Störvariable 131
Struktur 16
– begriffliche 67
– Beziehung zwischen – und Inhalt 88, 92, 242
– Definition der 60, 64–65
– formale/formale Denk- 95, 96, 99
– – Besonderheiten der 96

- gegenseitige Abhängigkeit der
  Inhalte von 88, 94–97
- Inhalt einer
- – assimilierbarer 88
- – akkomodation-auslösender 88
- Klassifikations- 60, 97, 99, 239
- kognitive 53, 59, 60, 92, 93, 94
- – Besonderheiten der 96
- logische/logisch-mathematische
  69, 61, 64, 87, 93, 98, 99
- organische 90
- Stabilität einer 69, 92
- Teil- 60, 88
- verinnerlichte 67

Strukturbildung/-aufbau 60, 64,
  65–68, 87–89, 90, 92, 94, 95,
  96, 97, 98, 108–09, 121, 242,
  255–56, 257

Strukturebene 88, 94, 97
strukturnahe Analyse 88
Strukturniveau 243
Stufe, Stufenabfolge 21, 126, 173,
  183
  s. auch Entwicklungssequenz
- intraindividuelle 161
Stufenmuster 165, 172, 173, 176,
  182, 196
Sukzessionsprinzip 75, 116
- Abbau/Überwindung des
  75–76, 118
sukzessive vs. simultane Verarbeitung 75
System 17, 20, 47, 63, 67
  s. auch Ganzheit
- Ausgangszustand des 16
- Endzustand des 16
- feedback- 65
- geschlossenes 16
- von Handlungen und Wahrnehmungen 67, 94
- hierarchisches 73
- kognitives 88
- operationales 94
- reversibles 119
- Struktur- 66
- von Transformationen 64

Tätigkeit
  s. auch Handeln
- Eigen-
- – kognitiver Strukturen 90
- – des Subjektes 89
- innere vs. äußere 15
- Koordinations- kognitiver
  Strukturen 90
- des Subjektes 66, 88, 95
- Wahrnehmungs- 66, 67, 88
Term
- Beobachtungs- 35
- theoretischer 35
Testerfahrung (test sophistication) 137
Testhomogenität 171–72
Testzeitpunkt
  s. Erhebungszeitpunkt
Testungseffekt 137
Theorie
- und Beobachtung 35–39
- und Sprache 35–39
Theoriesprache L_T 35
Trainingsmaßnahmen/-programm/
  pädagogische Maßnahmen
  234–35, 236, 238, 255–57
- fördernde – eines Entwicklungsprozesses 86, 122, 235, 242,
  243
- gegenläufige 246
- kompensierende 122, 235, 237
- spezielle/dimensionsspezifische
  236, 238, 242–46, 248–50,
  253
- Therapie- 257
- steuernde/manipulierende 101,
  235

Umgebung/Umwelt 65
  s. auch Stimulussituation
- alltägliche 241–42
- Erziehungs-(training environment) 243
- – deduktive/unilaterale 243
- – induktive 243
- – interdependente 243

- Lernunterschiede in der äußeren 97
- – Organismus-Interaktion 59, 66, 90, 121, 122
Umgebungseinflüsse/-einwirkungen 59, 90, 95, 96, 97–98, 122, 235, 214
Umgebungsfaktoren/-bedingungen 122, 256
s. auch Bedingungsfaktoren
Universalität 104
Unterklassenbildung 74
- vs. Klasseninklusion 74
Unterschicht 212, 214
Ursache 31

Validität
- externe vs. interne 156–58
Variabilität von Entwicklungssequenzen 23–25
Varianzanalyse, varianzanalytisches Modell 149, 150, 217, 222–24
Veränderung
- intraindividuelle 157
- langfristige vs. kurzfristige 18, 158–59
- qualitative vs. quantitative 125
- strukturelle 154
Veränderungsmessung 128
Veränderungsreihe 24, 52
- «innen-» vs. «außenbestimmte» 22
- ontogenetische 19, 25, 26
- psychophysische 19, 40
- quantitative vs. qualitative 15
Verbindungskriterien 178–79
Vergleichbarkeit von Messungen 125, 131, 136
Verhalten, Verhaltensvariable 127 ff.

Verinnerlichung 67
Verlaufsanalyse 128
Verlaufskurve 134
Verstärkersequenzen 17, 18, 52
Versuchsleitereffekt 112, 249
Versuchsmaterial 201
s. auch Klassifikationsmaterial
Versuchsplan, Versuchsplanung
s. Design
Vollständigkeitskriterium 182
Voraussage 45
s. auch Prognose
Vorstellungen 60, 66, 67, 76

Wahrscheinlichkeit
- sequentielle 47
Wahrscheinlichkeitshypothese 33
Wechselwirkung (im Sinne der Varianzanalyse) 150, 152
Widerspruch 69, 93

Yates-Korrektur 184

Zeitreihenanalyse 128
Zeitwandelmethode 143
Zentralisation 126
Zielanalyse 34
Zwangsläufigkeit/zwangsläufig 86, 100, 235
s. auch Folgerichtigkeit
s. auch Notwendigkeit
- begriffsanalytische 106
- der Entwicklung des Klassifikationsverhaltens 121
- formallogische 106
- und Invariabilität 91, 121
- motivationale (nicht-kausale) 106
ZW-Methode 143

Buchbinderei
H. Stemmann
463 Bochum, Am Spik 31

GEARBEITET NACH
QUALITÄTSNORM
RAL RG
495